BIG DATA

大数据应用

成为大数据电子商务高手

郑江宇　许晋雄◎著

浙江人民出版社

图书在版编目（CIP）数据

大数据应用：成为大数据电子商务高手 / 郑江宇，
许晋雄著. -- 杭州：浙江人民出版社，2020.7
ISBN 978-7-213-09696-9

Ⅰ. ①大… Ⅱ. ①郑… ②许… Ⅲ. ①电子商务
Ⅳ. ①F713.36

中国版本图书馆CIP数据核字（2020）第044618号

浙 江 省 版 权 局
著作权合同登记章
图字：11-2019-259号

大数据应用：成为大数据电子商务高手

郑江宇　许晋雄　著

出版发行：浙江人民出版社（杭州市体育场路347号　邮编：310006）
　　　　　市场部电话：（0571）85061682　85176516
责任编辑：陶辰悦　何英娇
助理编辑：何　婷　孟庆博
营销编辑：陈雯怡　陈芊如
责任校对：陈　春
责任印务：聂绪东
封面设计：北京红杉林文化发展有限公司
电脑制版：北京唐人佳悦文化传播有限公司
印　　刷：北京毅峰迅捷印刷有限公司
开　　本：710毫米×1000毫米　1/16　　　印　　张：23.75
字　　数：344千字　　　　　　　　　　　插　　页：1
版　　次：2020年7月第1版　　　　　　　印　　次：2020年7月第1次印刷
书　　号：ISBN 978-7-213-09696-9
定　　价：98.00元

序

　　电子商务在中国发展已 20 余年，其间历经了许多次变化。其中最明显的变化有：联网设备普及、联网费用下降和智能手机普及等，这些都表明了电子商务正走在一条不断发展的道路上。近年来，大数据概念逐渐兴起，使得电子商务中的大数据应用呈现多元化趋势。这意味着，大数据或电子商务早已是一项跨领域的应用。有感于市面上大数据电子商务相关书籍多局限于概念的传达，众多实操型书籍又过于深奥难懂，笔者综合各自领域专长及校内教学经验，共同撰写了这本符合信息、商管、财务金融或社会科学领域的大数据电子商务教程。本书共有 5 章 15 节，每一章节皆包含理论知识、案例精讲与实践操作，特别在实践部分大量应用免费或试用版软件，期许广大读者能以最低的成本吸收大数据电子商务的新知。再者，为了顺应大数据电子商务的持续发展，本书广泛地将舆情探索、网络爬虫、社群网络分析、网站流量分析、超音波非主动式推播、AR 扩增实境、数据视觉化以及智慧客服机器人等议题纳入其中，这些在大数据电子商务中皆属重要议题。本书手把手地教导读者，使读者能够从中学习到实务技能，进而缩小学用落差。当前正值大数据应用的冲刺阶段，相信读者可以从本书中收获许多大数据电子商务知识，使大家得以顺利地迎接大数据盛世。

郑江宇、许晋雄

东吴大学巨量资料管理学院

目 录

第一章　大数据与电子商务 ··· 1

　第一节　大数据崛起与电子商务变革 ································· 5

　　一、何谓大数据 ··· 5

　　二、大数据对传统电子商务的影响 ····················· 11

　　三、大数据成就新电商 4.0 ·································· 25

　　四、大数据电商营运模式 ···································· 34

　第二节　大数据电商技能与挑战 ··································· 49

　　一、微观视角 ··· 49

　　二、宏观视角 ··· 56

　第三节　大数据电商机会与前景 ··································· 60

第二章　大数据电子商务之舆情探索 ······················· 81

　第一节　站外情报探索 ··· 85

　　一、谷歌搜寻趋势 ·· 85

　　二、谷歌消费者气压计 ······································· 92

　　三、网络爬虫 ··· 117

第二节　站内情报探索 ································· 130

一、购物篮分析案例 ····························· 133

二、购物篮分析案例之 R 语言实作 ············· 134

第三节　社群情报探索 ······························· 155

一、Power BI 安装与设定 ····················· 159

二、脸书数据探索（具管理权限）··············· 161

三、脸书数据探索（不具管理权限）············· 165

四、IBM Watson 社交情报探索 ················ 174

第三章　大数据电子商务之数字足迹掌握 ············· 187

第一节　深度流量分析 ······························· 191

一、传统网站 HTML 程序代码安装 ············· 193

二、套版式网站安装 ··························· 224

第二节　广度流量分析 ······························· 234

一、SimilarWeb 之自我网站绝对分析 ·········· 234

二、SimilarWeb 之他人网站相对分析 ·········· 246

第三节　移动流量分析 ······························· 256

一、移动使用分析理论依据 ····················· 257

二、制作网站型 App ··························· 259

三、iBuildApp 之谷歌分析嵌入 ··············· 274

第四章　大数据电子商务之信息浓缩与获取 ··········· 281

第一节　主动式扫码互动 ····························· 285

一、一维条形码 ······························· 285

二、二维条形码 ······························· 286

三、个性化 QR-Code 制作 ····················· 290

四、扫码行为分析 ····························· 301

第二节　主动式扩增实境 ····························· 306

第三节 非主动式超声波互动 ·· 323

第五章 大数据电子商务之善用情报数据可视化与人工智能 ········ 331

　第一节 跨区域电商情报探察利器 ································· 335

　第二节 大数据可视化呈现 ··· 344

　　一、程序代码嵌入式 ·· 345

　　二、GUI 界面式 ··· 349

　第三节 智慧语音客服订单不漏接 ································· 362

结 语 ·· 369

第一章

大数据与电子商务

自 2000 年以来，电子商务似乎摆脱了过去众人所担忧的泡沫化风险，持续在现代经济发展中扮演重要角色。电子商务经历了从雏形概念的产生，到应用场域扩张，再到现在的蓬勃发展的过程，这些对于许多"90 后"来说并不是什么新鲜事，毕竟他们从出生开始就已经生活在电子商务的世界里。然而电子商务这个概念的形成与落实，并非仅是单纯地将交易方式从过去的实体交易转变成在线交易，其中还涉及许多与社会整体运作有关的社交活动，而这些活动又受惠于大数据的兴起，使得全球电子商务产值不断增长。举个常见的例子，大家是否曾经在网络商店仔细查看过一件商品，但因为某些原因没有立刻做出购买决定，索性关掉该商品界面，后来转到其他网站的时候，却发现当前页面某一处出现了自己曾经看过但却没有购买的商品或是出现自己曾经访问过的网站呢？以图 1-1 为例，笔者曾经因为家中需要一把电动螺丝起子，访问特力屋网站并且浏览电动螺

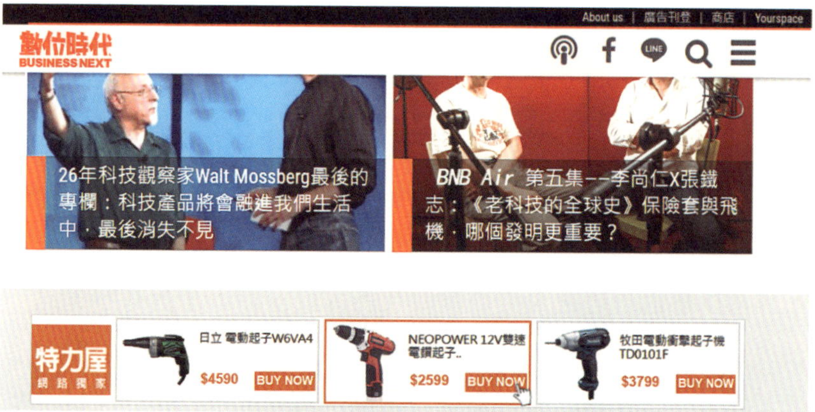

图 1-1　再营销广告示例（资料来源：数位时代网站）

丝起子的相关信息，随后发现该网站上的电动螺丝起子不是自己心目中理想的样子，于是关闭该网页并来到了数位时代网站阅读新知文章，此时却在红色方框处出现了自己曾经浏览过的电动螺丝起子广告。为何数位时代网站知道笔者曾经在特力屋网站浏览过电动螺丝起子呢？原来我们浏览电子商务网站时所留下的足迹早已被数位时代、特力屋和谷歌等经营商掌握，并通过再行销（remarketing）的策略引导消费者购买曾经打算购买的商品。

上述再行销案例在电子商务领域中是有理论基础的，依据 Ajzen 与 Fishbein 两位学者在 1980 年提出的理性行为理论（Theory of Reasoned Action）可知，消费者在实际进行购买行为（purchase behavior）之前必定会产生针对该行为的购买意图（purchase intention），因此再营销（台湾地区称为行销）的策略期盼能够把握住消费者的购买意图，或是趁消费者的购买意图尚未消失前，在界面上呈现他们曾浏览过的商品，提醒并促使消费者跨越"意图"与"行为"之间的距离，购买商品。然而要落实这样的再营销策略，幕后运作就势必要依赖大数据技术，借由对消费者的网站访问行为以及商品浏览情况的分析，由大数据扮演再营销策略的技术后盾。试想，比起传统电子商务乱枪打鸟的做法，融合大数据技术的再行销广告投放策略是否更能够将合适的广告在对的时间与对的地点以适当的方式投放给有需要的消费者呢？没错！这就是电子商务 4.0 的魅力所在，它是经过大数据处理的新兴电子商务。

上述案例开宗明义地表明了大数据与电子商务相辅相成的伙伴关系，然而这个例子只是大数据电子商务的冰山一角。大数据与我们日常生活中的衣、食、住、行、育、乐息息相关，还有许多因"大数据＋电子商务"所衍生出的社会活动。打算开拓新兴电子商务市场的经营者或是想要抓住大数据电商职缺热潮的求职者，都有必要关心这千载难逢的盛事，并了解哪些工具可以帮助自己成为大数据时代所需的电商人才。有鉴于此，本章将引领大家掌握几个关键的问题，包括什么是大数据，它的兴起为电子商务带来了什么样的变革，大数据给传统电子商务带来了什么样的挑战，如何善用大数据技术来洞悉新兴电商的数据前景与机会等。

第一节
大数据崛起与电子商务变革

一、何谓大数据

大数据（Big Data）一词最早出现在 2012 年 Viktor Mayer-Schönberger 与 Kenneth Cukier 两位的著作《大数据时代：生活、工作与思维的大变革》中。大数据具有"4V"特性，分别是：数据量庞大（volume）、产生速度快（velocity）、形式多样（variety）以及具有价值（value）。

（一）数据量庞大

"volume"原意为有形的物体或容器的容量。例如，某台汽车的油箱容量为 60 公升，若能够将油箱扩大，那么就可以存放更多的汽油，进而增加汽车的续航能力。在大数据的世界中，volume 却是一个抽象的概念，如同一个没有刻度且无具体容量上限的量杯。试想，在这个世界上有多少网站呢？而在这庞大数量网站中往来的全球网络流量又有多少呢？答案必是非常惊人的！在大数据的世界中，volume 其实就是指数量庞大的网络数据。对于传统的电子商务而言，或许网络资料仅局限于来自网站的流量，但近年来受惠于移动网络的普及，由移动装置所产生的网络流量也不约而同地加入了贡献 volume 的行列，近年来流行的物联网也不例外。在万物皆可联网的情况下，它们俨然扮演着额外的网络流量供应者，因此我们也可以把大数据的数量庞大特性视为"浩瀚网络容器中的无限数据"。再举一个生活中常见的例子，大家平常在使用手机上网的时候可能会遇到一种情况，那就是上网流量超出电信合约中的限额。以 1G 流量来说，若将这些流量使用完毕，等同于自己在智能型手机上阅读了上千本电子书的内容，然而实际上的流量限额不止 1G，甚至有不少人采取"吃到饱"的方案，在这种没有限制的情况下所体现的电子书阅读数量恐怕更加难以计算。

（二）产生速度快

可以说一年 365 天、一天 24 小时，网络都在不断地产生着数据。若以数据在网络中流动的速度来看，对于简单的 LINE 对话过程（传信方是上传，收信方是下载），每个人每天发生过几次一来一往的传送与接收数据的过程呢？如果将每个人每天传送数据的频率放眼至全世界的 LINE 用户，LINE 公司的服务器主机每天又要服务于多少用户的传送与接收数据的需求呢？然而，这只是众多数据流动中的一个小案例，日常生活中只要所从事的活动涉及网络，就等同于无时无刻不在发生数据流动，这体现了数据的实时性（real-time）。对于传统的电子商务而言，过去受限于硬件处理能力或是数据分析技术的瓶颈，往往只能通过顾客关系管理系统（Customer Relationship Management, CRM）来将消费者的交易记录进行历史性的分析。例如，服务商可以通过 RFM 分析来汇总消费者最近一次交易的日期（recency）、交易频率（frequency）以及交易金额（monetary），然而这一切用大数据电子商务的立场来看恐怕都是事后诸葛亮。换句话说，当消费者不断地进行数据传送与接收时，相关服务商有必要以"实时"或是"趋近实时"的做法来回应消费者需求，例如，依据消费者过去的交易记录以及当下的网站访问行为，电子商务服务商可以针对特定的消费者投放实时性的专属优惠信息。

（三）形式多样

日常生活中常见的数据多数属于数字形态的结构化数据，如温湿度、股票交易金额等。然而大数据并非仅局限在数字形态的数据，它还包括许多非结构化的数据，如声音、视觉焦点、脸部表情等。在传统电子商务中，结构化数据是一种较为常见的数据，如顾客交易额、网站访客的浏览次数、网站跳出率等。时至今日，受惠于许多数据获取技术的飞速发展，使得新形态电子商务得以将过去无法捕捉的数据进行"非结构化→结构化"的转换。举例来说，若某电子商务网站想要得知其访客的关注焦点（即访客进站后的重点浏览内容），可以在征求访客同意的前提下，请他们在自己的计算机上安装眼动拍摄仪，借此将这个过程中捕捉到的信息转化为结构化数据，如此电子商务网站经营者便能得知访客是被自己网站的哪些内容所吸引，如图1-2所示。

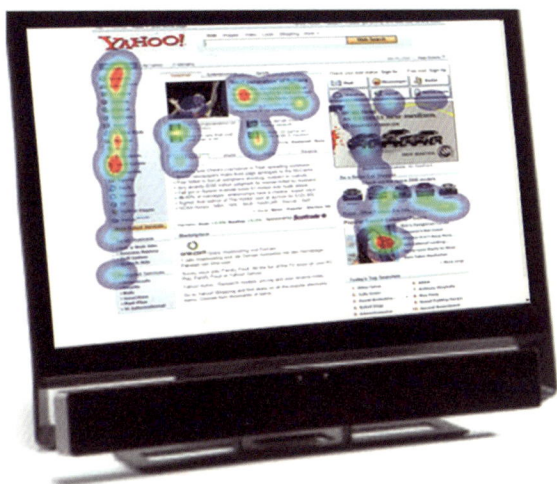

图1-2　眼动拍摄仪（资料来源：南京思科电子科技）

　　类似的方式也被应用在新形态的零售业中。知名连锁超市7-11就在各店结账柜台后方安装了液晶荧幕，如图1-3所示。在播放商品广告之余也利用荧幕上的镜头记录顾客观看广告时的眼球活动。此举不但能够有效地缓解顾客排队结账时的烦躁心情，也巧妙地捕捉到了其中的非结构化数据，从而能够针对顾客眼球停留时间与脸部表情识别结果来进行精准的商品推荐。

图 1-3　7-11 超市的大数据应用案例

（四）具有价值

数据必须经过转化才能具有价值。如同政府所倡导的资源回收一般，把看似无用的垃圾加以分类处理，就可以实现回收再利用。对传统电子商务经营者而言，仅仅针对单一数据的收集与分析较难察觉到其中的价值。例如，某电子商务网站记录了"访客进站次数"，然而此单一数据充其量只能描述一个网站所获得的访客数，无法进一步就此数据进行延伸性的探索。此时若加入其他数据一同探索，那么数据价值即可逐渐明朗。例如，除了"访客进站次数"这个单一数据之外，还记录了"访客进站日期"，若将这两项数据合并探索，也就是"访客进站次数＋访客进站时段"，则可以得出图 1-4 所示的矩阵。如此便能针对四个象限进行更深的探索，因此，数据转化力（data derivability）对于数据价值之影响不可小觑。

	访客进站次数（高）	访客进站次数（低）
访客进站时段（日间）	诠释 A	诠释 B
访客进站时段（夜间）	诠释 C	诠释 D

图 1-4　访客进站矩阵

很遗憾，受大数据特性的影响，数据转化力的培养极其困难。换句话说，如何能够将形式多样且产生速度快的数据转化成有价值的数据是一项艰难的挑战。图 1-5 为 Miller & Mork 两位学者于 2013 年所提出的数据价值链[①]（Data Value Chain, DVC），共分为三大阶段，每个阶段都附带着该阶段应有的数据作为。

图 1-5　数据价值链［资料来源：Miller & Mork（2013）］

1. 数据探索阶段（data discovery）

数据的来源非常广，而且不同的数据源所呈现的数据形态也不尽相同，数据价值链的首要阶段就是针对不同的数据源建立适合存放数据的场所，同时也要对各种数据源存放场所给予诠释说明。这就好像一个大仓库中有

[①]　Miller, H. G., & Mork, P.（2013）. From data to decision:a value chain for big data. *IT Professional*, 15（1）, 57–59.

许多小仓库一样，每个小仓库存放不同的器具、原料或工具，也许是固态原料，也许是液态原料，它们有各自合适的存放方式。为了能够在大仓库中快速找到所需的原料，每个小仓库上的标记内容就显得非常重要。除此之外，由于小仓库内容的形态各有不同，因此管理员必须针对不同的内容制定相应的领用规则，如此才能确保大仓库整体的运作，而这正是为了顺利产出数据价值所必须进行的数据探索阶段。

2. 数据整合阶段（data integration）

数据整合阶段的任务就是将第一阶段的各式数据源探索结果予以整合，形成一个类似大脑中枢的结构，以便将不同的数据在相同形式下顺利呈现。举例来说，若要让管理员能够有效率地管理大仓库中的每一个小仓库，提供统一且具有综观效果的管理接口是非常必要的。而且这个管理接口除了要能够对外呈现一致的数据表达方式之外，还要能够根据小仓库的内容改变将最实时、最精准的数据呈现给管理员。

3. 数据利用阶段（data exploitation）

数据利用阶段的任务就是要把所获得的数据进行正确地分析，并且将分析结果提供给数据需求者。例如，大仓库管理员除了拥有上一阶段所提到的良好的管理接口之外，若能够将各个小仓库内容的变化情况予以汇总并进行数据的预测分析与可视化，那么仓库管理员便能够从分析结果中发现未来小仓库中内容的变化，甚至可以将这些数据结论提供给高阶主管，供其参考，以制定决策。此时仓库管理员受惠于数据的妥善利用，扮演决策者与数据之间的友善之桥，从而让数据价值逐渐浮现。

综合以上叙述可知，大数据可以说是包山包海，几乎任何形式的数据皆可视为大数据的一种。既然大数据的范畴如此广泛，传统电子商务从业者自然不会放过任何可以应用大数据的机会。套用一句阿里巴巴主要创始人马云说过的一句话："做淘宝不是卖货，而是为了获得数据。"从这句话我们就可以推敲出数据对于电子商务的重要性，就好比鱼要生存不能离开水一般，这也是为什么有些电子商务从业者可以善用数据，从数据里淘金，但有些从业者却无法从中洞察出数据价值与机会。有鉴于此，接下来我们将更具体地介绍大数据能够给电子商务领域带来哪些前所未有的新应用，以及这些新应用对于传统电子商务的影响。

二、大数据对传统电子商务的影响

纵观国内外市场调查机构对于电子商务未来发展的预测可以发现，电子商务产值持续呈现正增长态势。特别是大数据概念问世以后，能够妥善利用大数据的电商从业者营收几乎呈现指数级增长。大数据究竟是何方神圣？为什么大数据能够成为从业者们的一盏明灯，让他们在五花八门的电子商务市场中脱颖而出呢？想要知道这些问题的答案，我们首先得先了解传统电子商务与大数据电子商务之间的差异，如图1-6所示。

类别	传统电子商务	大数据电子商务
数据获取能力	负	胜
行为掌握能力	负	胜
顾客发言能力	负	胜
专属推荐能力	负	胜

图1-6 传统电子商务与大数据电子商务的差异

（一）数据获取能力

在大数据时代，人类社会每天所产生的数据量非常庞大。因此相较于传统电子商务，大数据电子商务所面临的挑战将更加严峻，毕竟要面对如洪水般的数据浪潮。也正因如此，若有从业者宣称其电子商务经营模式中已纳入大数据分析，就表示该从业者具备大数据的获取能力。以全世界最大的网络零售商亚马逊（Amazon）为例，其鼓励顾客加入年费制会员（Amazon Prime），如图1-7所示，以便获得会员专属福利，包括免费2日送货到家、免费在线影音串流服务、云端硬盘服务、加入读书俱乐部等。

图 1-7　亚马逊会员订阅界面（资料来源：亚马逊）

表面上亚马逊为会员提供了许多免费服务，其实另有谋略，那就是每当会员使用上述服务时，亚马逊就会立刻搜集会员们有意或无意留下的行为数据，例如，使用免费 2 日送货到家服务的会员当中，有多少比例的会员愿意把订单金额增加到 35 美元，以便升级至当天到货服务；会员一般在什么时刻收听在线音乐或观看影片，且他们又都欣赏什么类型的影音内容；有多少比例的会员会将他们手机上的照片上传至云端硬盘存放，他们存放的照片多数属于哪种类型；会员在读书俱乐部中，购书前试阅或直接购书的比例各为多少；等等。

取得上述行为数据之后，亚马逊便能够进行更为精准的数据分析，如把使用当天到货服务的会员归类为急性子，日后针对这类顾客急于收货的特点拟订推销策略。除此之外，亚马逊从行为数据中可以得知应该在什么时段推送合适的在线影音内容给有所偏好的会员欣赏，甚至是根据会员们上传至云端硬盘的照片来推测他们的生活状态、曾造访的地区、社交或家庭情况等。当然亚马逊也可以在适当时机给会员们提供电子折价券（e-coupon），以便让会员们能够以最优惠的价格买到所喜好的图书。试想，若自己是亚马逊会员，在接收到上述服务促销信息之后，是否会因为感到贴心而愿意下单消费呢？

亚马逊想要落实以上种种的精准营销手段，除了需要具备"事前资料收集策略""当下资料捕捉"以及"事后资料分析"能力，还必须建立强有力的信息技术架构，如亚马逊云端服务（Amazon Web Service, AWS），才能够实现其大数据战略中的订阅经济（Subscription Economy），即通过强有力的数据来支持付费订阅的可行性，并将所获得的独家行为数据进行识别，转售给有需要的第三方。此时亚马逊早已不在意所提供的会员服务或专属优惠商品是否能够直接获利，经营重心已经从过去消费者付费换取商品的交易式经济（transaction economy）转型为与顾客或第三方之间所建立的长期数据关系，也就是所谓的订阅经济。图 1-8 是亚马逊提供给第三方的数字订阅（Subscribe with Amazon）服务界面。

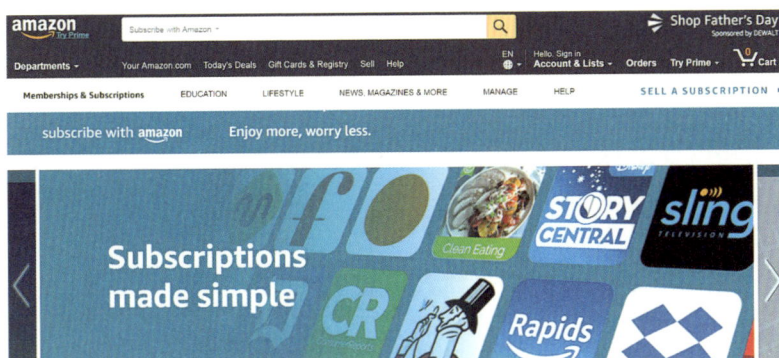

图 1-8　亚马逊数字订阅服务界面（资料来源：亚马逊）

以上案例都不是传统电子商务从业者可以轻易达成的，因此要想打造成功的大数据电子商务，首要任务就是确认或辨别自己是否具有数据获取能力。

（二）行为掌握能力

知名好莱坞电影《神鬼认证》与《全民公敌》都描述了主角遭到跟踪的故事，而要实现在千里之外锁定他人行踪，就要仰赖全球卫星定位系统（Global Positioning System, GPS）。无独有偶，要想在新形态的电子商务中获利，也需要使用若干追踪手法，但此处所指的追踪是侧录电子商务顾客所进行的所有网站行为。换言之，大数据电子商务必须要从顾客接触点开始就发挥顾客行为掌握能力，一直到他们结束享受服务或结束交易为止，甚至是当他们完成当下交易之后，仍可持续把握下一次与顾客互动的契机，我们称此行为掌握能力为整体历程追踪（tracking the entire journey）。

举例来说，在正常情况下，电子商务网站所进行的追踪做法并不会干扰访客的参访，且侧录动作会一直进行到他们离开网站为止。也就是说，访客们不会得知他们所留下的行为足迹早已在进站之初就被记录。图1-9为网站流量分析工具（web analytics）所记录到的谷歌官方电商网站访客行为脉络，从红色方框处可以得知该网站访客来自世界各地，其中以美国访客居多。此外，无论哪一个地区的访客，他们多数都以"（not set）"作为进站的起始网页，但从蓝色箭头处可以看出，这一页也是离站频率最高的页面。换言之，多数访客的网站参访历程堪称短暂，并没有依照网站经营者的期盼向终极目标走下去。很明显，要能够捕捉此种整体参访历程，除了网站经营者本身对大数据分析的接纳程度之外，是否能够采用正确的工具来掌握行为数据亦是不可忽视的重点。

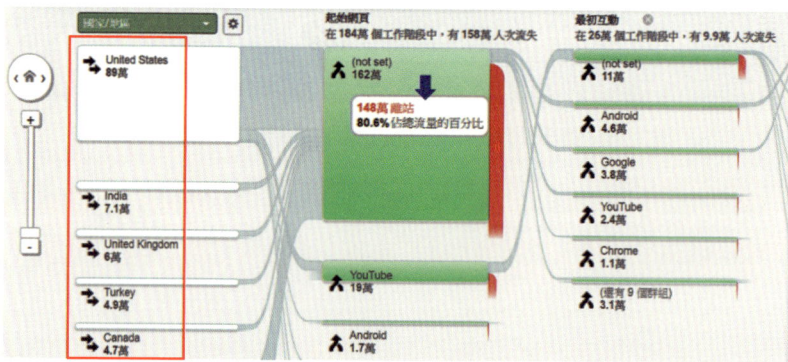

图1-9　访客网站整体参访历程（资料来源：Google Merchandise Store）

遗憾的是，即便电商经营者能够通过各种网站分析工具来掌握访客在网站中的整体参访历程，但此举仅能视为传统电子商务进入大数据电子商务的一小步，毕竟在大数据或万物皆可联网的时代里，能够从事交易活动的场域日渐多元，故上述所提到的行为掌握能力不应该只局限在网站情境里，还要能够在各式联网情境下实现，如此才具备全渠道（omni-channel）行为掌握能力。以图1-10为例，知名连锁保健美容品牌屈臣氏除了能够依据顾客在店内或网上的消费记录来提供个人App专属优惠券（即每位顾客的折价内容不尽相同）之外，还能够捕捉顾客在其他接触点（contacting point）上所衍生出的行为数据。

图 1-10　屈臣氏定制化折价券（资料来源：屈臣氏 App）

爱玩美（STYLE ME）设备是一套虚拟试妆机，如图 1-11 所示。在这套设备问世之前，顾客往往需要实际上妆测试，才能知道所欲购买的化妆品是否适合自己。反复地上妆又卸妆，费时又费力。然而通过爱玩美设备，顾客只需对着镜头，面带微笑拍摄自己的大头贴并且点击偏好的彩妆颜色，仅一秒就可以立即看到上妆效果。此举不但快速满足了顾客上妆预览需求，也巧妙地掌握了顾客购买彩妆时的偏好信息，使得屈臣氏能够在适当时机针对特定顾客投放定制化的专属优惠。

图 1-11　屈臣氏爱玩美设备

顾客接触点增加，意味着从业者能够综合分析从每个顾客接触点所获取到的顾客行为数据，提供一条龙式的消费体验，进而真正落实全通路行为掌握能力。值得注意的是，顾客接触点行为数据获取渠道琳琅满目，如低功耗蓝牙定位 iBeacon、近场通信 NFC（Near Field Communication）、长频段演进传输 LTE（Long Term Evolution）等，无论是以何种渠道来掌握宝贵的顾客行为数据，都必须了解全渠道行为掌握能力与多渠道行为掌握能力两者在本质上的差异。

所谓全渠道行为掌握能力指的是能够在各个销售渠道中串联所有的顾客行为数据，使得看似独立的单渠道行为数据得以在不同的渠道或是不同的顾客接触点之间互通，也就是以顾客对企业（Customer to Business, C2B）的思维来将顾客需求实际反馈至营运方针上，如图 1-12 所示。

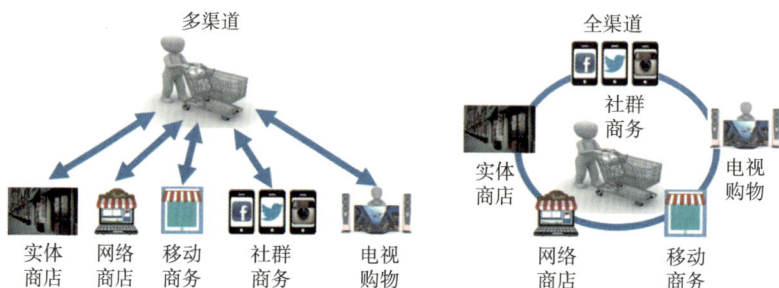

图 1-12　全渠道与多渠道行为掌握的差异

此举有别于传统的多渠道行为掌握能力。各渠道之间的数据缺乏整合，在各自为营的情况下容易导致渠道冲突（channel conflict）。如果顾客只关注对自己有利的渠道，就会导致商家陷入自家人抢自家人生意的窘境。另外，各个渠道之间的商品售价不一致，加上网络虚拟销售成本通常低于线下实体销售成本，久而久之将导致线上渠道排挤线下渠道，使商家陷入自打嘴巴的境地。

Mukhopadhyay 等学者在 2008 年的研究成果中提到，唯有各个渠道之间的数据透明化并且彼此分享，才有办法让价值链上的利害关系共享共荣[①]，这个研究结论指的其实就是全渠道行为数据掌握能力，即掌握数据是必要条件，其优先权势必高于分享数据。阿里巴巴主要创始人马云以及鸿海科技集团原总裁郭台铭不约而同地表示电子商务将在不久的未来消失，

---

① Mukhopadhyay, S. K., Yao, D. Q., & Yue, X.（2008）. Information sharing of value-adding retailer in a mixed channel hi-tech supply chain. *Journal of Business Research*, 61（9），950–958.

取而代之的是新零售业线上或线下的数据串接行为。换句话说，若具备全渠道行为大数据掌握能力等同于在零售 4.0 时代抢得先机。

（三）顾客发言能力

前面提到的行为掌握能力从某些程度而言可以视为一种顾客意见表达的捕捉，但毕竟不是每位顾客都愿意明确地针对他们的交易历程做表态。Day 等学者早在 1981 年就指出有些不满意的顾客缺乏抱怨意愿[①]，因此上述全渠道行为数据掌握与整合恰好适用于无声无息的行为捕捉情境。然而有些顾客不只愿意将自己的交易历程清楚地表达，更习惯将所表达之意见以口耳相传的方式分享给周边的亲朋好友。有鉴于此，在大数据电子商务时代，经营者除了具备行为掌握能力之外，能否提供一个合适的场域供顾客或消费者表达己见是不能忽视的重点。在传统电子商务中，消费者往往无法在购物前（pre-purchase）享有畅所欲言的机会，即便是在购物后（post-purchase）也仅能将意见反映给电商平台经营者，如图 1-13 所示。

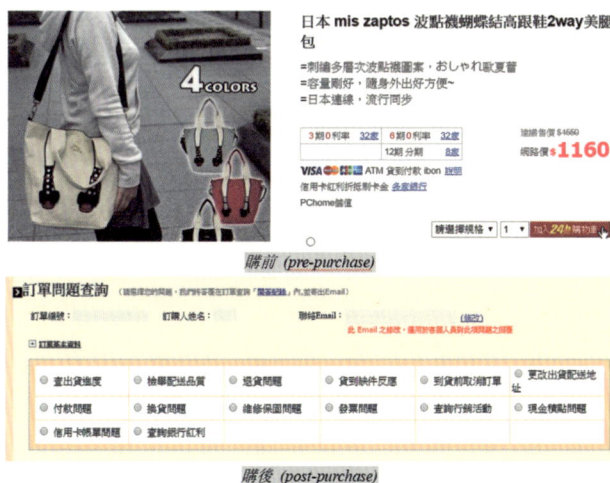

图 1-13　顾客意见表达示意（1）（资料来源：PChome 24 小时购物）

---

① Day, R.L., Grabicke, K., Schaetzle, T., & Staubach, F.（1981）. The hidden agenda of consumer complaining. Journal of retailing.

探究可能的原因发现，此类型平台系由经营者直营且广邀各产品售卖者将商品上架至平台，导致平台经营者在不熟悉各种商品的情况下，无法一一回复顾客意见。

另一种常见的做法是在购前就提供消费者咨询渠道，如图 1−14 红色箭头处所示，使他们能够在获得答复后降低对产品的不确定性，提升购买信心。

图 1−14　顾客意见表达示意（2）（资料来源：PChome 24 小时购物）

然而无论采用以上哪种做法，仍属于传统电子商务范畴，主要原因不外乎是经营者对顾客发言能力的数据掌握有限。图 1−15 为淘宝网购物页面，在购前阶段，消费者即可以在红色方框处询问卖家对商品的疑惑之处。在多数情况下，卖家为了想要争取更多的订单，会在这个询问页面上保持在线状态，如此一来便能在第一时间内即刻回复消费者疑问。

除此之外，处于购前阶段的顾客还可以通过蓝色方框处的"其他顾客评论"来了解其他人对该商品的购买体验，借此增加他们对自己不熟悉商品或卖家的了解程度。值得一提的是，在绿色箭头与紫色箭头处有较少电商平台支持的功能，其中绿色箭头处的"售后服务评论"专司于卖家的服务相关评分考核，包括售后服务处理速度、纠纷率、态度评分等，顾客可根据这些指标判断此卖家是否为值得信任的交易对象。令人惊讶的是，淘宝网很贴心地将这些与服务相关的评价与其他同类型卖家对比，如图1-15黄色方框所示。如此一来，顾客可以很轻易地知道相对于其他同类型卖家，自己正在打量的这位卖家是否值得进行交易。紫色箭头处的"问大家"功能可以使不具有购买经验的顾客弥补他们无法自其他顾客评论中了解的关于商品的疑问，以主动出击的方式提出疑问并邀请具有购买经验的顾客来回答问题。

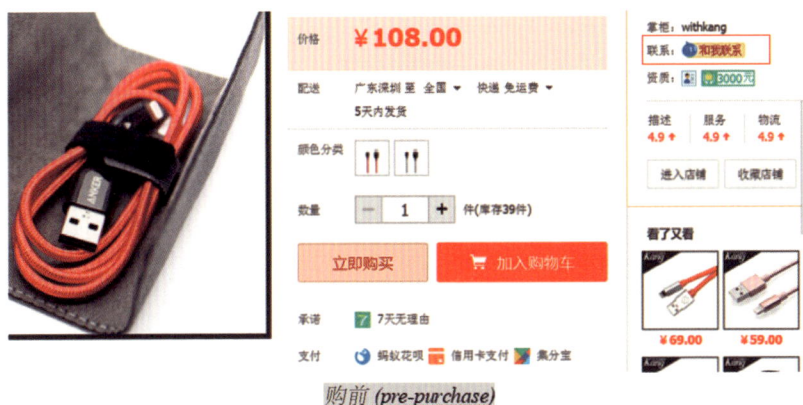

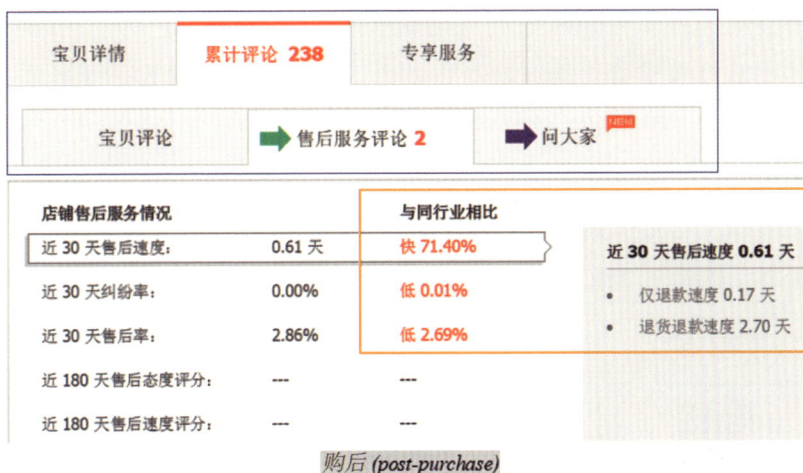

图 1-15　顾客意见表达示意（3）（资料来源：淘宝网）

综合以上做法，淘宝网不外乎是想在每个交易环节降低顾客对于商品或是购物历程的不确定感，而这一切仰赖于电商平台从业者对于顾客意见表达内部与外部合纵连横的捕捉。简单地说，就是主动并且积极地塑造顾客意见表达的友善环境，辅以无声无息的全渠道行为数据整合，落实大数据电子商务的良好数据生态。

（四）专属推荐能力

如同保险业务员一般，若打算把保单推销出去，势必要对自己所销售的保险商品相当熟悉。其中，具备顾客需求洞察能力的业务员较容易达成交易。换句话说，相对于直接把商品送往销售渠道的推式销售策略，以了解顾客需求为导向的拉式销售策略更能成功地将商品传递至顾客手上，毕竟是依照顾客差异分别给予专属商品推荐。电子商务情境中所谓的专属推荐约略以是否完成交易作为分界，包含交易前推荐与交易后推荐。

1. 交易前推荐

交易前推荐指的是顾客在访问网站过程中，即使没有留下实际交易记录，电商从业者也能够进行商品推荐，此做法通常仰赖推荐对象之外其他顾客的历史参访记录或是历史交易记录。以图1-16中的蓝色方框处为例，假设某人打算在博客来网络书店购买一本书，若此人对于要购买什么样的书籍没有头绪，那么就可以参考"买了此商品的人，也买了……"板块下的内容。很明显，这样的推荐方式必须建构在其他具有购买经验的顾客的历史交易记录上，因为浏览相同书籍的顾客彼此之间可能拥有相似的阅读偏好。但人毕竟是一个独立个体，仍有些顾客对于这样的推荐方式无动于衷，也就是以他人购买经验来给顾客推荐的做法并未100%地落实。

图1-16　以他人记录为基础的交易前推荐（资料来源：博客来）

为了能够更契合地达成个人化专属推荐,越来越多的大数据电子商务从业者采取比传统电子商务从业者还要详细的交易前推荐方式。以图1-17蓝色方框处为例,"猜你喜欢"推荐功能系依照顾客自身参访足迹归纳出的各式商品汇整数据,此做法建立在"浏览即表示有购买需求、偏好或意愿"之上,而且商品归纳与汇整的依据并非来自他人,因此比起前文提到的借由他人历史交易记录来进行推荐活动更接近个人化专属推荐。

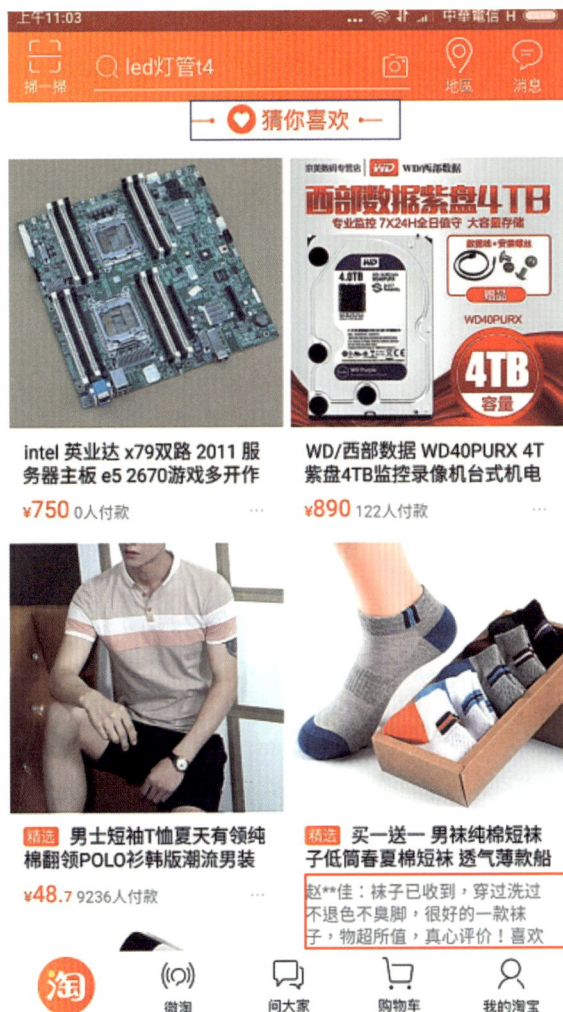

图 1-17　以自我记录与他人记录为基础的交易前推荐（资料来源：淘宝 App）

当然，通过他人交易经验来进行交易前推荐也并非一无是处，以红色方框处的"消费者评论"为例，上面提示了曾经购买此袜子的消费体验，一旦将"他人交易体验"与"自身参访足迹"两项结合，就能够提供更为具体且高度个人化的专属交易前推荐。换句话说，假设某顾客具有袜子购买需求，在电商网站中反复浏览不同款式袜子（即"自身参访足迹"），比起其他没有提供顾客评论（即"他人交易体验"）的袜子款式，有提供顾客评论的袜子款式更让顾客清楚地了解该款袜子是否符合自己喜好，最后在契合自身交易需求以及他人意见支持的情况下，做出具有信心的购买决策。

2. 交易后推荐

除了交易前推荐以外，电商从业者还可以依据顾客实际交易记录来推荐他们所喜好的商品。以图1-18蓝色方框处的"你可能还想买"为例，以顾客实际下单记录作为交易后的推荐依据。这种做法与传统电子商务中常提到的顾客关系管理如出一辙，即通过顾客的交易记录数据来实施营销、业务拓展以及售后服务等顾客关系维系活动。然而大数据时代下的新电子商务受惠于互联网的普及，使得从业者可以在各个渠道之间搜集数据，让原本的营销、业务拓展以及售后服务能够从网站情境跳离至其他场域，这也是为何具备大数据的交易后推荐能更为人性化且契合顾客需求的主要原因。

以图1-19为例，这是一台由小米公司所推出的PM2.5空气净化器，用户购买后可以通过手机App来操作这台机器，在净化室内空气的同时也能了解这台机器运作情况（如家中PM2.5指数）。乍看这台净化器似乎没有什么新奇之处，其他品牌也推出类似的机种，也就是说即使是不同品牌的机型，它们彼此之间都拥有相同的运作原理与功能，如净化室内有害的PM2.5细悬浮微粒、云端联机及App绑定操作等。然而小米空气净化器与其他从业者所推出的净化器最大的差异就藏在数据细节中，这正是我们所讨论到的交易后推荐行为。

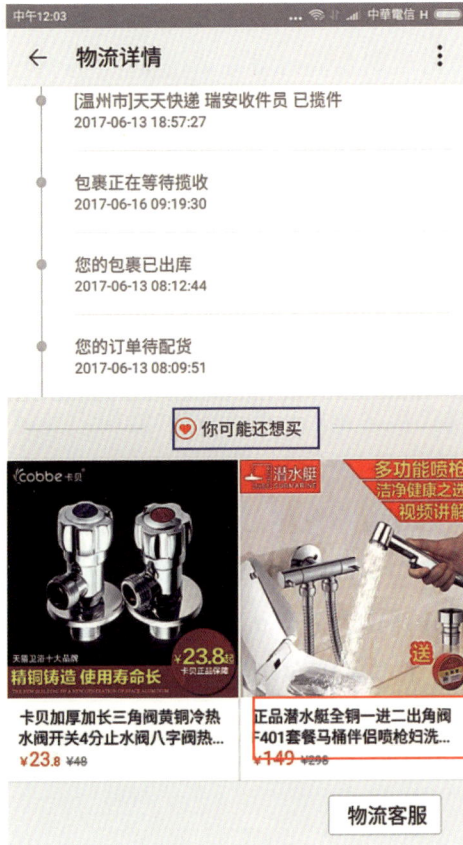

图 1-18　交易后推荐（1）（资料来源：淘宝 App）

图 1-19　交易后推荐（2）（资料来源：小米空气净化器）

如同之前提及的推式销售思维，大多数从业者仅是设法将此类型净化器销售出去，商品售出后则由售后服务单位接手，一旦发现商品存在问题，便在最短的时间内服务顾客，产品整体销售的生命周期也就告一段落。小米空气净化器有别于其他产品，不把商品销售视为一次性动作，也不把售后服务当作是与顾客互动的终点，而是通过商品成功售出后的顾客接触点来与顾客保持互动。

以图 1-20 小米空气净化器 App 的操作界面为例，我们可以从红色方框处观察到，该 App 能够显示净化器的滤芯剩余天数，一旦剩余天数趋近零，小米立即采取拉式销售策略，并且提供给用户专属的优惠价格，整个推荐过程堪称完备。换句话说，每当该机型空气净化器运作时，小米即通过大数据不断地搜集机器运作资料，再借由之前所提及的数据转化力将看似无用的数据予以再利用，此时由于用户已经购买了该机型，自然会有滤芯购买需求，小米趁势在恰当的时机落实了交易后阶段所需具备的专属推荐能力，进而从数据中提炼出有价值的信息。

图 1-20　交易后推荐之数据转化力（资料来源：小米空气净化器）

综合以上讨论的数据获取能力、行为掌握能力、顾客发言能力以及专属推荐能力，我们可以归纳出图 1-21 左侧的大数据电子商务成熟度模式（Big Data Maturity Model in E-Commerce）。此模式虽与 Knowledgent 公司所提出的巨量资料成熟度阶层 ①（Levels of Big Data Maturity）有着异曲同工之妙，如图 1-21 右侧所示，但前者较为聚焦在新兴电子商务对于大数据商业作为的成熟度审视之上，而非大数据在数据科学上的 ETL 应用，即筛选（Extract）、转换（Transformation）、加载（Load）。换言之，若欲在新形态的电子商务下获取数据价值，最重要的是电商经营者是否能够自各个渠道获取宝贵的数据（层级 1：数据获取能力），随后从数据中洞察并掌握多变的顾客行为（层级 2：行为掌握能力），并且设法在各渠道中提供友善的畅所欲言的环境（层级 3：顾客发言能力），最终统整自层级 1 至层级 3 所获得的宝贵数据，投放契合顾客需求的专属推荐（层级 4：专属推荐能力）信息。

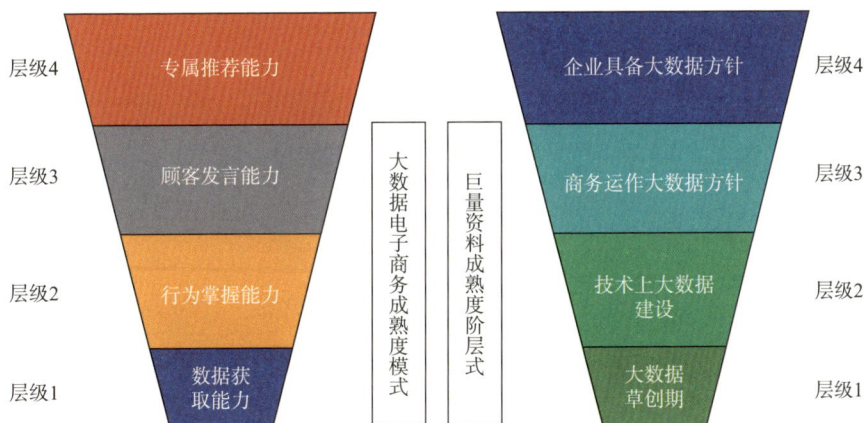

层级4	专属推荐能力	大数据电子商务成熟度模式	巨量资料成熟度阶层式	企业具备大数据方针	层级4
层级3	顾客发言能力			商务运作大数据方针	层级3
层级2	行为掌握能力			技术上大数据建设	层级2
层级1	数据获取能力			大数据草创期	层级1

图 1-21　大数据电子商务成熟度模式 vs 巨量数据成熟度阶层

三、大数据成就新电商 4.0

大数据概念问世后，给传统电子商务带来了不小的冲击。举凡能够上网的装置、设备或情境，只要有数据流量通过，大数据便随时产生着，再加上电子商务是一种营利型的经济活动，从业者们自然不会放过任何发生在自身经营环境中的数据商机。但是，大数据对于电子商务究竟有多重要

① 参见巨量数据成熟度阶层 https://knowledgent.com/infographics/levels-big-data-maturity.

呢？为何它是主宰电子商务未来的关键要素呢？电子商务从业者具备了数据获取能力、行为掌握能力、顾客发言能力以及专属推荐能力之后，能够通过这些能力获取哪些营运帮助或是能否通过此等能力迈向新时代电子商务营运模式？针对以上问题的回答如下。

（一）增强个人化销售

在传统电子商务情境中，销售向来是以非个性化随机推荐的方式将商品信息传递至消费者手上，从业者们只能盼望消费者能够眷顾一下他们所推销的商品。问题是消费者为何要这么听话地购买推销的商品，这句话一语道破了传统电子商务的盲点，也就是从业者有必要掌握消费者的购买动机，如此才能针对其动机量身打造销售计划。

许多动机理论（motivation theory）研究者不约而同地提到，人类进行任何动作都会受到两种动机影响，分别是外在动机（extrinsic motivation）与内在动机（intrinsic motivation）。所谓外在动机是指行为者因受到外界激励产生的相对应的动作，如某小学生受到月考奖品的激励奋发图强，努力将考试成绩提高。内在动机则是指在没有任何诱因的前提下，行为者发自内心，自愿进行某个动作，如即使没有任何激励，某学生仍然力争上游地努力求学。

在电子商务情境中，消费者购物需求亦受外在动机与内在动机的影响。Babin 等学者于 1994 年将交易的内外在动机具体化为功利导向购物（utilitarian oriented shopping）以及娱乐导向购物 [1]（hedonic oriented shopping）。在定义上，功利导向购物及娱乐导向购物与外在动机及内在动机相似，主要看消费者是因为受到外界刺激而诱发交易行为，还是只是沉浸在购买情境当中不需要任何激励因子。

有鉴于此，新形态电子商务从业者势必能够借由自身大数据的分析与获取能力来满足特定消费者各自的购物导向。本章开头所提到的再营销即

---

[1] Babin, B.J., Darden, W.R., & Grif.n, M.（1994）.Work and/or fun: measuring hedonic and utilitarian shopping value. *Journal of consumer research*, 20（4），644–656.

是一种可以用来同时满足功利导向购物动机与娱乐导向购物动机的一种个人化销售手段。试想，若在上网时，浏览器画面上跳出自己曾经浏览过但最后未购买的商品（满足功利导向购物动机），或是自己不曾浏览过但却与自身上网内容偏好相符的商品（满足娱乐导向购物动机），是否比较容易吸引自己的目光并且做出消费决策呢？答案当然是肯定的。因此通过对大数据的搜集与分析，电子商务从业者将能够跨越过去非个人化销售的鸿沟，进而精准地契合消费者对于个人化销售信息的期盼。

（二）提升定价敏捷度

定价对于任何经济活动来说都是一件重要的事情，定价过高容易导致消费者反感进而转向竞争者处购买，然而定价过低又容易导致卖方的利润被侵蚀。所以通过大数据的搜集与分析，能够使电子商务从业者在内部与外部获取合适的定价参考。在一般零售业情境中，内部定价水平可来自外部定价信息，例如，某虚实整合商店担心自身定价低于实体店定价而陷入自打嘴巴的窘境，但又在网络环境中遭受到同业的削价竞争，此时可以通过网络爬虫（web crawler）技术来快速获取相同商品在不同平台上的定价，如图 1-22 红色方框处所示。

图 1-22　商品外部定价汇总（资料来源：EZPrice 比价网）

另外一种做法是借由消费者的力量来将所通报的商品外部定价反馈至内部定价。以图 1–23 为例，该电商平台从业者提供消费者"卖贵通报"的申诉渠道，只要消费者表明其他商家的售价较现售价低，则该平台从业者会以降价通知的方式来回馈消费者，降价的结果也许会与其他商家售价一致，甚至更便宜也不无可能。此举不但借由通报数据有效地留住顾客，也巧妙地获取了外部定价。然而无论是爬虫订价数据统整还是顾客"买贵通报"，二者所获得的外部订价信息皆能够反馈到刚才所提到的虚实整合订价策略参考，也就是动态定价（dynamic pricing）的终极目标。

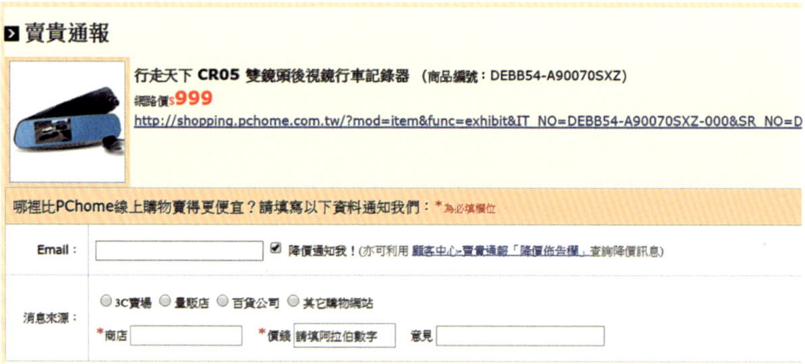

图 1-23　电商平台卖贵通报（资料来源：PChome 24 小时购物）

（三）促进顾客转换

所谓顾客转换指的是顾客依照电子商务经营者的期盼所进行的特定动作，如注册会员、好友分享、结账购买等。若非经过转换，顾客仍然无法将身份从非会员变为会员，也无法让自己的身份从被分享者变成分享者，更无法使自己从访客变为实际交易的顾客。由此可知，顾客是否确实进行转换行为，对于电子商务从业者而言非常重要。

大数据情境中的转换较为强调契合顾客需求，也就是以类似顾客参与的方式来使其感到所参与的事物与自己切身相关，之后再通过若干预测或分析手段来使顾客觉得购买网站所推销的商品确实有其必要性，进而顺利做出转换行为，即购买决策。举个例子，图 1-24 所示为香港宏利寿险公司所推出的 MOVE 健康活动，该活动通过 Apple Watch 穿戴式装置进行数据分析与促进转换。

图 1-24　运动情境下的顾客参与及促进转换（资料来源：港商宏利寿险公司）

　　从图中红色箭头处可以看见 Apple Watch 穿戴者的步行步数，据此可衍生出数据商业模式，即步行步数越多表示运动量越大，此物件穿戴者的身体状况理当比运动量小的穿戴者更好，因此在保险费上就可以享有较高的折扣。一旦穿戴者参加此运作模式，有很大的概率因自身投入在活动当中而不断地努力累积运动量，借此获得更优惠的保险折扣，此时若保险商品符合穿戴者的实际需求，上述情况就会不断地上演，保险公司也巧妙地通过对 App 的数据分析来提高顾客转换率。

　　类似的场景也在本土产物保险公司发生过，图 1-25 为车联网装置，只要将该装置安装在车上，产物保险公司即能得知驾驶人的驾车习惯（如急刹次数、平均油耗等），驾驶习惯越好就越能换取更为优惠的保费折扣率。如蓝色箭头处所示，由于汽车强制责任险属于政府强制投保的险种，言外之意，驾驶人对于它的需求始终存在，再加上驾驶人亲自参与维护自身的驾驶习惯数据，因此他们有更高的意愿来把自己的付出转换为报酬，保险公司也就顺势提升了顾客转换率。

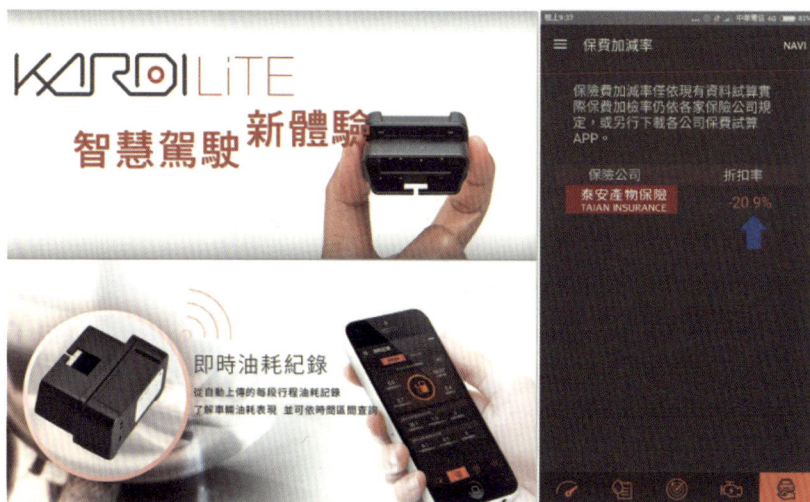

图 1-25　驾车情境下的顾客参与及促进转换（资料来源：TRANS IoT 创星物联）

从以上两个案例可知，受惠于联网设备的普及，电子商务活动的焦点已经从过去的网站交易转换转移至物联网交易转换。换句话说，只要能够掌握存在于各个场域中的大数据，电子商务活动转换率的提升将比过去更为有效且成效更易于监控。

（四）健全库存管理

如果经营的是零售形态的电子商务，那么大数据分析将能够用来健全自身的库存管理体系。图 1-26 为某知名电商从业者的首页，在红色方框处可以看见一个"搜寻框"，这个功能看似在协助顾客从千百种商品里快速找到所欲购买的品项，但其实背后大有玄机。电商平台从业者可以通过此功能来了解多数顾客所搜寻的热门商品或鲜有顾客搜寻的冷门商品，前者可以帮助从业者调整营销策略，如备足热门商品库存量以避免陷入因商品热销而售罄的窘境，后者则可以帮助从业者调整冷门商品库存量，若发现某些特定品项乏人问津，那么就有必要减少库存量或是将它移至非热销品专区。

图 1-26　电子商务网站搜寻功能（1）（资料来源：EHS 东森购物）

以上这些功能或是作为，看似再平常不过，也是多数从业者正在着墨的焦点，似乎与大数据没有太大的关联性。然而大数据在电子商务上的应用重点之一在于掌握数据线索之后的顾客行为推敲，依据推敲行为模式[①]（Elaboration Likelihood Model，ELM）可知，顾客在进行搜寻动作时，可能遵循两种路径：中央路径（central route）或周边路径（peripheral route）。所谓中央路径指的是消费者具有能力或动机，针对自身所欲搜寻的目标或搜寻结果仔细探究，而周边路径则是指消费者缺乏相同能力或动机来针对自己的搜寻目标或结果进行深度研究，反而依赖周边的信息来协助自己做决策。换句话说，采取中央路径搜寻模式的顾客可能较为知道自己所欲找寻的商品是什么，因此上述所提到的商品热门与否将不是重点，重点变为顾客是否能够通过搜寻功能找到自己所欲查询的商品。

以图 1-27 为例，若某顾客在搜寻功能框中输入"HP 印表机"，那么表示在他心目中已经有一条默认立场的中央路径，惠普品牌印表机很有可能是

---

① Petty, R.E., &Cacioppo, J.T.（1986）.The elaboration likelihood model of persuasion. *Advances in experimental social psychology*, 19, 123–205.

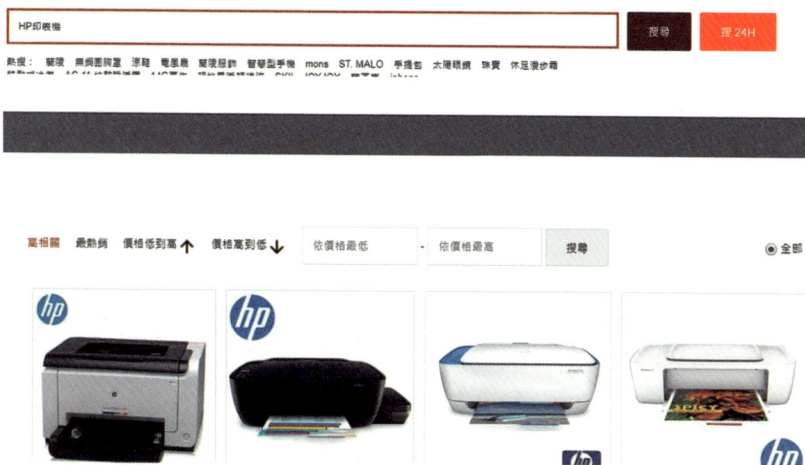

图 1-27　电子商务网站搜寻功能（2）（资料来源：EHS 东森购物）

该顾客的不二之选。相反，若某顾客仅在图 1-28 搜寻功能框中输入"印表机"来查找自己心目中理想的机种，那么该顾客很有可能没有任何品牌立场，将通过查找结果或其他由从业者所提供的数据来逐渐缩小自己的考虑范围[①]（consideration set），即从多个预选机种中缩小所考虑购买的机

图 1-28　电子商务网站搜寻功能（3）（资料来源：EHS 东森购物）

---

① Roberts, J.H., &Lattin, J.M.（1991）. Development and testing of a model of consideration set composition. *Journal of Marketing Research*, 429–440.

种范围。无论是上述哪一种搜寻策略，电子商务平台从业者皆可以借由顾客的搜寻线索来掌握背后所隐藏的行为含义，最后再将所获得的宝贵结果反馈至库存管理上。例如，针对采取中央路径搜寻方式的消费者提供投其所好的机种的详细数据，或是针对采取周边路径搜寻方式的消费者提供第三方客观试用报告，甚至是提供若干促销激励，一方面提升销售额，另一方面也提高库存管理效率。

（五）通路数据串接

新时代大数据电子商务效益还体现在各渠道引流疏通成果，这个概念类似战国时代李冰父子治理都江堰，河渠流量过大或过小都不是件好事，势必要观察所管理的主河道或是其支流的最佳流量，否则很有可能陷入主河道缺水但支流却因水量过多而溃堤的窘境。以支付宝为例，无论是实体或在线交易都能够通过它来完成支付。在图1-29的蓝色方框处可以看见许多与衣、食、住、行、育有关的电子商务交易，而支付宝巧妙地通过大数据将各个渠道数据予以串接，使得这些看似简单的新兴无实体货币交易活动中隐含着许多大数据下的宝贵小数据。

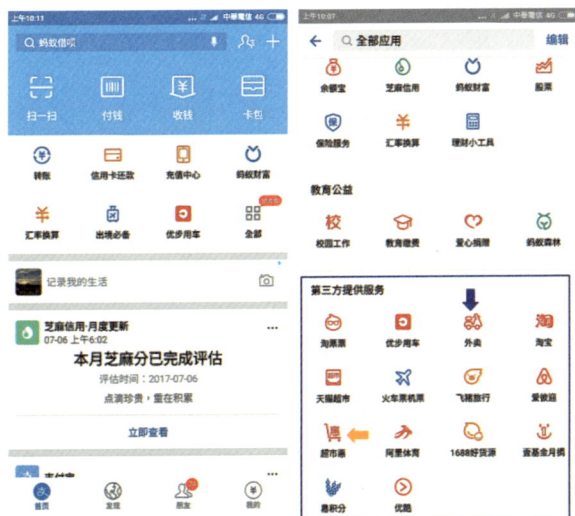

图 1-29 支付宝 App 界面（资料来源：蚂蚁金服）

换句话说，受惠于支付宝实名制运作（即需经过实名审查认证才得以使用），那些经由各渠道串接获得的数据将能够构造出许多过去无法得到的行为观察与商机。·例如，支付宝可以通过蓝色箭头处的"外卖"服务数据来具体得知某位使用者的"口味偏好""用餐时段""每次消费金额""外卖服务地点"等。综合上述个人化小数据，支付宝可以将外卖服务渠道数据串接至黄色箭头处的"超市惠"服务渠道或是其他渠道，例如，它可以在该位支付宝使用者 App 上推送类似这样的信息："外卖吃腻了吗？偶尔自己动手下厨吧！超市生鲜特卖优惠中！"

因此，要能够落实以上的渠道数据串接功能，支付宝 App 势必要扮演水库管理中枢，随时肩负流量管理任务，试想一个有规模的水库流量管理中枢会影响多少支流呢？倘若该 App 在引流服务过程中出现闪失，是否会导致如水库溃堤或枯竭般的现象而失去使用者的信任呢？此事一旦发生，支付宝必然无法通过此新兴的无实体货币交易来获利。相反，若能够将各个渠道数据予以串接，那么所能够形成的数据系统将极为庞大，也能顺势将获利范畴由原来的狭义电子商务扩增至广义电子商务，即由狭义的无实体货币交易方式延伸至广义的各渠道服务提供商。

综合以上叙述，倘若电子商务从业者加入大数据的采集与分析行列，他们将能够提高个人化销售精准度并且增加商品定价的敏捷与弹性，而这一切都是为了有效促进顾客转换行为的发生以及强化自身库存管理效率。

四、大数据电商营运模式

电子商务从业者拥抱大数据的目的不外乎是想要提高营运获利，然而从业者们误认为所谓获利就是只要能够赚钱即可，因此将许多营运目标摆放在商品销售业绩之上，殊不知真正的获利并非来自商品本身，而是源自妥善运用与顾客互动产生的数据。换句话说，大数据电子商务格外重视数据拥有者能否将所获得的数据进行跨界应用进而探索出新兴的"营运模式"（business model），这和我们在图 1–5 中所提到的数据转化力不谋而合。

所谓营运模式指的是营利单位的获利方式，例如，高铁借由载运乘客来达成营利的目的，而高铁车厢、车站、员工以及相关软硬件设施等即为高铁获利的要件。关于营运模式还有一个重要表述，那就是用来描述机构获利的直接或间接方式。例如，货运从业者主要是通过货品递送服务来达成营利目标（直接方式），然而每当货品递送完成后，车厢将处于空荡状态，因此若能够在完成货品递送之后持续利用车厢的闲置空间（间接方式），不但能将车厢空间的利用率提升，也等同于减少了货车移动时所需耗费的油料成本，也就是俗称的"回头车"。

大数据时代下的电子商务营运模式侧重于如何通过对数据的掌握来巩固原有的直接获利方式，并且能够借由所取得的数据衍生出间接获利方式。在本章的最后，我们以时下颇为热门的互联网经济与共享经济来阐述大数据电子商务营运模式，期盼借由实际案例，使读者认识到大数据电子商务绝不是单纯地将数据整理成叙述性数据（descriptive data），而是借由叙述性数据来产出解释性数据（explanative data），甚至是处方性数据（prescriptive data）的获利方案。

（一）水平式获利逻辑

水平式获利逻辑指的是特定业态从业者所从事的专属或一连串相关商业行为。例如，7-11便利商店以售卖商品为主要的获利来源，同时也通过提供其他相关服务来获取额外收益（如账单代收、ATM服务、宅急便等），无论是商品销售收益或是其他服务收益，这些商业活动都以便利商店实体建筑为核心，尽可能地扩张营运项目与触角，将食品与便利服务整合在一起，便可视为水平式获利逻辑。此类型获利逻辑非常直观，通常是"有什么就卖什么、卖了什么就获利什么"。

在互联网时代，所售的商品或服务由传统电子商务时代中的主角变成了配角，取而代之的是使用者在使用商品时的运作数据或享用服务时的互动数据。"使用商品时的运作数据"如同我们在图1-20、图1-24、

图 1-25 所提及的小米空气净化器、宏利寿险或是创星物联等案例一般，将设备运作数据储存后变现为收益。至于"享用服务时的互动数据"则与图 1-29 所提到的支付宝类似，支付宝扮演数据中心，通过掌握使用者在 App 上的使用行为数据，将服务能力扩增至其他渠道。

水平式获利逻辑挟其业态可连接性与整合容易的优势，使得涉入其中的从业者能够进行数据的横向集中，通过数据联合生产与分享的方式形成生态链，也就是俗话说的大鱼吃小鱼。如图 1-30 所示，无论是参与数据生态链的从业者 A 或从业者 B 皆可通过互联网装置来获取数据红利。若将从业者 A 视为互联网装置的制造商，则它不但可以通过用户操作装置时得知该装置运行状况，还可以顺势捕捉用户与装置互动过程中产生的数据，这两项数据合并之后可反馈至装置设计端，以便让从业者 A 改善既有装置性能或是生产出更符合用户需求的装置。无独有偶，若把从业者 B 视为水平式资料生态链中的合作伙伴，则该从业者同样可借由互联网装置运作时所产生的数据以及用户互动数据来实现获利，例如，通过设备运行数据来得知设备耗材使用情况，进而在适当时机提供专属的耗材优惠价给购买者。

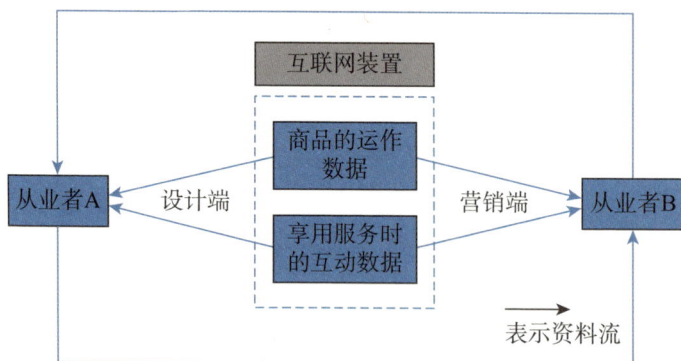

图 1-30　表示数据流水平式数据生态链（Horizontal Data Eco-Chain，HDEC）

当然从业者 B 亦可以通过用户与设备互动的数据来掌握设备使用情况，进而将上述专属优惠活动更加精致化，即除了得知设备耗材使用情况之外，还可得知使用者的使用地点。以互联网时代常见的空气净化器为例，从业者 B 在获取了使用者的净化器使用地点信息之后，可以在使用者手机 App 上推送与地理位置有关的销售优惠信息。例如，某净化器使用地点因大雨不断，气候特别潮湿，辅以设备耗材使用数据得知用户的净化器使用频率猛增，故提供专属滤网更换优惠价，比起获取单一的设备使用数据，纳入用户设备互动数据后的复合数据将能提升销售精准度与效率。

虽说水平获利逻辑能够为涉入其中的从业者带来许多好处，但也容易形成数据帮派，各帮派之间通常水火不容，最终导致价格战争、利润缩减的恶性循环，这也是为何市面上常见到不同品牌从业者争食同类产品或服务大饼的羊群效应 ① 现象（如智能家居产业中的夏普、小米、海尔、美的等从业者）。

（二）垂直式获利逻辑

垂直式获利逻辑与供应链管理（Supply Chain Management, SCM）领域中所提到的垂直整合概念相似，即从业者为了降低生产成本并且控制原料来源与价格，通常会采取一条龙的做法，将产品生命周期中的许多事项一手包办，从上游原料组装到下游商品化环节皆不假他人之手。然而比起供应链管理的垂直整合思维，大数据电子商务中的垂直式获利逻辑更重视"数据流"的异业整合与应用，此与水平式获利逻辑中因业态相近所缔结的伙伴关系有所差异，因此垂直式获利逻辑可被定义为由特定业态从业者所主导的专属或一连串"跨界"商业行为。以图 1–31 为例，从业者 A 为特定业态主导者，通过互联网装置的运作，除了可以获得商品本身运作时的数据，也可以借由使用者与该商品的互动过程来获取商品使用行为数据。

综合这两类数据，从业者 A 将能够在商品设计端与营销端有参考依据，进而改善既有商品或是推出新一代商品，以便将正确的商品在正确的时间推销给正确的使用者。当从业者 A 运作顺利且累积到一定数量的资本（data asset）时，即可将自己所主导的营运模式以"合作协议"（cooperation agreement）

---

① 羊群效应指的是人类盲目地追随多数人一致的思想或行动，进而产生盲从之行为。

或与其他伙伴缔结的方式来衍生出一连串跨界商业行为，如同图中从业者B、从业者C、从业者D、从业者E一般，而所能够缔结的伙伴数量并无上限，端看从业者A在垂直式数据生态链上的主导能力，也就是从业者A是否能够持续秉持数据生产不假他人之手的理念，逐步增强资料资本的扎实度。

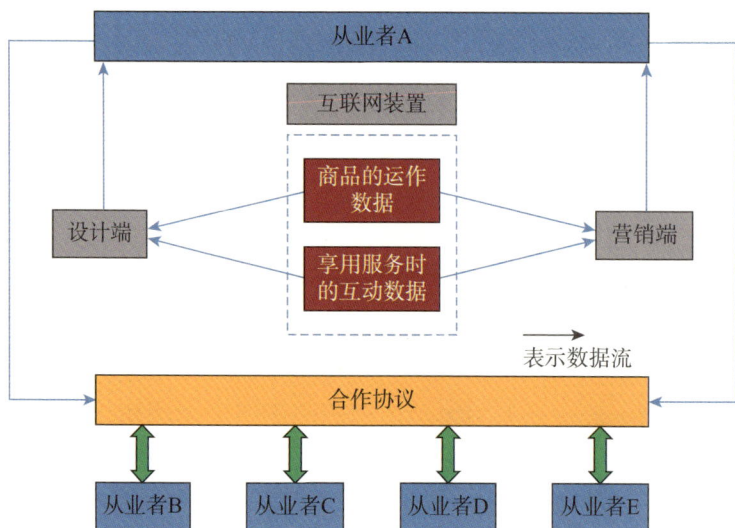

图1-31　垂直式数据生态链（Vertical Data Eco-Chain，VDEC）

　　我们以时下热门的共享经济为切入点，补充说明以上所描述的垂直式数据生态链，同时也传达大数据电子商务的营运模式。所谓共享经济就是利用互联网等现代信息技术，整合并分享海量的分散化闲置资源，借以满足多样化需求的经济活动 ①。依据这个定义，许多从业者抓住了"分享闲置资源"这一核心概念，通过数据掌握来衍生出许多新兴电子商务活动，其中最受欢迎的共享经济活动不外乎是与人们生活息息相关的共享单车。以共享单车品牌摩拜（Mobike）为例，如图1-32所示，该品牌从业者认为任何人无论是出于通勤、运动或是其他目的，都不太可能随时骑乘单车，因此大力倡导对于单车有需求的人士不一定需要自己购买单车，而是能够

----

① 由中国国家信息中心信息化研究部、中国互联网协会分享经济工作委员会定义的共享经济意涵。

在需要时随手获取闲置在路旁的单车，此倡议符合共享经济中的"产权非私有、人人皆可付费使用"的理念。

进入会出现抢红包的弹窗
分享给好友就能抢单车红包啦
一个月的摩拜免费骑行体验在等你！

图 1-32　共享经济之共享单车（资料来源：摩拜）

若以图 1-33 所示的垂直式数据生态链来审视摩拜的运作，由其主导的营运模式以及由其衍生出的一连串跨界商业行为将呼之欲出。图中，摩拜扮演"从业者 A"的角色，共享单车则扮演"互联网装置"的角色，从骑乘者扫描二维码使用单车的那一刻起，即产生了"单车运作数据"与"用户享用单车的互动数据"，而摩拜便可借由这些数据来构思营销策略或是反馈至单车设计上。

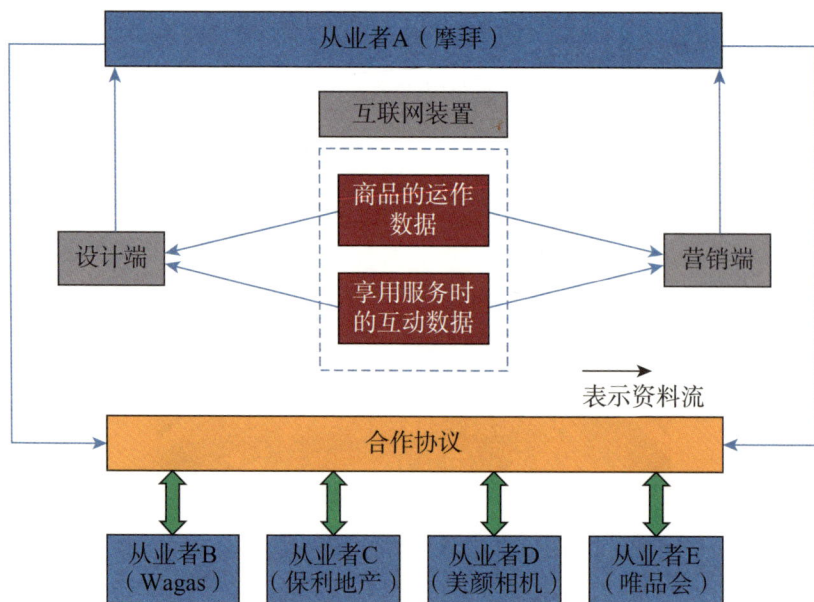

图 1-33　垂直式数据生态链：以摩拜共享单车为例

　　以反馈至单车设计为例，假设摩拜发现旧式共享单车在非上班时段扫码解锁率高于上班时段（单车的运作数据），推敲可能的原因在于上班族比较赶时间，因此提供轻便的单车款式可以减轻骑乘负担。除此之外，上班族通常会拎一个公文包，而旧式单车上并无任何可供骑乘者置物的空间，此亦可能是导致非上班时段扫码解锁率高于上班时段。有鉴于此，摩拜推出如图 1-34 所示的新款的 lite 轻量化单车，比起旧式单车的笨重，新式单车骑乘起来更加轻松，同时也在车头前方安装置物架，充分满足上班族的置物需求，摩拜希望此举可延揽广大的上班族市场。

　　至于在构思营销策略方面，摩拜同样仰赖"单车运作数据"与"用户享用单车的互动数据"来策划关于顾客的开发与慰留方案。以顾客开发方案来说，摩拜通过全球卫星定位系统将具有"红包车"促销方案的数据点设定在地图上，如图 1-35 蓝色箭头处所示，若使用者挑选具有红包标示的单车并且扫码骑乘超过 10 分钟，就能够获得 2 小时免费骑乘的优惠以及 1—100 元的现金红包奖励，此举不但有效地激励了顾客的骑乘意愿，还能够巧妙地促使冷门单车骑乘区域更加活跃。此外，如果摩拜想要将单车移动至特定区域也无须亲自搬运，只要通过"单车运作数据"与"用户享用单车的互动数据"举办签到打卡优惠活动，单车便能像五鬼搬运般自动到位。

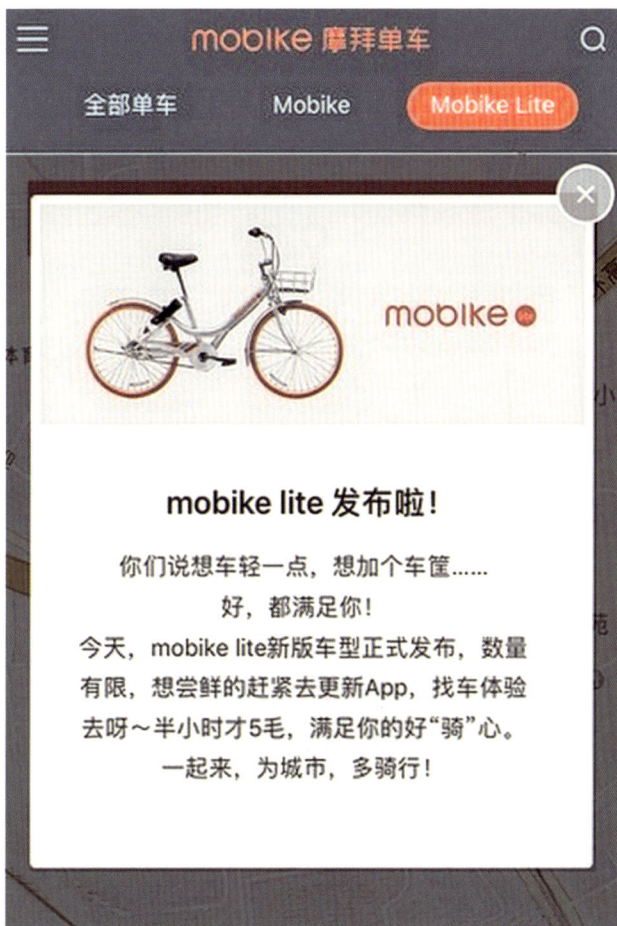

图 1-34　通过数据反馈设计轻量化单车（资料来源：摩拜）

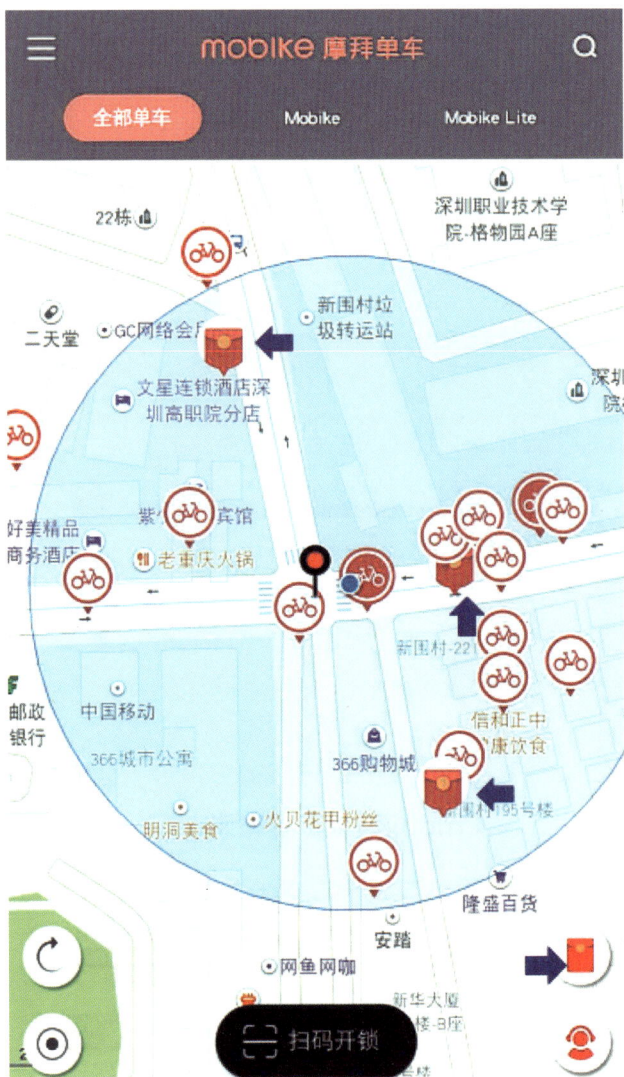

图 1-35 "红包车"客户开发方案（资料来源：摩拜）

　　无独有偶，摩拜亦可通过"单车运作数据"与"用户享用单车的互动数据"来实现顾客忠诚度方案。以关注人们的生活健康为例，摩拜将手中握有的"单车运作数据"与"用户享用单车的互动数据"应用于营销方案中，推出骑乘距离兑换优惠券，如图 1-36 所示，使用者可以凭券至Wagas 健康餐饮品牌门市兑换"摩力骑士果汁"或"超级拜客"，充分利用

"骑越多、越健康、优惠也越多"的三赢营销策略。

图 1-36　摩拜与 Wagas 跨界合作（资料来源：Wagas 餐饮从业者）

上述这些作为都让摩拜累积了大量的数据资本，进而将此资本通过合作协议的形式来与从业者们进行跨界垂直式整合获利活动。以扩增停车据点为例，摩拜与保利房地产从业者合作，如图 1-37 所示，在大楼空间设置合法停车位，此做法等同于在各地设置中继站，借以形成城市单车网络，毕竟若违规停放单车会遭到拖吊，摩拜将无法延续"单车运作数据"与"用户享用单车的互动数据"的搜集作为，也就无法落实上述所提到的以卫星定位为基础的营销活动。在有了便利的停车场所之后，保利还推出了加码活动，只要在建案周遭骑乘单车达 1 小时以上，保利就捐出 10 元给慈善单位，此举巧妙地通过提倡"骑车促进身心健康又能举手做善事"来达成建案推销的广告目的，而其中的运作要仰赖摩拜与保利两从业者之间的合作协议，也就是彼此之间的数据传递与分享始能达成。

此外，摩拜也正与传统电商从业者合作，协助唯品会（www.vipshop.com）从传统电子商务的网站营运模式转型至大数据新兴电子商务营运模式。以图 1-38 为例，摩拜充分运用"单车运作数据"与"用户享用单车的互动数据"，在 2017 年 7 月 16 日至 20 日与唯品会联合推出"719 购物节"活动，使用者只要选择参与活动的宝箱车，即可获得 20 元唯品会购物网站现金红包（骑车领红包），此外，如果使用者频繁参与活动，就能够参加贴纸集点活动（骑车集贴纸），其中也可以获得红利。最重要的是使用者只要骑乘参与的活动单车达到 7 分 19 秒，唯品会即捐出 7.19 元给公益助学单位（你骑车、我捐款）。

此活动得到了广大民众响应，最大的幕后功臣不外乎就是垂直式数据生态链。从骑乘者的立场来看，能够边骑车边赚折扣与红利，还能够做善事，何乐而不为呢？再者，从唯品会的角度来看，同意与摩拜一同推动

图 1-37　摩拜与保利跨界合作（资料来源：保利房地产从业者）

"719 购物节"活动，既可以提高营收，又能借由公益捐款的过程形塑良好的企业形象。最后，以主事者的用意来看，摩拜凭借着手中所握有的宝贵数据来主导"719 购物节"活动，此事就如孔明草船借箭一般高明，数据的产生来自于单车骑乘者而非从业者本身，从业者只需将数据妥善保存并且整理后再应用，便能够万箭齐发，精准地射向目的地。以上三种立场充分表明了垂直式数据生态链可观的获利能力。换句话说，在大数据电子商务时代，谁能够掌握数据，以及将数据妥善跨界应用，谁就能够在数据生态链中扮演核心的角色。

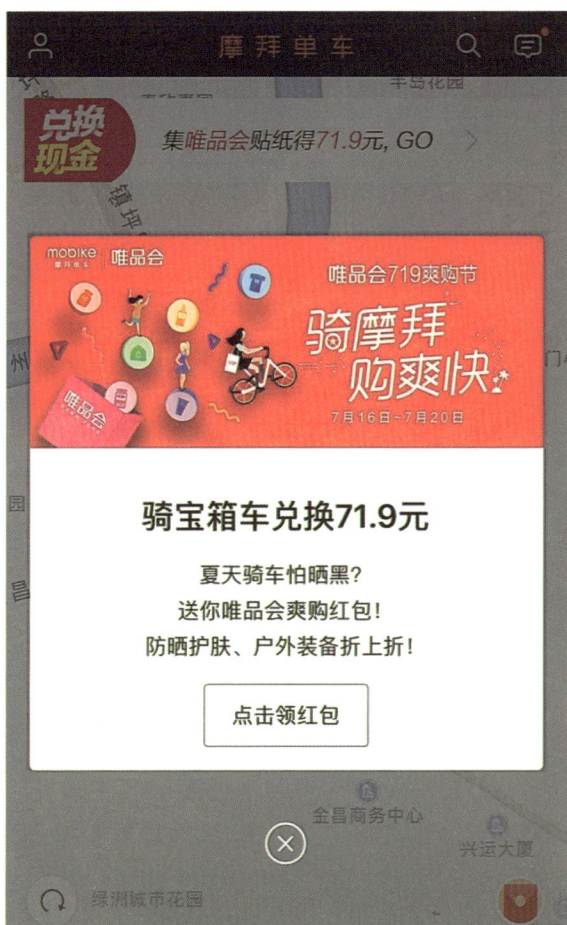

图 1-38　摩拜与唯品会跨界合作（资料来源：摩拜）

（三）营运模式的永续

无论是水平还是垂直获利逻辑，都必须注意的是如何让精心打造的营运模式生生不息。水平式获利逻辑就好比一辆行驶中的高铁列车，列车的每一个车厢的重要性几乎一致，毕竟它们采取环环相扣的方式将彼此系绑在一起，故如何让车厢与车厢之间的连接处牢固不脱落，考验着水平式获利逻辑的参与者。有鉴于此，涉入水平式获利逻辑的各从业者必须要秉持互信基础，将各自所拥有的数据与其左、右方伙伴分享，为了一致的目标共同努力。

有别于水平式获利逻辑，垂直式获利逻辑好似一座水坝，专司于储存与净化水资源，以便将宝贵的水资源往源头供应。可想而知，若水坝因各种因素导致溃堤，整体水资源供应就会受到严重影响，因此巩固水坝主体稳定并且永续运作将是垂直式获利逻辑面对的最大挑战。以上述所提到的共享单车为例，共享单车是否能够被骑乘者使用，势必攸关共享单车的成败，然而能够阻碍单车运作的事项非常多，诸如骑乘者的扫码意愿、单车维护保修、在线交易顺畅、法令规范等。其中，能否让骑乘者顺利地在线进行扫码骑乘与扣款只是大数据电子商务成功要素之一，如何让共享单车这座水坝永续运作才是成功与否的关键要素，此与传统电子商务将营运焦点摆放在顾客是否结账方面有着天壤之别的差异。有鉴于此，摩拜共享单车从业者除了致力于 App 运作、活动营销、策略联盟等作为之外，还在 App 上提供了举报违规功能。举报者不但能够善尽社会责任，还能够赚取信用加分，如图 1-39 红色方框处所示，可别小看这个信用分数，骑乘者信用分数越高，就能够以更为优惠的价格使用单车；反之，信用分数太低，最严重的情况可能导致无法使用单车。摩拜借由这种检举达人机制来确保其单车运作能够符合法律规范，这比其他作为重要许多，也是巩固共享单车这座水坝主体的必要措施。

无论是水平式获利逻辑还是垂直式获利逻辑，两者永续经营的共同点在于"数据资产"，有了数据才能够让参与水平式数据生态链的成员彼此共荣共利，有了数据才能够让垂直式数据生态链的主事者运筹帷幄，这比狭义的电子商务更为抽象，但却能够衍生更多的在线交易可能性，也就是广义的电子商务。

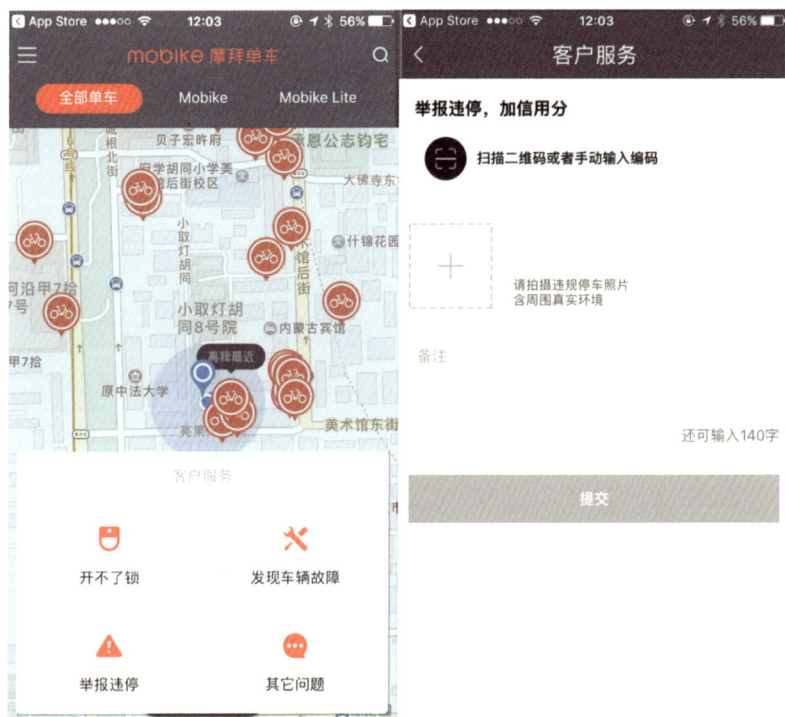

图 1-39　举报单车违规示意（资料来源：摩拜）

回顾本节内容，首先，我们说明了何谓大数据，通过诸多生活实例来表明大数据存在于日常生活之中，对于电子商务来说，大数据又是特别重要且常见的。其次，我们讲述了大数据电子商务给传统电子商务所带来的影响，这些影响将是传统电子商务从业者转型的关键。紧接着，我们论述了为何大数据能够成就新形态的电子商务，并且具体指出大数据能够给电子商务带来哪些好处。最后，我们介绍了大数据电子商务中最重要的营运模式，包含水平式获利逻辑以及垂直式获利逻辑，两种逻辑的共通点在于对数据资产的重视。

阅读完本节之后，相信大家已经对于大数据电子商务有了一番新认识，那么若打算加入大数据电子商务的行列，应该从什么地方着手来增加自己的实力呢？在第一章第二节中，将从技能角度出发，告诉大家要成为一位称职的大数据电子商务从业人员应该具备哪些技能，不要以为这些技能是理工科背景人员所专属的，即便是具有商管背景的人员，也能够从第一章第二节开始了解到大数据电子商务的必备技能，自第一章第三节起，一步一个脚印地朝向成为大数据电子商务人才的方向迈进。

第二节
大数据电商技能与挑战

研习任何技能的目的除了满足自我学习兴趣之外，不外乎是想要用所学技能在就业市场上占有一席之地。然而技能可谓是千百种，究竟什么样的技能才是值得学习的呢？关于这个问题的答案众说纷纭，也是每个人从小到大都会不断面临的课题。有鉴于此，本节将分别从微观与宏观视角来描述何谓大数据电子商务所需的技能，在我们描述这些技能的同时，辅以实际人力银行网站所公告的职缺来佐证，一方面让读者观察实务界脉动，另一方面也期盼此举能够增强读者学习信心，所谓知己知彼百战百胜，知己不知彼或知彼不知己将一胜一负，不知己亦不知彼则每战必殆，那么就让我们赶紧掌握学习脉动与方向，加入百战百胜的行列吧。

一、微观视角

"大数据电子商务"一词由两个名词所组成，也就是"大数据"与"电子商务"。换句话说，若以微观视角来审视，这两个领域都有其各自所需学习的技能。以图 1-40 为例，我们在红色方框处输入"大数据"查询人力银行网站的职缺信息，结果发现职缺总数为 2197 个（含全职、兼职、高阶、派遣、接案与家教等），表示在就业市场上与大数据相关的职缺需求甚为迫切。如果仔细端详所查询出来的职缺，也许具有信息背景的求职者会感到开心并且跃跃欲试，但是对于非信息背景的求职者来说，可能会感到望尘莫及。然而现实情况刚好相反，大数据相关职缺并非信息背景人士专属。若试着将上述职缺搜寻领域缩减或是勾选非信息领域，结果也许会令人大吃一惊！

图 1-40 大数据相关职缺总数查询结果（1）（资料来源：104人力银行）

以图 1-41 为例，我们在蓝色方框处勾选了五种非信息领域，包含行销/企划/专案管理类、经营/人资类、生产制造/品管/环卫类、财会/金融专业类、传播艺术/设计类等，点击"查询"按钮后，发现大数据相关职缺总

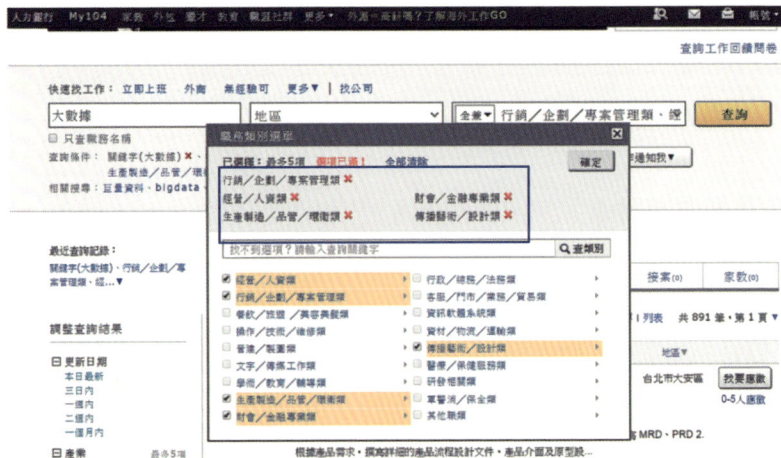

图 1-41 大数据职缺查询结果（非信息领域）（资料来源：104人力银行）

数由原来的 2000 多个骤降为 891 个，如图 1-42 红色方框处所示，若仔细端详各个职缺情况就能发现，所征求职务内容似乎已透露出些许非信息背景人士专属的迹象，甚至直接在职缺标题名称中打上"管理"二字。

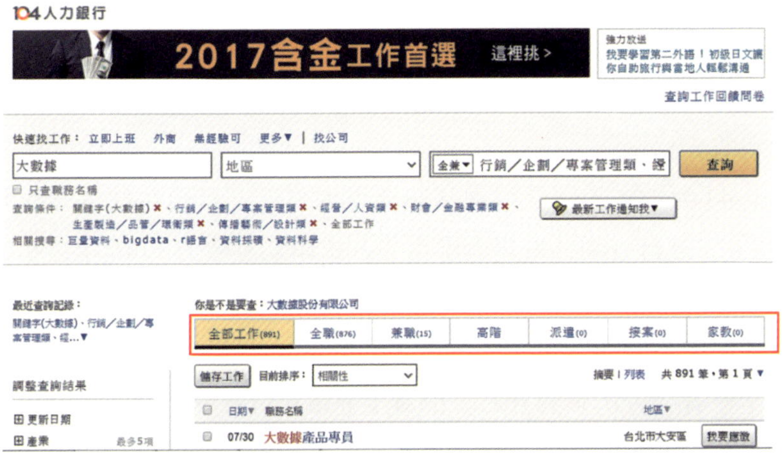

图 1-42　大数据相关职缺总数查询结果（2）（资料来源：104 人力银行）

2017 年开业的纯数字非实体银行"王道"欲聘请大数据管理人员，工作内容中明确表明应征该职务所需具备的能力，如"负责大数据平台的数据探勘、分析与管理，包括数字数据、社群数据、互联网数据等""负责大数据数据源的创造与搜集，包括内部数字通路及外部社群资料等""大数据应用模式研究与技术实作，如 Python、Machine Learning、Text Mining 等，以支持数字金融产品的创新与新商机的开发""掌握大数据平台发展与创新应用趋势，据以提出创新解决方案或项目规划"等。

其实这些工作内容即使有信息背景的人士也不一定能够胜任，主要原因在于有信息背景的人士在成长的过程中，较少涉猎软性知识，因此在产品创新与新商机开发方面，往往无法与市场实际情况结合。换句话说，要能够胜任上述工作内容，反而需要融入信息以外的相关知识与实务经验，如此才有办法成为符合需求的大数据管理人才。

这个职缺现象再次呼应了本节开头的说法，即大数据相关职缺并非信息背景人士专属。有鉴于此，非信息背景的人士应当将自己所熟悉的管理相关知识暂时予以搁置，研习自身不熟悉的信息相关知识，特别是与大数据有关的知识，待完备信息相关知识后，将其与自身熟识的管理相关知识整合在一起，这样便能够有效地胜任上述职缺中的所有工作内容，该银行就是希望找到一位具有复合知识的大数据管理人才，而这正是非信息背景人士涉入大数据相关领域的机会所在。我们若使用相同的方式查找"电子商务"职缺内容，是否也会发现类似大数据职缺的跨领域需求现象呢？答案是肯定的。

图 1-43 为 104 人力银行网站职缺查询界面，我们在红色方框处输入"电子商务"进行查询，发现电子商务各式职缺总数为 7145 个，相较于大数据相关职缺，电子商务职缺数量高出许多，可见电子商务从业者对于人才需求的渴望与迫切。如果仔细端详所查询出来的职缺信息，也许有信息背景的求职者会再次感到开心，但对于非信息背景的求职者来说，可能又要感到失落了。然而如同我们在大数据职缺中所进行的进阶查询一般，事情并非想象的那样，正所谓行行出状元，即便是电子商务领域仍无法脱离对于非信息背景人士的需求。

图 1-43　电子商务相关职缺总数查询结果（1）（资料来源：104 人力银行）

以图 1-44 为例，我们同样勾选五种非信息领域，包含行销／企划／专案管理类、经营／人资类、生产制造／品管／环卫类、财会／金融专业类、传播艺术／设计类等，点击"查询"按钮后发现，电子商务相关职缺总数由原来的 7000 多个骤降至 3657 个，如红色方框处所示，然而若再仔细端详各个职缺后发现，所征求的职务内容似乎再度透露出非信息背景人员专属的迹象。

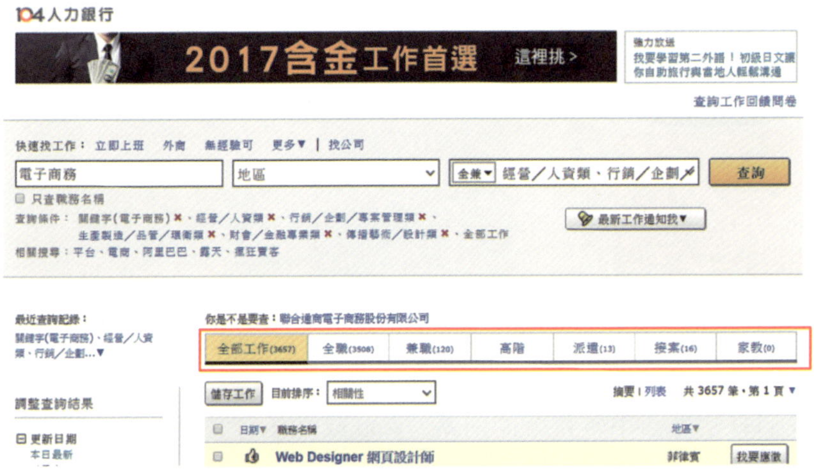

图 1-44　电子商务相关职缺总数查询结果（2）（资料来源：104 人力银行）

知名团购从业者 GOMAJ 在人力银行网站上公告的电子商务数字营销专员要求，除了必须具备创意、想法、对电商领域具有高度热忱之外，还明确表示"如果你曾服务于综合购物电商或拥有 GA 证件，我们更爱"，这意味着工作经验与证件都会是应征加分项，其中 GA 证件（Google Analytics 网站使用分析个人证书）就是一个非常适合让非信息背景人士考取的高就业率证件，虽然它在使用上仍无法摆脱一定程度的信息背景，但谷歌已将它简化至非信息背景人士所能接受的范畴。

所以无论是大数据、电子商务，还是大数据电子商务，都有非信息背景人士所能够着墨之处，并非如想象般的遥不可及。除此之外，无论是大数据或是电子商务，本身都属于一种复合领域概念[1]，很难用单一领域或是

---

[1]　Markus, M.L.（2015）. New games, new rules, new scoreboards: the potential consequences of big data.

单一技能给予包山包海的概述，因此建议在大数据学习过程中，不妨以图 1-45 所示的层级概念来铺陈或规划学习脉络。

物理层
- NoSQL
- SPARK
- Hadoop
- Linux
- ……

网络层
- Web Server
- PHP
- Mobile App (Swift、Android)
- IoT : LoRa WAN、Aurdino、Raspberry Pi
- ……

应用层
- Python / R Language
- Google Analytics
- Tableau
- SAS
- ……

图 1-45　大数据电子商务学习架构

我们日常生活中常接触的网站、App 或是任何联网系统，其实都可以概略地用这三层结构来叙述。由左至右分别是物理层、网络层以及应用层，其中，物理层所涉及的技术通常是底层运作的操作系统（Operating System, OS）或是数据处理与储存技术，例如用于处理大数据、非结构化数据且能够突破传统关系数据库的 NoSQL 语言、能够将大数据中的部分数据加载到内存中运算的 SPARK 处理技术等，而网络层则偏向与网络运作有关的技术，如网络服务器的规划与管理、网页程序语言 PHP、App 设计语言 Swift 及 Android 或是与物联网 IoT 相关的长距低功耗无线网络 LoRaWAN 技术、Arduino 及 Raspberry Pi 可编程装置等，这些都肩负着搭建使用者与底层运作技术之间的桥梁角色。

当物理层与网络层开始运作之后，应用层便可通过物理层与网络层运作时所产生的数据来衍生出许多应用，例如以 Python 程序语言编写而成的网络数据爬取工具 crawler、监控与分析网站流量情况的谷歌分析网站使用分析工具、统计分析或数据可视化的 Tableau 与 SAS 等。

在一般情况下，当架构层级越往右侧的应用层靠拢时，其中的相关应用技术对于非信息背景人士来说，学习门槛更低。这个概念就好比商管学群常使用到的 SPSS 统计分析软件一般，除了针对所需的统计分析进行设定之外，若加入些许的程序代码控制，将会使数据处理更得心应手。同样，应用层中的许多技术虽然可能涉及程序代码，但并不会因为程序代码的存在阻碍非信息背景人士的学习，而这也是撰写本书的宗旨，使非信息背景人士也能够轻松进入大数据电子商务的分析行列。

每个人的学习能力与规划不尽相同，或许有些人在学习完应用层相关技术后，愿意且能够钻研较为深入的网络层相关技术，甚至更为深奥的物理层技术，故图 1-45 的重点并非在于特定层级的技术，而是在传达当我们在规划学习脉络时要能够有层级概念的系统观，毕竟特定层级中的技术很可能会因为时代变迁而遭到淘汰，因此每个人具备的层级概念的系统观必须能够顺应时代变化，进而与时俱进地调整学习脉络。

接着分析一则有关大数据人才需求的新闻报道，图 1-46 为新唐人电视台所制播的《大数据人才需求》新闻的一个画面，在这则新闻报道第 20 秒所播报的内容与上述层级架构图中的网络层吻合，也就是通过手机 WiFi

图 1-46 《大数据人才需求》新闻报道（1）（资料来源：新唐人亚太电视台）

信号来进行的实体店面商圈分析或是将分析结果延伸至线上与线下的O2O虚实整合应用。除此之外，在这则报道第1分04秒处提到，虽然大数据相关工作的职缺增长速度惊人且薪资水平不低，但业界却苦于寻求不到人才。探究可能原因是发现人才培育方面或学习者本身将大数据或大数据电子商务复合领域过度划分，使得学习脉络过于片段化。

由于大数据电子商务涉及许多层面，因此在学习过程中必须时时牢记架构图中所描述的三大层级，非信息背景人士务必把握应用层这个千载难逢的大数据电子商务切入点，待掌握其要领后，再继续向网络层或物理层技术学习迈进。两位威朋数据专家张嘉祐与彭智楹在接受数字时代杂志专访[①]时不约而同地提道：数据科学家并非一定是信息背景出身，数据科学家仍须具备基础数理与资讯工程能力，此与图1-45中的概念不谋而合。

最后我们要说明的是，所谓大数据电子商务技能的微观视角其实就是指大数据电子商务技能生态圈中的基本单元技能。特定技能不但影响大数据电子商务运作的成败，更影响大数据电子商务职缺的供给与需求，因此微观视角下的相关技能可以视为大数据电子商务运作成功的必要条件。换句话说，虽然学习者拥有这些技能，但并不一定能够在大数据电子商务领域中占有一席之地，但若缺乏这些技能，则肯定无法加入这场大数据电子商务浪潮。那么究竟要如何才能在新兴的大数据电子商务领域中立于不败之地呢？答案就在接下来要提到的大数据电子商务技能的宏观视角中，它将是非信息背景人士的竞争利器，能使非信息背景人士受到就业市场重用，不但历久弥新而且坚如磐石。

二、宏观视角

宏观视角下的大数据电子商务并不强调特定的单元技能，反而重视各

---

① 抢当大数据科学家，五大特质你有吗？https://www.bnext.com.tw/article/36144/BN-2015-05-02-182907-109（数位时代）

个单元技能所交织而成的跨领域火花。为什么这样说呢？让我们再次看图 1-47 台视新闻所制播的《电子商务大军崛起 人才出现严重断层》报道片段，印象就会有所加深。报道一开始即以电子商务人才"求过于供"为主轴，贯穿整个报道。在报道第 40 秒处，提到电子商务人才缺口高达35.2%，并指出未来全球电子商务从业者即使用高薪都无法挖到合适的人才。报道中的电子商务从业者受访时亦指出（第 3 分 2 秒处），电子商务领域选人才时非常重视求职者对于市场信息度以及敏感度的掌握，因此了解市场将是求职者的当务之急。此外，在报道第 3 分 22 秒处更是指出要在竞争激烈的电商市场中找到蓝海，必须先抓住消费者的心。

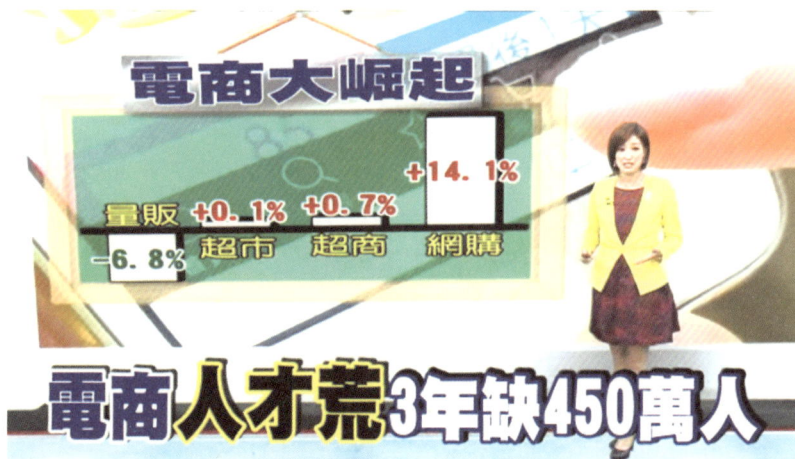

图 1-47 《电子商务大军崛起 人才出现严重断层》新闻报道（资料来源：台视新闻）

无论是信息度、敏感度或是先抓住消费者的心，这些关键词乍看无法用微观视角中所提到的单元技能来满足，但只有通过微观视角的单元技能才能转化出宏观视角无可取代的跨界应用力，也就是第一章所提到的数据转化力。无论信息背景人士还是非信息背景人士，一旦通过微观视角的单元技能的协助达成宏观视角中的数据转化力，求职者的竞争力将会无限放大。

接着让我们来看看大数据方面的报道，如图 1-48 所示，此报道由TVBS 新闻台所制播。在报道第 1 分 06 秒处，可以看见一只机器手臂自动将图案喷印在 T 恤上，受访者指出"在该产品制作出来之前，已经被市场认可了"，主要原因在于对方事先就已经搜集了各方意见来创意，以便提升顾客对于产品的接受度，因此"事先搜集"可说是这一小段报道的重点。如果将这段报道内容对应至图 1–45 的层级架构，就可以很容易辨别出这是属于应用层级的技能，该从业者只是将恒常模式下的应用跨界延伸至服饰设计上。没错，这样的延伸应用能力就是我们所说的大数据电子商务技能的宏观视角。

图 1–48 《大数据人才需求》新闻报道（2）（资料来源：TVBS 新闻）

在报道第 3 分 21 秒处，提到了所谓的信息交易，黑板中列出了货运路线，卡车司机可自行决定是否接单，这是中国传统且普遍的卡车接单模式，这个例子主要目的在于说明卡车司机的接单压力，以及未接单时的闲置资源与成本耗费。在第 3 分 58 秒处，货车帮 CEO 罗鹏受访时指出，该公司成立宗旨在于策划与落实一项愿景——"撮合服务"，将货主与货车司机彼此的需求相互融合，借以解决产销落差问题，即货主找不到车、车子找不到货。试想，这样的撮合服务属于层级架构中的哪一层呢？当然是应用层，如同刚才所提到的 T 恤打印一般，同样是将看似单一片段的技术跨界应用至运输业。在报道第 5 分 49 秒处，还提到了所谓的大数据交易所，资料或数据变成一种商品，在平台上接受市场竞价借以促成买卖双方的需求。其实这个交易所售卖的数据就储存在层级架构图中的物理层，但是仅拥有底层的物理数据是不够的，还必须如报道第 6 分 12 秒处所描述的那样，将底层的物理数据予以延伸应用。

　　通过以上的新闻报道，我们可以发现，宏观视角与微观视角彼此之间有着密切的关联性，微观视角是宏观视角的技能基础，而宏观视角的市场情况良好则是微观视角得以蓬勃发展的充分条件。有鉴于此，本书后续章节除了具体指导特定应用层中的工具或技能之外，仍会针对该工具提供理论或概念叙述。例如，新闻报道中所提到的"事先搜集"，在微观视角方面，我们可以通过网络爬虫技术或网络使用分析技术来达到数据搜集的目的，随后通过宏观视角的消费者评论、量化评价、口耳相传等理论来解答所学的技能是为何而战。此举无非是希望能够培养读者的跨界应用能力，使有信息背景人士能够了解究竟自己所擅长的技能在实务上可以有哪些创意应用，而非信息背景人士则可以借此了解自身强项，发挥跨领域整合的综合效果。

第三节

大数据电商机会与前景

我们在上一节的各段新闻报道中都使用了"人才匮乏"这个词,这表示就业市场确实渴望大数据电子商务人才。那么,这样的荣景还能够维持多久呢?会不会是昙花一现,很快就泡沫化了呢?虽然这个问题没有标准答案,也没有人敢保证这个荣景能够持续到哪一年,但我们可以从日常生活中来观察大数据电子商务,借以判断它的可能机会与前景。

因此本节将重点放置在如何从日常生活中观察大数据电子商务的机会与前景,若与各位的学习项目或方向吻合,那么恭喜各位走对路了!现在就让我们一起加入观察行列!

日常生活之中离不开许多活动,举凡衣、食、住、行、育、乐,样样事物都能够发现大数据电子商务的踪迹。以图1-49为例,多数学生或上班

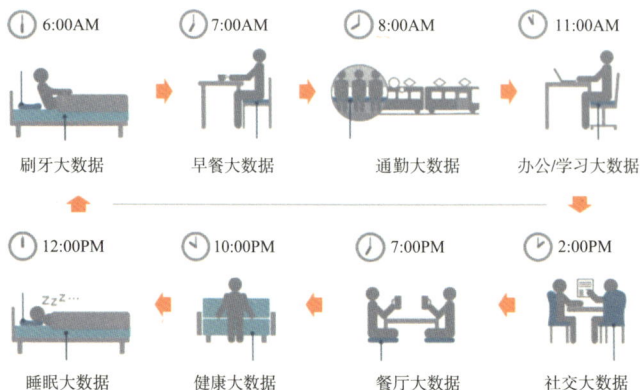

图 1-49　日常生活中的大数据电子商务元素

60

族在早上 6 点从睡梦中逐渐清醒，准备一天的学习或工作。起床后第一件事情可能是喝杯水或是直奔浴室刷牙盥洗，但是看似简单的起床喝水或是刷牙盥洗也有许多大数据电子商务元素隐藏在其中。

以图 1-50 为例，这是一台由知名电动牙刷品牌 Oral-B 所推出的智能牙刷，这款牙刷内置动作传感器，能够感知使用者刷牙时的力道，并且可以借由手机 App 镜头来分析刷牙动作是否正确，借此判断使用者刷牙方式（如角度、力度、持续时间等）是否正确。通过对大量用户手机 App 镜头与牙刷的传感数据分析后，Oral-B 发现约有 89% 的使用者刷牙时间会超过两分钟，平均刷牙时间为 2 分 26 秒。那么为何要分析刷牙时间呢？原来

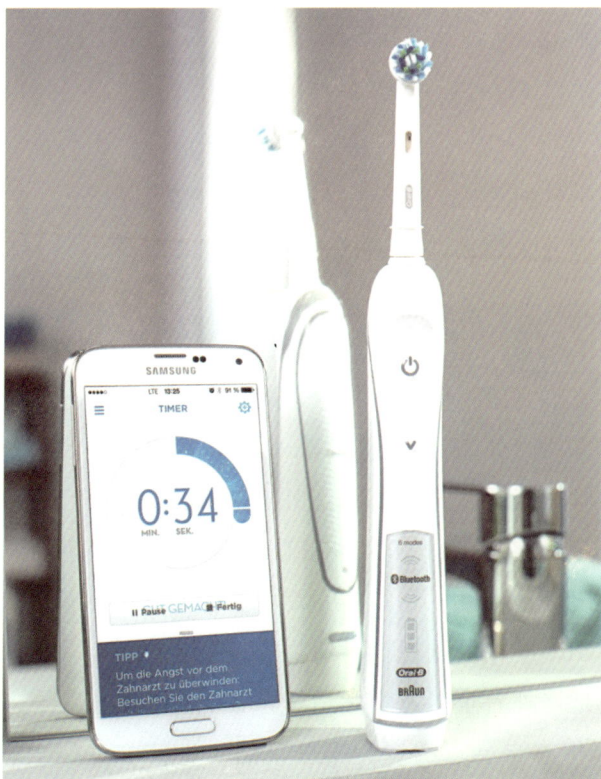

图 1-50　Oral-B 智能电动牙刷（资料来源：Oral-B）

罹患牙周病的成年人当中，有将近80%的人刷牙时间不足且力道使用不当，因此Oral-B推出的这款智能电动牙刷能有效地告知使用者刷牙是否正确。从这个案例我们看见了刷牙大数据，那么电子商务运作的部分在哪儿呢？根据可靠的消息指出，Oral-B正研讨从上述的刷牙大数据中进行电子商务商机挖掘。可能的商机包含电动牙刷头耗材、牙膏、漱口水等洁齿护牙商品，试想既然可以得知特定用户的刷牙时间数据，那么从业者势必很清楚自己所出产的牙刷头应该何时更换或是其耐久度如何，一旦牙刷临近不堪使用的程度，就可以在使用者的App上跳出提醒信息，并且为老顾客提供耗材优惠折扣，如果你是这款牙刷的使用者，会不买这样的耗材吗？对于这种贴心又超划算的信息能不理会吗？

当然掌握刷牙大数据的商机还不止这些，如果Oral-B发现特定用户的刷牙数据总是不正常，几经劝导也没有改善，那么是否可以在该位使用者的App上推送由于刷牙习惯不正确，因此有必要购买强效型牙膏来降低由于刷牙习惯不佳所潜藏的风险呢？以上这些或许在电子商务领域中尚未实现，但通过刷牙大数据的辅助，相信在不久的将来，这样的商业模式很快就可以成真，毕竟刷牙是人们每天必做的事情，甚至有些人一天刷牙好几次。

起床盥洗完毕之后，接着就是吃早餐，吃顿营养的早餐是为了让学习或工作期间能够精力饱满。一般情况下，早餐可以在家自理或是外出购买，想必莘莘学子或是上班族都是在外出途中顺道买早餐的吧！福州近期开设了一家早餐店名叫"MORNINGFUN"，如图1-51所示，这间看似平淡无奇的早餐店可是隐藏了许多解决大众早餐需求的锦囊妙计！

MORNINGFUN除了重视自身所提供的餐点质量，对于大数据与电子商务的应用更是格外看重。以实际情境来说，顾客走到店内不用找店员点餐，也不需要担心自己点的餐会不会被店员遗忘，只需要在自动点餐机上点餐，不到10秒钟就可以完成点餐，而店员也只需要依照出单品项与顺序来交付餐点，整个点餐和取餐的流程效率大大提升。至于在线情境方面，MORNINGFUN推出了线下的O2O虚实整合策略，会员只要通过微信

图 1-51　MORNINGFUN 智能早餐店（资料来源：kknews.cc）

App 就能提前一天预约隔天的早餐，再通过微信支付来结账。隔天一早到实体早餐店就可以取餐，此举不但不需使用实体货币，还大大地提升了购买早餐便利性。当然，不论是实体自动点餐机还是在线点餐预约，MORNINGFUN 都没有放过从这两大渠道来捕捉大数据，一旦掌握特定会员的餐饮习惯与偏好，便能利用这宝贵的数据进行更多的营销推广工作。所以除了刚才提到的牙刷大数据之外，早餐大数据或许也可以成为大数据电子商务历久弥新的机会与前景，毕竟民以食为天。

上述示例针对的是早餐，但如果工作性质特殊，每天上下班不必仓促地跟着大众一起赶车，甚至有许多时间可以享用早餐，可能会偶尔自己动手做一下！打开冰箱瞧一瞧食材，顺手拿个鸡蛋与葱饼皮，下锅煎个几分钟，健康营养的自制早餐便能上桌。但是万一有的时候打开冰箱发现里面空荡荡或是想吃的食材一点也不剩，那就麻烦了。所幸三星推出的智能冰箱帮大家解决了这个问题。如图 1-52 所示，如果发现冰箱内的食材没了，用户只要动动手指，点击冰箱门上的液晶荧幕，就能轻轻松松地完成食材订购。更厉害的是，冰箱内部设备也能与电商平台合作，倘若发现特定食材即将食用完毕或快要过期，冰箱门上的荧幕会自动提示，让用户能够直接在荧幕上完成食材的订购，这个动作甚至不局限在家中，即使人在公司也能够通过手机 App 远程遥控，联网订购食材。任何发生在智能冰箱上的操作过程以及行为数据都能够被经销商轻松捕捉，然后利用这些数据进行业内或是跨界的电子商务运作。如果以上案例已经落实到世界各地的家庭中，我们就必须再次强调"食"这档事在大数据电子商务中的重要性。

图 1-52　三星智能冰箱（资料来源：samsung.com）

时间到了早上 8 点，无论是在家用餐或是外食，通常这个时候大家应该都已经搭上通勤工具。大数据电子商务在"行"方面的应用更为日常，无论是上学还是上班，在相同的地点可以搭乘不同的交通工具，例如，上班可以搭乘地铁、公交车，下班可以使用出租车、优步（Uber）、共享单车等。无论是哪一种方式，其建置密度越高，越能够解决最后一里路（last mile）问题。由于在前文已经提过共享经济产物——共享单车，因此这里我们不再赘述。

　　大数据电子商务"行"的应用不只局限在上下学或上下班的通勤上，如果有出国的打算，那么飞机也是一种便利的交通工具。亚洲知名低成本航空公司亚洲航空充分利用大数据与电子商务的特性来提升自己营运效能。以图 1-53 为例，乘客通过手机 App 就可以完成订票、结账、登机牌领取、

图 1-53　亚洲航空手机 App（资料来源：airasia.com）

管理订位等事项。其中管理订位中提供了许多加购服务，如选位服务、机上餐点订购等。一旦乘客使用这些服务，亚洲航空也就顺势掌握了乘客产生的大数据，而且比其他领域所产出的数据更具有指向性，这受惠于机票订购必须以实名制方式进行。航空公司充分掌握特定个人的飞机搭乘信息，包含订票前的选票行为、订票后的搭机行为或是搭机后的延伸行为（如通过航空公司 App 订购饭店、租车等）。实名制数据所能够进行的营销活动更能够契合顾客需求，笔者有一次搭乘应航航空的班机时，在飞机快要降落前，机上空乘员居然拿起麦克风，邀请所有乘客一起唱生日快乐歌，原来机上乘客中有一位寿星，这么贴心的服务，全是实名制数据的功劳。人们每天不能没有睡眠、不能不进食，同样在交通运输上更是无法脱离大数据电子商务，机会与前景再次浮现。

百度是中国大陆最大的入口网站，其地位相当于谷歌在美国，百度仰赖这样的地位在近十年来搜集了海量数据，因而推出旗下重量级产品"知道大数据"。该平台针对热门的话题进行搜集与归纳，分析之后将数据进行可视化处理，再将结果呈现。在"知道大数据平台"[①] 中有一项分析与办公室大数据有关，那就是"关于上班族压力的三两事"。以图 1-54 为例，大多数上班族的工作压力来源为收入福利 41.40%、加班太久 23.79%、发展困惑 12.6%、人际关系 11.28%、不能胜任工作 6.31% 等。在收入福利关注度排名中，上班族较为在意的依次是工资、五险一金（特别是职业保险与退休金）、年假、双休。换句话说，多数上班族是为了薪资收入而工作且最为在意工资水平。

上班族一旦产生了工作压力之后，他们的生理表现会是怎样呢？依据图 1-55 的分析结果得知，上班族可能的生理反应按发生率依次为烦躁、身体不适（头痛、脊椎病）、失眠、暴饮暴食、注意力或记忆力下降。

---

① 百度知道大数据 https://zhidao.baidu.com/bigdata/view?id=67.

"上班族"的工作压力来源是什么？

收入福利 41.40%

人际关系 11.28%

其他 4.62%

发展困惑 12.60%

不能胜任工作 6.31%

加班太久 23.79%

收入福利的关注度排名

1101.7万

208.1万

12.4万

6万

工资

五险一金

年假

双休

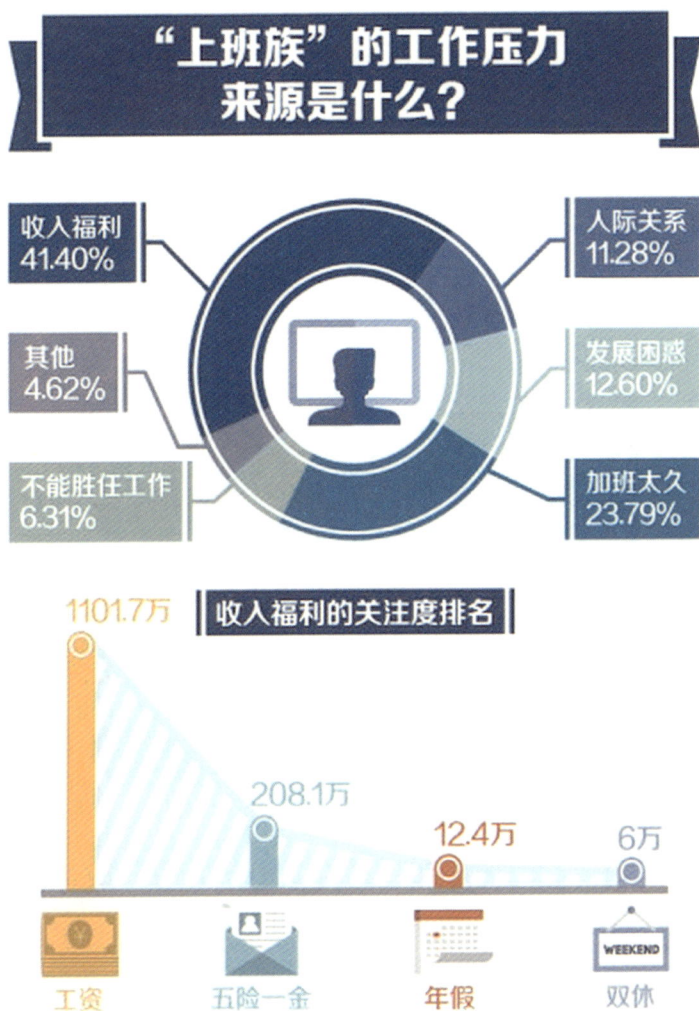

图 1-54 上班族压力大数据分析（1）（资料来源：百度知道大数据）

从地理位置来看，如图 1-56 所示，上班族压力较大的省级行政单位依次为北京 19.45%、广东 11.88%、山东 6.55%、江苏 5.99%、上海 5.34%、浙江 4.60%、辽宁 4.46%、河南 4.46%、河北 4.04%、四川 3.06%。由此可知，在大多数情况下，沿海城市的上班族压力较大，且普遍高于内陆城市。

图 1-55　上班族压力大数据分析（2）（资料来源：百度知道大数据）

综合以上分析结果，我们可以推论多数上班族是为了薪资而努力工作，但因为压力过大而导致身体出现许多疾病，而这个现象在沿海城市较为普遍，因此电子商务从业者可以通过这样的办公大数据来进行销售活动策划。例如，针对高压城市推广上班族舒压商品、舒压方案或是舒压轻食等，可针对北京上班族的午休或下午茶时段在其手机上推送舒压精油广告，并且强调休息是为了走更长远的路，如此才能一步一步累积个人财富。

对于电商从业者而言，比起毫无依据的推销方式，这种推销方式势必更为具体且有效。目前许多电子商务平台都与各大公司行号的员工福利委员（简称"福委会"）合作，只要员工持约定代码至协议电商平台购物，就可以获得折扣。如果电商从业者在与各公司行号福委会约定的同时，也加入类似

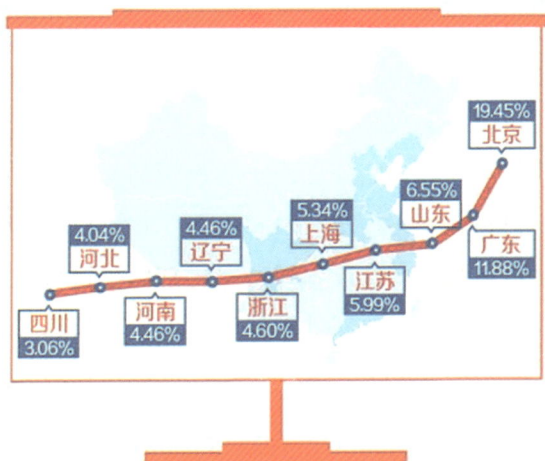

图 1-56　上班族压力大数据分析（3）（资料来源：百度知道大数据）

上述分析，是不是更能契合上班族的需求呢？以上这些是继刷牙大数据、早餐大数据以及通勤大数据之后的办公大数据案例。

一天的时间过得飞快，很快就到下午时段。这个时段大家也许正在享用下午茶小憩一番，也许正在努力访问客户，也许是与同学闲话家常，等待下午课程或工作的到来，总之，这个时段可谓是人际互动高度密集的时段。没错！人际互动大数据也是电子商务重点项目之一，毕竟通过人际互动，不但能够使电子商务从业者节省营销成本，还能够为从业者开拓原来无法触及的业务范围。

现在就让我们以保险业务员的售卖情境来传达大数据电子商务的应用。曾聪明是某保险公司金牌业务主管，从事保险业务工作已 20 余年，过去得益于其热心助人的个性与人脉资源，他的保险销售业绩长红。然而最近几年，虽然他自己仍抱有热心助人的初衷，人脉也持续增加，但他的业绩却不增反减？为此他总趁着下午茶时段拼命访问客户，期盼能够改变低迷的业绩。半年过去了，即使他每天下午勤于访问客户，但业绩仍然没有起色。正当心灰意冷之际，一场与年轻同事赵小华之间的就餐闲聊，给这位金牌业务主管带来了新希望。

赵小华刚毕业不久，投身保险业务工作也只有短短的 3 年时间，但她却从什么都不懂的底层业务员，摇身一变成为公司的业绩常胜军。在就餐闲聊时，赵小华告诉曾聪明："我在访问客户时，通常只携带一部平板电脑，每当客户有任何疑问或是需要查询相关数据时，我都能够在最短的时间内给客户找到答案。除此之外，由于我接触的客户大多属于刚步入社会的年轻人或是刚成家立业的人士，他们对于在线下单这档事再熟悉不过了！因此在保险销售方面，我以公司所提供的电子商务平台作为投保工具（如图 1-57）。"因此赵小华建议他不妨也多使用在线投保平台，将它作为与客户互动的利器。

图 1-57　上保险公司在线投保（资料来源：富邦人寿）

当然赵小华在言谈中也坦言，并非每一位客户都能够立即被说服，并且完成投保动作，有些客户往往会有较长的犹豫期，而且这个犹豫期通常会随着保费金额的提高而延长。有鉴于此，赵小华与客户初次见面之后，还会持续以电子邮件、传讯软件来与客户保持联系。当曾聪明听到电子邮件一事，立刻打断赵小华的谈话并说道："我也常常通过电子系统大量寄发保险广告给客户，但是客户收到信息之后，真正理会我的却寥寥无几。"

赵小华听到以后会心一笑，立刻不藏私地传授"实名电子邮件追踪"方法给这位业务主管，她拿起追踪报表滔滔不绝地介绍她寄送广告信给顾客后的行为脉络。

以图 1-58 为例，赵小华于 2017 年 7 月 13 日寄发了一封保单广告给她的客户王大明（昵称：王大大），这位"王大大"于隔天（2017 年 7 月 14 日）收到保单广告之后，开启信件内容阅读，并在当天晚上 10 点 54 分点击了广告信中的链接，详细阅读保险促销 EDM 内容。曾聪明看完报表以后目瞪口呆，心想同样是寄送广告信给客户，赵小华居然可以知道收件者是否有理会她、是否确实浏览信件广告内容，以及浏览广告内容之后的续衍生行为（如是否在线投保）。曾聪明二话不说，立刻向赵小华求教，希望她可以传授这个好用的大数据分析方法，赵小华欣然答应！

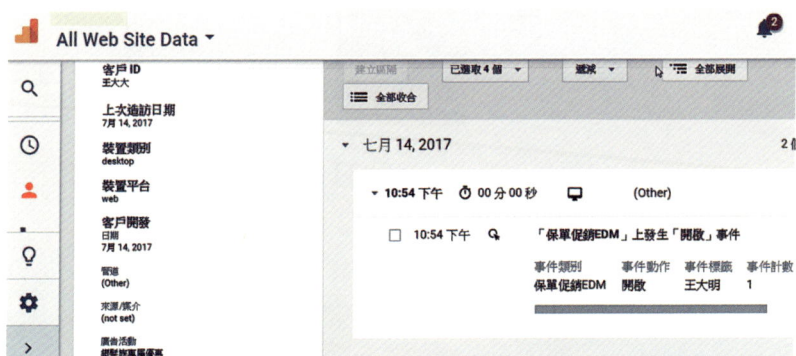

图 1-58　电子邮件广告实名追踪（资料来源：谷歌分析）

以上案例是否说明在传统业务推销工作中加入大数据分析后更为精准有效呢？当然这只是众多以社交为主轴的大数据电子商务应用之一，仍有许多不同的社交互动科技有待我们去探索与善用。在未来，社交互动肯定是大数据电子商务的应用重点项目，除非人类社会停止互动，否则这个应用的荣景将会持续很长时间。当然除了上述的电子邮件以外，其他发生在脸书、LINE 等的业务推广活动也都能轻松地见到成效，甚至也可以观察是否确实将信息通过社交软件分享给其他亲朋好友，进而达到低成本且口耳相传的目的。

时间到了傍晚 7 点，结束了忙碌的一天，下班之后跟三五好友餐叙，或把酒言欢也是人生一大乐事。为了避免排队等待时间过长，许多上班族在下班之前就已经先通过团购 App 预订好了喜好的餐厅，当然在下单前会先浏览一下其他消费者的用餐心得与意见，一切没问题之后，到达餐厅只需出示电子或实体餐券，轻轻松松即可享受美味大餐。

图 1-59 是知名的餐饮订位 App，EZTABLE 提供 GPS 卫星订位服务，让顾客无论身处何方，都可以寻找附近的餐厅。此外，EZTABLE 与 TripAdvisor 合作，将顾客的体验评论导入 App 中，一方面协助顾客预先

图 1-59　用餐订位 App（资料来源：EZTABLE）

得知餐点情况，另一方面希望通过这项机制来营造良好的订位用餐氛围。无独有偶，任何顾客与 App 的互动数据都被从业者所收集，从业者得以通过这些餐饮大数据来推出各式营销方案。

　　以上案例是顾客用餐前的延展案例，那么顾客在用餐当下或是用餐后是否也有类似大数据电子商务应用案例呢？答案是有的，知名火锅品牌海底捞于 2015 年将营运触角延伸至台北，在信义区精华地段开设了台湾一号店。相较于其他火锅品牌，海底捞提供了许多创新项目，例如，顾客入座后，服务员即会递上一台平板电脑，顾客可以仔细端详餐点、点餐，并且将数据传递至后台。采用平板点餐（如图 1-60 所示）对于顾客与商家来说，可谓是皆大欢喜。从顾客立场来说，他们可以在用餐过程中不疾不徐地在平板电脑上端详菜色，并可以随时加点菜肴。最后结账时，顾客也无须紧盯收银员是否计算错误，类似结账一指通的功能能够快速将点菜清单打印出来，方便又可靠。对于商家来说，使用平板电脑点餐的好处很多，如提高出菜效率且避免顾客久候，提高服务质量避免点餐或结账环节出错，当然最重要的是能够通过点餐大数据来掌握顾客的口味偏好。

图 1-60　平板电脑点餐系统（资料来源：板长寿司）

由于电子商务无法让顾客在线感受实体商品的品质，因此与餐饮相关的大数据电子商务应用通常仰赖虚实整合（click-and-mortar）的营运方式，将顾客从线上导引至实体餐厅。2017 年餐饮服务业依然延续传统餐饮与互联网餐饮平行的发展模式，过去热门的团购、外卖等餐饮服务预期会继续发光发热，而通过移动网络基础所衍生出的互联网互动形态餐饮服务势必为未来趋势所在。

在与三五好友把酒言欢之后，如何安全地离开餐厅并且顺利抵达家中也不容忽视。有鉴于近期因酒后驾车引发的车祸事件时有发生，因此相关从业者绞尽脑汁地构想新方案来确保顾客的酒后安全。图 1-61 为群悦科技股份有限公司所推出的酒后代驾服务，该公司将自身提供的服务与其他酒后返家方式做了一份比较表，包含出租车代驾、泊车小弟代驾以及该公司推出的台湾代驾，从红色方框中我们可以看出若以代驾司机的服务质量

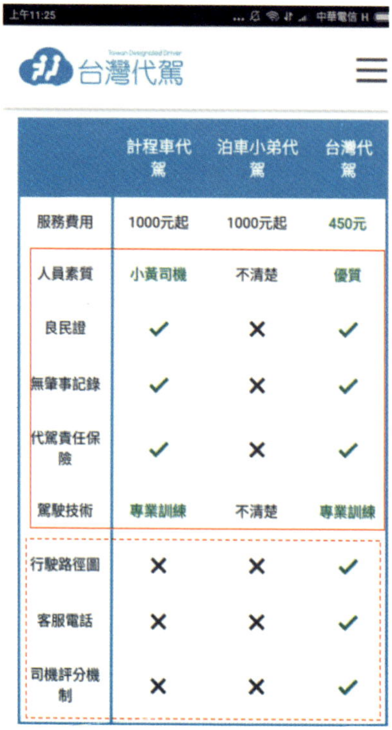

	計程車代駕	泊車小弟代駕	台灣代駕
服務費用	1000元起	1000元起	450元
人員素質	小黃司機	不清楚	優質
良民證	✓	✕	✓
無肇事記錄	✓	✕	✓
代駕責任保險	✓	✕	✓
駕駛技術	專業訓練	不清楚	專業訓練
行駛路徑圖	✕	✕	✓
客服電話	✕	✕	✓
司機評分機制	✕	✕	✓

图 1-61　代驾服务（资料来源：群悦科技）

而论，泊车小弟代驾最无法令人放心，此外虽然出租车代驾与台湾代驾的司机都需经过考核筛选，如具备无肇事记录、提供保险等，不过前者无法提供后者在红色虚线里面的服务，包含行驶路线、客服电话、司机评分机制等。

很明显，台湾代驾能够以相对低廉的费用以及较佳的服务胜过其他代驾方式。那么为何在 App 上提供行驶路线、客服电话、司机评分机制能够取悦顾客、受到顾客青睐呢？原因很明显，那就是酒后人士反应、判断力或是其他生理情况通常不如一般人，试想若没有提供明确的行驶路线，万一代驾司机趁着酒客不清醒刻意绕道而行或是有其他意图，处于晕眩状态的酒客必定没有任何判断能力。当然不是每一位使用代驾服务的酒客都会喝到烂醉，有的其实很清醒但碍于法规无法自行驾车，因此代驾服务所提供的客服电话可以在必要时提供相关帮助。

再者，有些酒客常常无法避免喝酒应酬，因此司机评分机制可以让酒客在每次使用代驾服务前，事先了解代驾司机过去的表现。久而久之表现不好的司机就会被市场淘汰。如同之前所提到的滴滴出行、摩拜共享单车一般，当代驾服务从业者累积一定量的行为数据或是装置运作数据，大数据就能够发挥作用，悄悄地在幕后扮演运筹帷幄的角色。例如，汇整重点代驾路段，并于代驾高峰时段调度人员，或者是与餐饮从业者合作，让酒客能放心安全地返家。

时间到了晚上 10 点，通过代驾服务的帮助，大家终于安全返家。不但避免了酒后驾车的高额罚金，也维护了公共安全。由于刚吃完油腻的晚餐又喝了不少酒，躺在家中客厅沙发休息之余，索性来测量一下血压。图 1-62 为天创聚合科技所推出的智能血压计，该设备能够测量 12 种与心血管疾病相关的项目，并且将所有测量数据传递至手机 App 上，因此对于使用者来说，监控自己健康的便利性大大提升。除此之外，这个血压计还能够通过手机 App 上的社交功能，让使用者将自己的健康状况分享给亲朋好友，一起努力维持健康，当然也可以通过社交分享功能来关注自己家人的健康状况。试想，这个设备携带方便、使用简单，对于忙碌的上班族而言，彷佛行动医生一般。

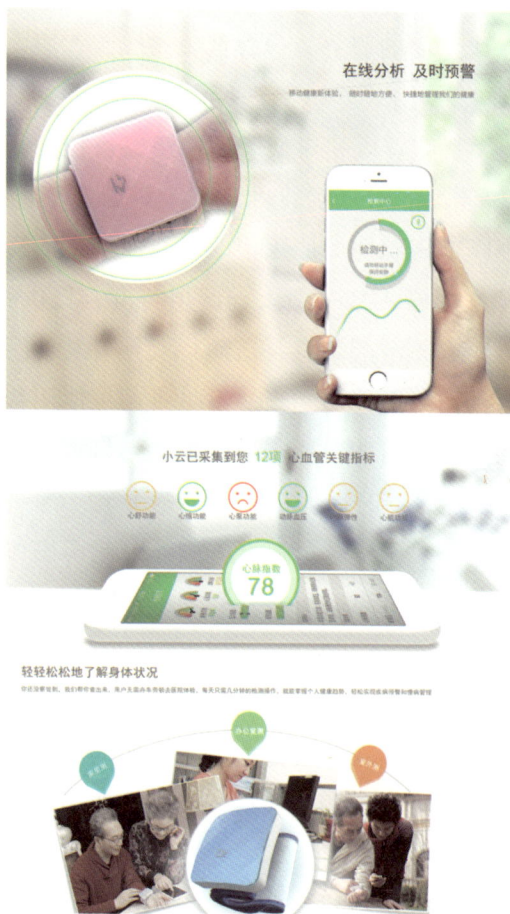

图 1-62　智能血压计（资料来源：天创聚合科技）

至于在大数据电子商务应用方面，由于现阶段受限于法规约束，专业医师们尚无法实行远距离医疗，但或许有一天可以将血压计测得的数据传递至医师端，或者传递至保健食品从业者端，这样就可以配合医师的嘱咐与建议来推送定制化个人健康食品给使用者。许多国家和地区正面临或即将面临人口老化与少子化问题，未来可能会出现许多独居老人，因此健康照护的大数据肯定会是未来趋势所在，大家在学习过程中不妨也留意一下这个未来的焦点。

时间到了半夜 12 点，结束了忙碌的一天，刷牙盥洗后终于可以睡觉了。在进入梦乡之前，当然不能忘记设定隔天的起床闹钟，顺便也看一下明日待办事项，拿出手机 App 来完成这些事情恐怕已经落伍了。图 1-63 为亚马逊所推出的家庭助理 Echo，这台长得像喇叭音箱的设备看似平淡无奇，其实大有学问。

图 1-63　家庭助理 Echo（资料来源：亚马逊）

Echo 是一台具备语音识别功能的家庭助理设备，只要对着它下达指令，Echo 就能够针对所接收到的语音数据进行辨识与分析，例如，睡觉前设定闹钟这件事情，只需要躺在床上动动嘴巴，Echo 就能够轻松地为我们设定好闹钟。当然提醒也是这个设备的重点功能，因此吩咐 Echo 帮我们提醒隔日的待办事项也不会是什么难事，甚至在对于睡觉过程中有听音乐习惯的人，还可以请它帮助播放一首安眠曲，让我们好眠到天明。以上这些功能类似 iPhone 的 Siri，俨然成为我们的贴身管家，无时无刻不在提供贴心服务，然而 Echo 比 Siri 更了不起的地方在于其语音下单功能，人们只需要对着它下指令，任何过去需要用鼠标来完成的电子商务交易，都可以通过它来实现。

亚马逊努力把这个家庭助理设备推广到每个人家中的意图很明显，就是希望全世界的人都能够在家里放置一台"资料搜集器"，如此亚马逊便能进行许多个性化的销售。例如，可以通过家庭助理使用的地理位置来得知特定区域的用户需求或偏好，也可以清楚地知道不同用户在特定关键词上的语音查询频率（如明天气温多少），还可以搜集到大家肚子饿时订购比萨的数据，甚至是优步的叫车数据也被搜集到亚马逊口袋内。倘若有朝一日这个资料搜集设备确实发挥了数据资产效应（data asset effect），那么任何被这台装置连接的从业者都要听命于它，毕竟使用者都是通过它来进行许多电子商务交易的，此时亚马逊俨然成为语音搜寻界的谷歌。

完成闹钟与隔日代办事项设定，该是好好睡觉的时候了，但往往这个时候才是许多失眠患者痛苦的开始。人类一生之中约有 1/3 的时间花在睡眠上，可想而知睡眠对于人类的重要性绝对不亚于其他日常活动。图 1-64 为大陆一家蓝桔子大数据公司，它结合了金融科技（FinTech）的概念首创适眠险，期盼被保险人能够通过物联网穿戴式装置来监控并改善睡眠质量，若经过科技辅助仍无法改善睡眠质量，被保险人就能够领到理赔金。此举可以让失眠者避免人财两失的情况，"人失"指的是睡眠质量不佳而伤害身体，"财失"则是指即使睡眠质量不佳仍有补贴金可以领取。这个案例说明了蓝桔子扮演着数据平台的角色，试图将穿戴式装置硬件与保险公司串接，借以形成专属数据生态圈。

图 1-64　适眠险（资料来源：蓝桔子）

通过以上案例介绍，我们可以体会到，在互联网时代，人类每日生活作息与工作都有意或无意地产生了许多大数据。而获得大数据只是电子商务成功与否的必要条件，真正要在大数据电子商务中占有一席之地，仍须仰赖学习者对于数据转化力的培养。无论如何，不管打算从衣、食、住、行、育哪一个项目中切入大数据电子商务的学习，势必都能够契合未来发展趋势，只要方向走对了，就能够学有所成、学有所长、学有所思、学有所获！最后提醒大家，在大数据流通的过程中常形成三大数据现象，即情境性、频繁性与破碎性，通俗地讲就是数据可以在特定情境中产生专属性，即相同数据在不同领域会有不同意义，而且这些不同意义的数据可以24小时不间断地产生，因此若能够将散落在各个领域中的专属数据予以结合，就能够挖掘更多使用者或消费者需求，同时也为自己的学习之路缔造无可取代的差异化。

阿里巴巴集团主要创始人马云曾提道：大数据与云端运算可以预测未来，笔者亦认同此说法。我们认为大数据电子商务不但可以预测企业未来兴衰，还可以预测学习者或求职者是否能趁势赶上这千载难逢的竞争力养成机会。《大数据》[①]一书的作者曾提道：在过去，我们总是觉得专才在职场上的价值比通才还高，但专长如针头般精细的特性只适合过去小量数据时代，在这个处处是大数据的时代，大量数据与数据转化力能够取代多数专才的经验与直觉，导致专才已不如过去那样珍贵。有鉴于此，本书专为通才量身打造精选内容，不但能够满足大数据电子商务对于人才所需具备的多管齐下特质，更能够帮助学习者培养跨界数据敏感度，借此因应瞬息万变的大数据就业市场。自下一章开始，将进入精彩的实战部分，每一章节都对应着大数据电子商务里的至少一项重点，举凡网络舆情探索、网络足迹掌握、数据浓缩与获取、数据分析平台、数据可视化呈现等，都在后续篇幅中，学会这些技能虽不一定能够让

---

① John Walker, S.（2014）. Big data: A revolution that will transform how we live, work, and think.

自己成为大数据电子商务的资深专家，但可以确定的是，学习这些内容可以使自己成为大数据电子商务中所极为匮乏的通才，待有朝一日累积一定程度的实务经验成为大数据电子商务专才后，可以为自己在职场上加分不少。

第二章

大数据电子商务之舆情探索

　　"侦察"一词可以作为动词或名词使用，作为动词通常指通过若干种方式来获取敌方信息，作为名词常见的有侦察机、侦察舰队等，这些设施同样肩负着侦察敌情的任务。若想提高一场战事的胜算，那么派出侦察部队将是在所难免且有必要的，主要原因在于敌对双方通常不会傻傻地站着让对方恣意攻击，通过侦察机制可以破解敌方的匿踪或欺诈手段。我们可以把网络世界中的使用者假想为敌人，将自己的角色切换至电子商务从业者，若想在电子商务战争中胜出，势必要了解隐匿在网络世界中的使用者，毕竟在虚拟情境下使用者的在线踪迹要比实体足迹更难以掌握。为使电子商务从业者能够掌握更多有利于营运的线索，现今市面上有许多与大数据相关的工具可供使用，如探子马，线索掌握得越多越详细，营运失败的概率就越低。同理，若传统电子商务从业者不积极拥抱大数据线索探察工具，就如同蒙着眼睛射飞镖一样，即使侥幸射中靶心也只能称得上是运气好。

　　本章所要传达的内容皆与"舆情探索"有关。所谓"舆情"，简单地说就是多数人针对特定议题或事物所表达的信念、意见或态度等，而"探索"则是指针对特定议题或事物的未知结果进行探察。因此若将"舆情"与"探索"两词合并对应至大数据电子商务中，则可以将舆情探索视为"收集互联网上多数人对特定交易所表达的意见"。在许多时候，顾客进行在线交易之前会先咨询他人的消费经验，或是亲朋好友之间通过社交软件作为在线交易体验良窳的媒介。若将这些庞大的数据汇聚在一起，那么电子商务从业者将能了解顾客心目中对于商品或服务的最真实的想法或感受。本章将舆情探索分为三节，包含站外情报探索、站内情报探索以及社群商务情报探索，每一节包含许多舆情资料收集方式，对学习者来说可以将其视为学习大数据电子商务的前哨，对于实务从业者来说则可将其视为累积数据资产的重要参考依据。

第一节
站外情报探索

一、谷歌搜寻趋势

谷歌作为全球最大的搜寻引擎公司，拥有全世界的使用者在谷歌搜寻引擎上的搜寻数据，谷歌将这些数据汇整后放到谷歌搜寻趋势（Google Trends）平台上（https://trends.google.com.tw/trends）。图 2-1 为谷歌搜寻趋势进入界面，其中红色箭头处可以切换不同国家和地区的当日"最新热门搜寻"，也就是红色框线处的"搜寻关键字"与"快速蹿升人物"。以绿色箭头处的"搜寻关键字"为例，我们可以发现，2017 年 8 月 15 日台湾地区搜寻第一名的词是"爆料公社"，截图时间大约是上午 10 点，然而在当天傍晚 6 点左右，搜寻排行榜第一名却变成了"停电"，由此可知当日"最新热门搜寻"内容会随着关键词的搜寻频繁度的不同而发生改变。在"快速蹿升人物"方面，通常以非常直观的方式告诉搜寻者这天众所瞩目的人士究竟是谁，然而若点击绿色方框处的"2016 热门排行榜"，则可以看到 2016 年一年之中大家搜寻最多的人物姓名。

若将界面往下移动，则可以看见图 2-2 绿色方框处的"快速蹿升电视剧"或"快速蹿升议题"，请注意！以上所提到的快速蹿升主题类型并不支持查询者自行设定，而是由谷歌通过特定的算法自动判断所显示的主题类型。

图 2-1　谷歌搜寻趋势（1）（资料来源：Google Trends）

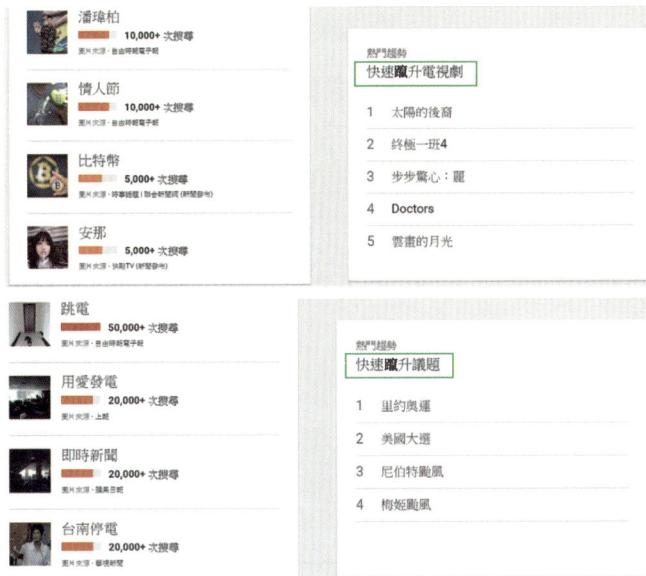

图 2-2　谷歌搜寻趋势（2）（资料来源：Google Trends）

　　除了这些项目以外，还可以看到图 2-3 红色框线处的"深入探索"以及其附属特定关键字的"搜寻热门度"或是"全球搜寻热门度"。大家或许觉得纳闷，为何在"深入探索"部分无法让使用者自行输入所欲搜寻的特定关键词的热度，反而是由谷歌来决定所显示的特定关键词的热度。原因是这个界面好像一个仪表板，上面显示各式搜寻信息，谷歌在"深入探索"中所提示的预设内容只是告诉大家搜寻趋势平台能够让使用者以时间迁移为基础，搜寻特定关键词的热度或是以地理区域为基础搜寻特定关键词的热度，也就是刚才所提到的搜寻热门度（时间迁移基础）与全球搜寻热门度（地理位置基础），使用者必须点击这两大项目中的任意一个才会进入如图 2-4 所示的深入探索界面。

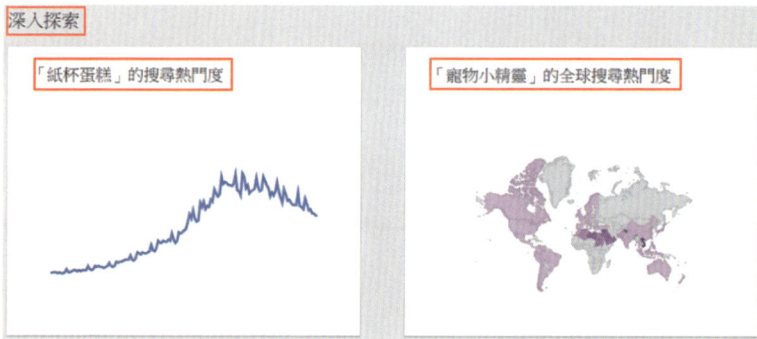

图 2-3　谷歌搜寻趋势（3）（资料来源：Google Trends）

图 2-4　谷歌搜寻趋势（4）（资料来源：Google Trends）

顾名思义，红色方框处的"新增搜寻字词"就是能够让查询者依照自己的意愿输入欲搜寻的关键字词。例如，若我们在其中输入"宝可梦"，并且将绿色方框处的"地区与时段"设定为"全球与过去12个月"，则可以看到如图2-5所示的搜寻结果，并从红色方框的趋势线条观察到这个关键词在过去一年内的热度变化。

图2-5　谷歌搜寻趋势（5）（资料来源：Google Trends）

若将界面再往下移动，则可看见以"宝可梦"为搜寻词的地理位置分布以及与该词有关的"相关主题"或"相关查询"结果，如图2-6红色方框处所示。其中，"相关主题"指的是与宝可梦有关的广度搜寻趋势，而"相关查询"则是指与宝可梦有关的深度搜寻趋势。值得注意的是，如同图2-4红色箭头处所示，我们可将搜寻结果列表依照"热门"或"人气上升"的方式来显示。所谓"热门"指的是一段时期内多数的人搜寻趋势，具体通过词与词彼此之间的相对搜寻热度来评分，如词A的搜寻频率最高，因此得100分，词B的搜寻频率只有词A的搜寻频率的一半，因此得50分。"人气上升"则是指某个词在特定时期内的搜寻趋势剧升，具体计算方式为将两段时间内搜寻热度比较，若字词A在时段2的搜寻热度比在时段1的搜寻热度还要高，则将词A标记为飙升词。综合这两种计算方式，我们可以将前者视为特定词的长期搜寻趋势，后者则可以视为特定词的瞬间搜寻趋势。

图 2-6 谷歌搜寻趋势（6）（资料来源：Google Trends）

如果想将这些搜寻结果分享给其他人、嵌入至自己具有 HTML 编辑权限的场域、汇入其他软件进行额外分析，那么可以通过绿色箭头处功能中的"内嵌""分享""CSV"等选项实现。如果需要内嵌内容，则谷歌搜寻趋势可提供一段程序代码供用户嵌入，或是将搜寻结果通过 Google+、脸书、推特等社交软件来发布，至于 CSV 则是将搜寻结果汇总，输出以逗号为分隔的 Excel 文档，随后将其汇入电子表格的相关软件，便可进行额外分析。

以上这些内容是在预设情况下的深度搜寻结果，当然我们也可以调整细节选项，以便从不同选项设定中看到不同的数据线索。例如，若将图 2-4 蓝色方框处的"搜寻类别与字词来源渠道"设定为"旅游与新闻"，那么我们就可以在图 2-7 看见来自新闻搜寻且与旅游有关的宝可梦字词搜寻情况。请注意！在红色方框处我们可以看见"此关键词于不同时段的热门度变化"，并且可在图中看见 0.100 区间的 Y 轴，所指为"宝可梦"这个词在过去一年之中，来源渠道为旅游类别与新闻字词的搜寻统计。其中，最高的搜寻热门度落在 2017 年 7 月 23 日至 29 日，因此得 100 分，但回溯 2017 年 6 月 11 日至 17 日，其搜寻热门度只达到最高搜寻热度期间的 34%，故该周仅得 34 分，以此类推。若某周搜寻热度不及最高搜寻热度周测得热度资料的 1%，则得 0 分。

图 2-7　谷歌搜寻趋势（7）（资料来源：Google Trends）

除了以上提到的功能之外，谷歌搜寻趋势还提供了一个非常实用的功能，那就是如图 2-5 绿色方框处所示的字词"比较"。比起观察单一关键词的搜寻热度，若能够同时观察多个关键词之间的搜寻热度变化，更能够为查询者带来不同的数据思维，谷歌搜寻趋势所提供的字词"比较"功能最多支持查询者同时输入 5 组关键词，当然所输入的比较词越多，分析的困难度与复杂度也越提高。我们以"神魔之塔"作为原始词"宝可梦"的比较对象，结果显示在过去一年之内，宝可梦的搜寻热度几乎一直比神魔之塔的搜寻热度高，仅有少数几周，神魔之塔的搜寻热度略高于宝可梦的搜寻热度，如图 2-8 绿色箭头处所示。然而若进一步地以整体趋势来观

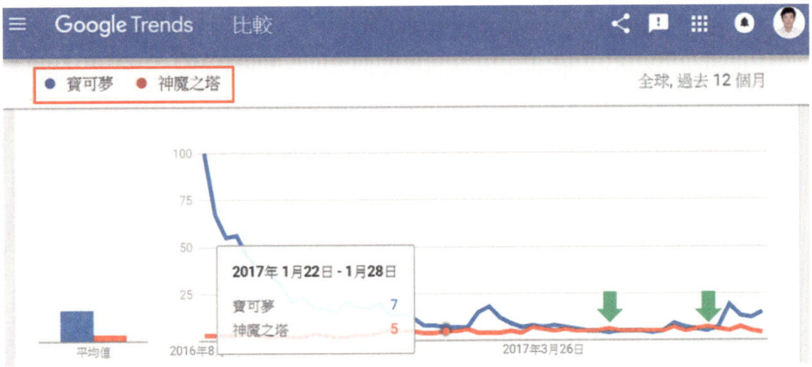

图 2-8　谷歌搜寻趋势（8）（资料来源：Google Trends）

察，可以发现宝可梦搜寻整体趋势线条犹如溜滑梯一般地剧降，但神魔之塔的整体搜寻趋势则是平稳的。

综合以上对谷歌搜寻趋势介绍，若自己是电子商务从业者，该如何看待这些来自站外的庞大搜寻情报呢？在此笔者提供一个简单的数据解读案例。

根据图 2-5 中的数据可知，过去一年之中，"宝可梦"一词整体搜寻趋势逐渐下降，可能原因在于人们对这个游戏的兴趣已下降，导致搜寻热度大不如上市初期。有鉴于此，若打算在电子商务活动中加入与宝可梦相关的销售信息（即期盼借由热门的游戏来提升电商交易额），就不得不关注其在市场上的搜寻热度，以避免陷入游戏热度已退才跟风的窘境。

根据图 2-7 中的数据可知，"宝可梦"整体搜寻趋势在旅游类别的新闻搜寻上产生了一段很长的空窗期（即 2017 年初起至 2017 年中），然而自 2017 年中之后，整体搜寻热度突然急升，其中以 7 月份最为明显，推敲可能的原因是 Niantic 公司于 7 月份推出了新的游戏角色。依据过去的经验，每次新游戏角色推出后都会掀起一阵热潮，因此在策划电子商务活动时，不妨顺应角色推出后的引流效应。

根据图 2-8 中的数据可知，"宝可梦"与"神魔之塔"两个关键词在搜寻热度上各有不同，其中"宝可梦"的搜寻热度涨跌较为剧烈，且整体呈现下跌趋势，因此这个情况适合用在电子商务活动的短线操作，如在促销活动中加入当季 Niantic 所推出的宝可梦游戏角色。至于"神魔之塔"一词，由于其搜寻热度较为稳定，故可借由这个数据现象策划较为长期的电子商务销售活动，如在商品销售同时附赠小额游戏点数，即通过游戏本身所拥有的较长生命周期来将电子商务产品或服务变现。除此之外，由于这个数据图是以多个关键词的比较方式来呈现，换句话说，能够比较的项目还不止这些。假设自己打算投入跨境电商，那么将中国与其他国家或地区的搜寻热度比较分析，就有其必要性。

以上这些数据解读案例仅供读者参考，毕竟数据解读并无所谓的对与错，再加上相同数据在不同情境下，通常有不同解读的结果，因此建议大家配合自身业务形态来妥善解读数据。

二、谷歌消费者气压计

为了能有效顺应瞬息万变的市场竞争与捉摸不定的消费行为，许多时候，从业者希望通过一些可靠的数据来推敲消费者偏好，借以将手中的商品或服务递送给有需要的消费者。谷歌提供了另一种外部数据参考平台，那就是消费者气压计（Consumer Barometer）。这个气压计名副其实，消费者是善变的，他们的偏好有可能每分每秒都在改变，因此从业者可以借由这个气压计来掌握消费氛围变化。图 2-9 为谷歌消费者气压计的进入界面（https://www.consumerbarometer.com），共有四大板块，分别是 Graph Builder、Trended Data、Audience Stories、Curated Insights。其中，Graph Builder 的主要功能是将问卷调查结果以直方图的形式呈现；Trended Data 虽然也是以直方图的形式呈现调查数据，但其所呈现的直方图具备动态指示（active indicator）功能，并且较偏向集中趋势的传达；Audience Stories 顾名思义就是以读者听众（即上网民众）为分析焦点，来传达他们所表现的网络行

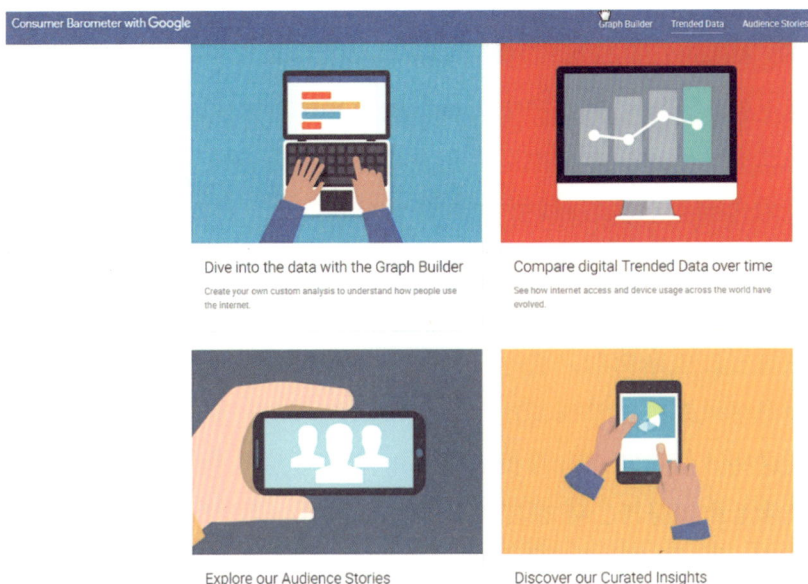

图 2-9　谷歌消费者气压计（1）（资料来源：Google Consumer Barometer）

为；至于 Curated Insights 板块，其所提供的数据不但具备动态数据可视化功能，还能以归纳性的口吻来传达它所揭示的数据意涵。截至目前，谷歌提供英文版的消费者气压计调查报告，为使读者能够运用这个实用工具，以下我们将针对上述四大板块予以介绍。

（一）Graph Builder

一进入 Graph Builder 板块会看见如图 2-10 的界面，红色方框处是问卷调查的题组，每一个题组内的题数不尽相同，如 "The Online & Multiscreen World" 题组共有 19 个问题，若想直接参阅其他题组的调查结果，则可点击绿色箭头处的选单来选取。蓝色方框处的 "Do people use the Internet for personal purposes?" 则是当前题组中的第一个问题，但是为何只能看到题目却看不到填答结果呢？主要原因在于我们是首次进入 Graph Builder，谷歌会要求我们选定填答国家（如红色虚线处），也就是说即使是相同的题目，不同国家的受访者的回答可能不同，因此在观看调查结果之前，必须事先选定所在国家。除此之外，在绿色方框处我们还会看到一行提示信息，即 "Additional countries can be selected from the filter menu."，指的是在选定主要国家之后，可以从过滤器 filter 中选择一个次要国家，一旦选定两个国家后，任何题目的填答结果都会加入这两个国家的资料。

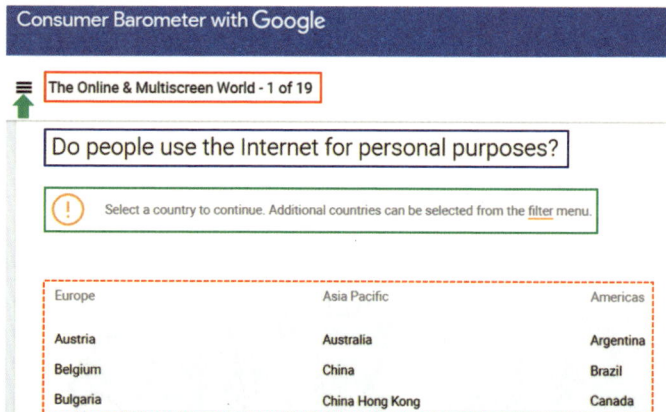

图 2-10　谷歌消费者气压计（2）（资料来源：Google Consumer Barometer）

本例仅以选择中国台湾这个单一区域作为示范。点击后界面会以长条的形式来呈现填答结果，如图 2-11 所示。从中我们可以看出，约有80%的受访者表示他们使用网络是出于个人用途，只有20%的受访者表示他们使用网络是出于非个人用途。如果打算将这样的结果输出，那么可以在红色方框处选择输出的格式，包括 CSV 文档、PNG 图片或者直接分享这张图片。截至目前，大家或许会感到疑惑，调查问题中所提到的非个人用途所指究竟为何。所幸谷歌在每个问题的下方提供了额外的说明，如图 2-12 所示。

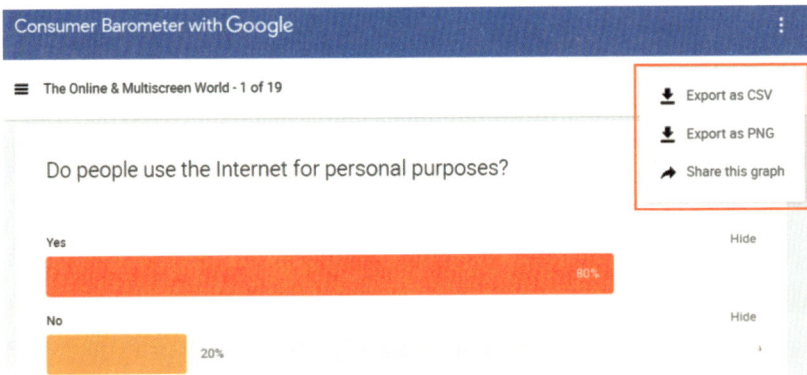

图 2-11　谷歌消费者气压计（3）（资料来源：Google Consumer Barometer）

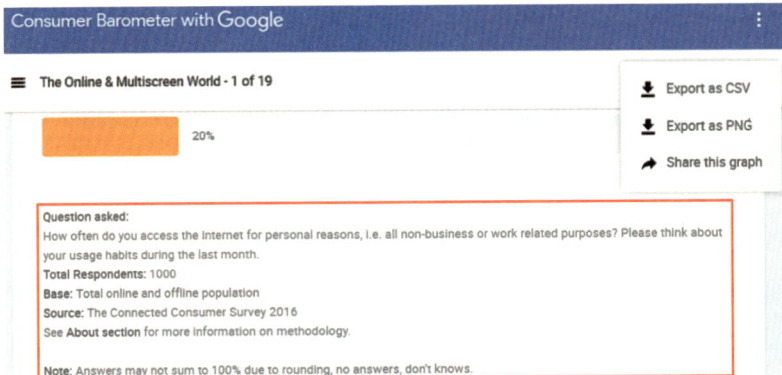

图 2-12　谷歌消费者气压计（4）（资料来源：Google Consumer Barometer）

我们可以在红色方框处看到原始题目，即 "How often do you access the Internet for personal reasons, i.e. all non-business or work related purposes?Please think about your usage habits during last month"，比起图 2-11 所看到的简化题目，这个题目更明确地要求受访者回想过去一个月的上网习惯，其中有多少时间用在了个人用途上。因此当自己对题意不是很理解的时候或是想要知道答题人数、抽样基底、调查数据来源等信息，都可以将图 2-11 所示的界面往下方移动，直到看到图 2-12 所示的题目补充说明。值得注意的是，并非所有题目的填答结果总和都是 100%，主要原因在于计算填答分数时，可能使四舍五入的方式或是受访者填答结果无法确定，甚至是未填答等，这些皆会导致填答结果总和不为 100%。

　　我们再来讨论一下图 2-10 中提到的过滤器，消费者气压计提供六大过滤器，如图 2-13 红色方框处所示，包含国家和地区、人口统计变量、互联网使用情况、装置使用情况、通过智能型手机购物者以及通过智能型手机欣赏影片者。若我们在图 2-14 红色方框处点击国家和地区，并且将日本与加拿大同时勾选，则会看见如图 2-15 所示的界面。我们可以看到无论是加拿大还是日本，受访者填答结果都趋近于一致，都是个人用途上网大于非个人用途上网，但若以非个人用途上网来说，日本略高于加拿大，这或许可以反映日本上班族人口较多的现状。无论如何，借由过滤器的协助，我们可从原来填答结果中筛选出更具意涵的数据。

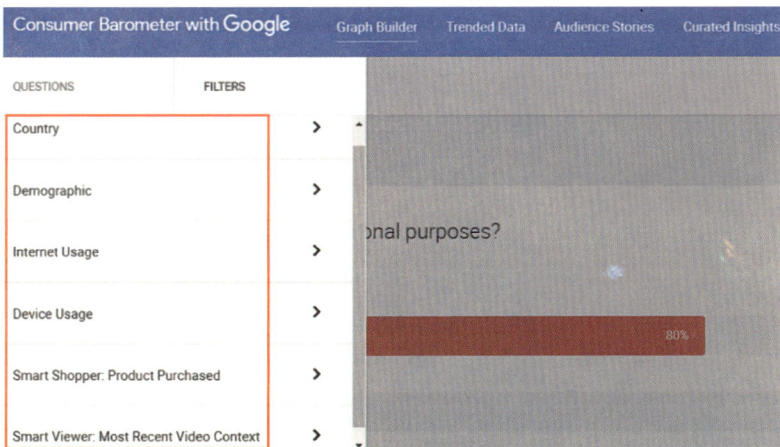

图 2-13　谷歌消费者气压计（5）（资料来源：Google Consumer Barometer）

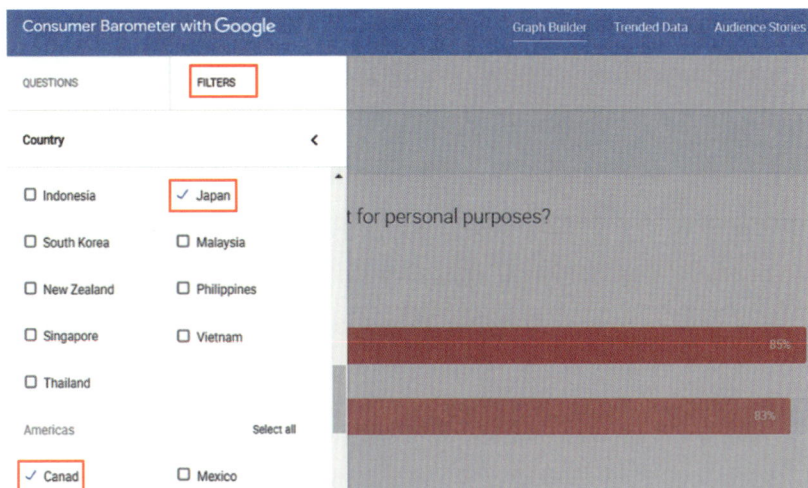

图 2-14　谷歌消费者气压计（6）（资料来源：Google Consumer Barometer）

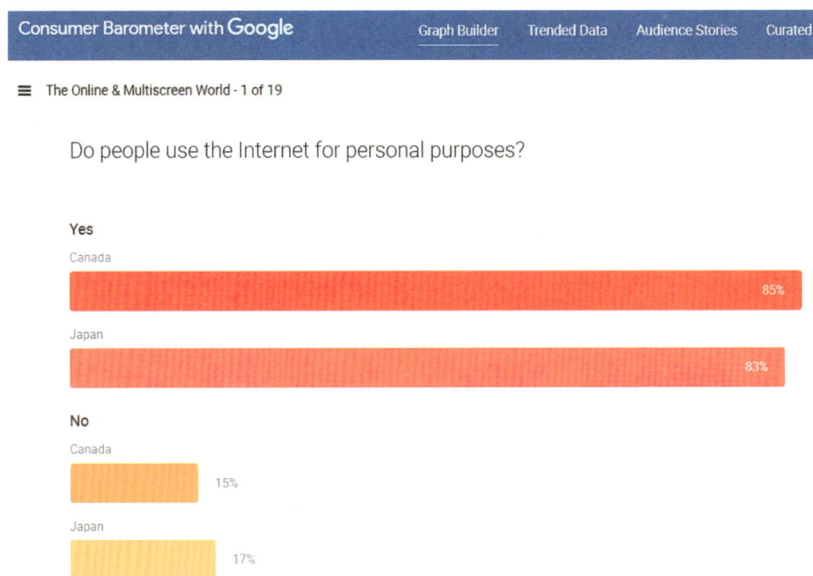

图 2-15　谷歌消费者气压计（7）（资料来源：Google Consumer Barometer）

最后，当我们从消费者气压计中获得参考数据后，下一个任务就是将所获数据反馈至电子商务活动策划上。例如，个人用途上网人数明显大于非个人用途上网人数，因此在电子商务活动设计上不妨融入与个人有关的产品销售，如在假日时提供专属居家商品促销广告给个人用途上网的顾客；又或者在电子商务销售平台内提供比价功能，一方面满足消费者寻找最优惠商品需求，另一方面也借由技术的辅助来契合个人用途上网（如上网购物）人士的需求。根据 Goodhue 与 Thompson 两位学者的研究发现，如果从业者所提供的技术能够与消费者的任务需求相互吻合（如在网络上买到最便宜的商品），那么消费者就会产生行为意图（购买商品意愿），而这个行为意图能够间接驱使消费者实际行动（实际购买商品），也就是知名的科技任务适配模式[①]（Task-Technology Fit Model, TTF Model），所以 Graphic Builder 里面的填答结果恰好可用来帮助理解消费者的需求。

（二）Trended Data

相较于 Graphic Builder，Trended Data 能够以较为广阔的视野来观察与整理趋势。在 Trended Data 中，谷歌提供相同题目五年来的填答结果分析。换句话说，对同一个题目进行连续五年的调查，如此便能看出以时间迁移为基础的变化。

以图 2–16 英国的调查数据为例，红色方框处的填答结果五年来（2012—2017 年）较为稳定，即人们使用互联网的比例落在 80%～83% 且各年落差不超过 3%。然而蓝色方框中题目的填答结果五年来具有较大幅度的波动，也就是说人们每天使用互联网的比例从 2012 年的 59% 上升至 2016 年的 73%，此结果反映了网络相关设备的逐渐普及，当代人每天活跃在网络上已成为不争的事实。值得注意的是，虽然此题目填答结果从 2014 年的 70% 下降至 2015 年的 69%，但两者差距仅为 1%，对于每天上网人数的整体趋势而言，影响非常有限。附带一提，若将鼠标移动至年度直方图上方，则可以看见动态数据浮动，如红色方框中鼠标光标处所示，这个功能看起来似乎多此一举，但当我们需要查看单年度数据时非常实用。

[①]　Goodhue, D.L., & Thompson, R.L.（1995）. Task-technology fit and individual performance. *MIS quarterly*, 213–236.

图 2-16　谷歌消费者气压计（8）(资料来源：Google Consumer Barometer)

（三）Audience Stories

消费者气压计中的第三个板块是 Audience Stories，指的是从提问题目与填答结果中提炼出的读者听众故事，共有四大主题，包含 Brand Advocates、Digital Moms、How-To Video Users、The Millennials，如图 2-17 所示。Brand Advocates 囊括了所有关于品牌推广的行为调查；Digital Moms 聚焦在时髦上网辣妈的行为调查；How-To Video Users 是指在 YouTube 上观赏各式 DIY 影片的行为倾向；至于 The Millennials 则是有关于新世纪年轻人的网

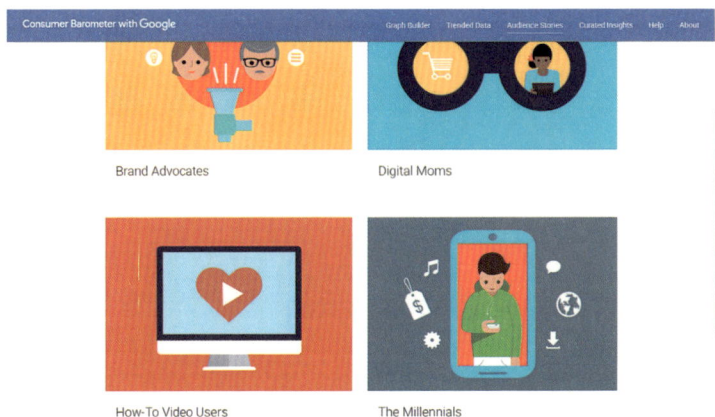

图 2-17　谷歌消费者气压计（9）(资料来源：Google Consumer Barometer)

络行为调查。以上这些项目对于大数据电子商务来说极为重要，毕竟想要在新兴电子商务领域胜出，就得先掌握上网人士的行为动向。接下来，我们就针对这四大主题一一介绍。

1. Brand Advocates

Brand Advocates 指的是谷歌期望借由调查的方式来了解受访者对于品牌推广的行为意向，也就是对口耳相传方式的态度或意愿。试想自己是一位尖端的互联网电子商务从业者，正面对新产品上市后打造品牌知名度的困扰，虽然已经在电视频道上冠名了植入性广告，但成效似乎不如预期，高昂的广告费用阻碍了自己打响知名度的念头。此时消费者气压计中的 Brand Advocates 调查将提供重要线索，有了这项免费的打响知名度计划才能更有效率并且节省成本。图 2–18 为 Brand Advocates 进入界面，蓝色方框处是依据调查结果所归纳出来的结论，如全世界 1/3 的网民是品牌倡议者（1 in 3 internet users worldwide is a Brand Advocate）。此结论依据为何？为什么说全世界 1/3 的网民都是品牌倡议者呢？红色方框处的内容针对这项结论加以说明，其中提到，品牌倡议者不但外向且值得信任，他们彼此之间还形成紧密联系的社交网络。正因为品牌倡议者活跃在社群网络的制高点上，因此对于任何品牌的赞赏或批评都能发挥举足轻重的作用。

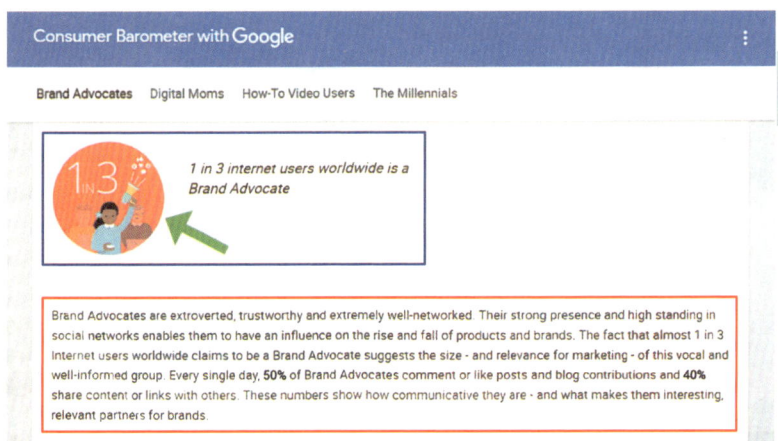

图 2–18　谷歌消费者气压计（10）（资料来源：Google Consumer Barometer）

根据调查结果发现，每天约有 50% 的品牌倡议者会发表与产品评论有关的网志、文章、意见等，而每天会有 40% 的品牌倡议者将自己对于产品的评论分享给其他人，由"全世界 1/3 网民都是品牌倡议者"这句话可以得知，品牌倡议者的信息传播力道强大，故从业者在经营品牌形象时，品牌倡议者往往成为特定品牌的好伙伴。

通过上述解释我们可以发现，蓝色方框中的"结论句"是"每天约有 50% 的品牌倡议者会发表与产品评论有关的网志、文章、意见等""每天也会有 40% 的品牌倡议者将自己对于产品的评论分享给其他人"。以此类推，任何发生在 Audience Stories 四大主题内的结论句都是这样推论而来的。附带一提，谷歌在图中绿色箭头处发挥了创意，将所调查的结论数据以图像化的方式呈现，这样的设计对于分析者来说，可以快速辨别该项调查结果是否是自己感兴趣的项目。

Brand Advocates 或是口耳相传在大数据电子商务实务中属于一种常见的信息推送方法，我们在日常生活中也不难看到许多电商平台上的分享按钮，这些按钮的设计初衷不外乎是协助从业者以低成本的方式将商品信息借由"特定人士"的手传递出去，此处所指的特定人士其实就是刚刚 Brand Advocate 调查中所提到的 1/3 有意愿分享商品使用心得的消费者。而在一般情况下，他们所分享的对象大多是自己的亲朋好友或是跟自己有连接点的场域，这也是为什么提道"正因为品牌倡议者活跃在社群网络的制高点上，因此对于任何品牌的赞赏或批评，都能发挥其举足轻重的角色作用"。

那么为何品牌倡议者能够发挥这么大的影响力呢？若打算将自己所经营的传统形态电子商务升级为新形态的大数据电子商务，应当特别留意哪些项目呢？如果你对以上问题的答案也感兴趣，千万别错过接下来的内容。

学者 Wangenheim 与 Bayon 在 2004 年发表了一篇学术论文，当中提到了口耳相传倡议者特征模型[1]，如图 2-19 所示。此论文旨在探究口耳相传的

---

[1] v.Wangenheim, F., & Bayon, T.（2004）. The effect of word of mouth on services switching: Measurement and moderating variables. *European Journal of Marketing*, 38（9/10），1173–1185.

人士为什么有能力影响被推荐者们的意愿，使他们继续购买相同商品或购买竞争对手的商品。从图中的认知口耳相传人士特征（Perceived Communicator Characteristics）可知，被推荐者在考虑自己是否愿意接受推荐者的意见时，会先审视推荐者是否具备一定程度的相似性与专业度，而这样的考虑会受到认知产品特征（Perceived Product Characteristics）中的社会风险与心理风险干预，若被推荐者认为推荐者所推荐的商品社会风险很高或所推荐的商品心理风险很大，他们则会更倾向接受来自各方面皆与他们相似的推荐者提出的意见。例如，若某被推荐者接收到来自业务员的保险推销电话，则这位被推荐者是否能被成功游说购买保险产品取决于这位业务员是否具备一定程度的保险推销技能。若所推销的保险产品确实在功能上符合需求且在经济能力允许情况下，那么这位被推荐者更有机会被说服，进而购买保险商品。

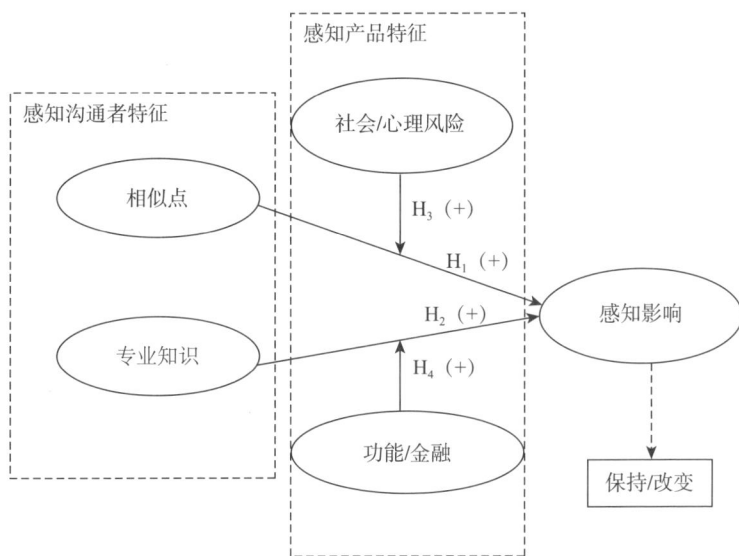

图 2-19　口耳相传倡议者特征模型（资料来源：European Journal of Marketing）

　　鉴于电子商务受限于商品无法触摸的特性，因此在策划在线交易活动时，不妨考虑商品购买对象要面对的社会或心理风险，将这些风险通过产品代言人的相似性予以淡化，甚至可以寻找具备产品专业能力的代言人在线推广商品，如此一来能够减少消费者对于风险的疑虑，待实用性与经济能力能兼顾时，顾客自然会被说服，进而购买商品。

以上提到的 Brand Advocates 或是口耳相传倡议者特征模型在电子商务实务中都是很常见的资料搜集与销售活动计划。以图 2-20 左下角的红色方框为例，无论是点击"揪好友拿现金"或是"分享 [f][🖨][✉]"按钮，其目的都是希望通过口耳相传人士的品牌倡议能力来影响被推荐者的购买意图，因此若希望这两个功能真正发挥作用，除了需考虑图 2-18 所示的 Brand Advocates 调查报告之外，也必须了解图 2-19 所示的各项特征项目，如此便能将所获得的大数据转化为电子商务获利的敲门砖。

图 2-20　电子商务平台口耳相传功能实例（资料来源：momo 购物网）

2. Digital Moms

一直以来，许多市场调查机构皆不约而同地指出，相较于男性，女性是电子商务平台主要的消费群体。确实，女性向来是电子商务平台的主要销售对象，谷歌还从 Audience Stories 中具体调查已婚且育有下一代的年轻辣妈的网络行为。图 2-21 为 Digital Moms 的进入界面，蓝色方框处所示类似图 2-18，通常是依据调查结果所归纳出来的结论，即超过 70% 的年轻辣妈每月会在网络上发表意见，而在红色方框处可以看见针对这项结论给予的说明。

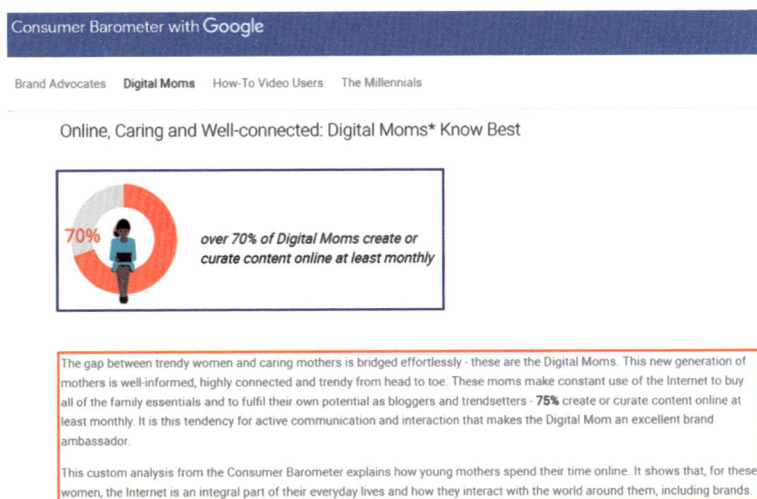

图 2-21　谷歌消费者气压计（11）（资料来源：Google Consumer Barometer）

说明提到，新潮女性与家庭主妇之间的鸿沟已被年轻辣妈消除，这个时代年轻辣妈的消息非常灵通，从头到脚无所不知，因为她们总是活跃在网络上，如年轻辣妈总是通过网络来购买所有家庭日用品，甚至有些辣妈因此成为知名部落的常客或是消费知识先驱。分析调查结果得知，主要原因在于约有 75% 的辣妈每月至少在各平台上发文一次，这也是为什么比起一般的家庭主妇，年轻辣妈更能够充当从业者与消费者之间的最佳品牌大使。综上所述，上网购物这件事对于年轻辣妈来说已成为生活的一部分，她们总是借由互联网来与世界互动，特别是在商品品牌方面。

了解了上述调查报告之后，接下来我们要讨论的是"为何年轻辣妈总是愿意在网络上购物，甚至发表心得？"要知道这个问题的答案，首先要了解驱力与阻力，即究竟是什么原因驱使或阻碍人们在线购物。厘清相关阻力与驱力之后，才能进一步探讨相同驱力或阻力在不同性别或年纪上是否有购物行为差异。Lian 与 Yen 两位学者于 2014 年提出在线购物性别差异模型[①]，如图 2-22 所示，其中驱力包含对商品服务的表现预期（Performance expectation）、对在线购物操作的心理预期（Effort expectation）、同侪认为应该使用在线购物的社会影响（Social influence），以及认为电商平台及其相关技术能提供在线购物的协助的设备条件（Facilitating conditions）。

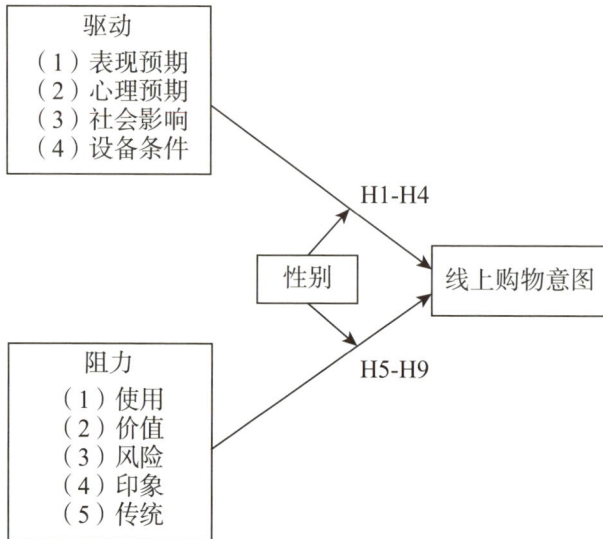

图 2-22　在线购物性别差异模型（资料来源：Computers in Human Behavior）

当然，有驱力就会有阻力，消费者在线购物可能遇到的阻力有使用（Usage）、价值、风险（Risk）、印象（Image）与传统（Tradition）。其中，使用指的是购物者是否需要花费更多的精力来适应在线购物，若在线购物比传统购物麻烦，则消费者有可能排斥在线进行交易活动。价值指在线购买产品或服务的效益是否优于实体购物获得的产品或服务，若在线购物的效益远不及实体购物，那么消费者自然不愿意参与在线交易活动。风险是指在线购物的风险是否比实体购物更低，若在线购物风险与不确定性皆很高时，那么购物者势必会放弃在线的交易方式，毕竟他们没有理由拿石头砸自己的脚。

---

① Lian, J.W., &Yen, D.C.（2014）. Online shopping drivers and barriers for older adults: Age and gender differences. *Computers in Human Behavior*, 37, 133–143.

至于印象，若在线交易方式曾经在消费者的脑海中留下过负面印象，则他们容易对在线交易产生先入为主的反感想法，进而抗拒在线交易活动。最后提到的阻力是传统，如果在线交易的方式、物品或是这一切与当地传统文化产生冲突，那么消费者较难突破传统文化习惯，接受与既有文化互斥的在线交易相关事物。

综上所述，大数据电子商务从业者一定想要将上述驱力最大化并且把阻力最小化，像将刚才所提到的驱动力之一"同侪认为应该使用在线购物的社会影响"，搭配图2-20中提到的社交分享按钮，将它所触发的点击数据掌握，它可用来设计增加影响力的促销方案，也就是最大化社交影响力，这个概念与银行信用卡派出旧卡户来延展新卡户非常类似。

刚才所提到的传统阻力直白地说就是要考虑所在地的文化与特色，把传统文化带来的阻力尽可能降低，如果在阻力最小化环节处理得当，有时候甚至能够把阻力转化为助力。以中元节文化为例，几年前全联福利中心率先在虚实整合渠道中，将农历七月的好兄弟形象由恐怖塑造成温馨感人，之后7-11便利商店也在2017年的中元节推出类似温馨感人的好兄弟感恩促销方案，这些做法都是为了将上述提到的阻力化为助力。

奇怪的是，有些电商从业者即使认同且致力于"驱力最大化、阻力最小化"的策略，却仍无法有效地提升业绩。为什么会这样呢？有非常大的可能在于从业者忽略了"驱力最大化、阻力最小化"其实与性别或年龄有关，前面我们提到的年轻辣妈是否就是因为年轻而与传统家庭主妇格外不同呢？没错！图2-22中除了提到驱力与阻力之外，还讨论了消费者的性别与年龄对电商业绩的影响。

根据Lian与Yen两位学者的研究结果可以看出，虽然性别差异并未发生在刚才所讨论的驱力与阻力上，但是学者们却从不同的年龄段中观察到了驱力与阻力间可观的差异。例如，比起年纪较大的消费者，年纪较轻的消费者不认为上述阻力是阻碍他们在线交易的主因，毕竟他们自出生以来就习惯沉浸在网络世界中。换句话说，年纪越大的消费者反而更会因为上述阻力的影响而放弃在线购物，这与谷歌所得到的年轻辣妈购物观点不谋而合。有鉴于此，大数据电子商务从业者除了可借由社交分享按钮来最大化驱力之外，亦可以借由社交软件上所揭示的分享者性别进一步使"驱力最大化、阻力最小化"。

3. How-To Video Users

许多时候，人们喜欢在家自己动手干活，如水电、工艺、汽车保养等，自己动手不但有成就感，也能够节省开支。自从互联网问世后，人们总是可以很容易地从网上获取相关教学资料，无论是静态的教学文件或是动态的教学影片，只要动动手指点一下，贴身家教立刻出现在自己身旁。

Audience Stories 的第三个主题是 How-To Video Users，旨在调查不同形态的教学影片适合哪些学习者观看，图 2-23 即为 How-To Video Users 的进入界面，与前两大主题相同，蓝色方框处是调查结果，红色方框处是调查说明。当中提到，每 10 位网络用户之中就会有 1 位用户观赏一般性教学影片，这个现象对于从业者来说，可是天大的好消息！每当用户试图从影片中获取新知识时，从业者的品牌印象也在无形之间不断地烙印在学习者心中。换句话说，若从业者提供有关自身品牌的教学影片，不但可以满足学习者在知识方面的需求，同时也是在替自己的品牌做广告。除此之外，喜爱观赏各类教学影片的用户还有许多与众不同的特性。例如，他们积极地在网络上寻找可用知识、喜欢尝试新鲜事物、偏好长度较长的影片

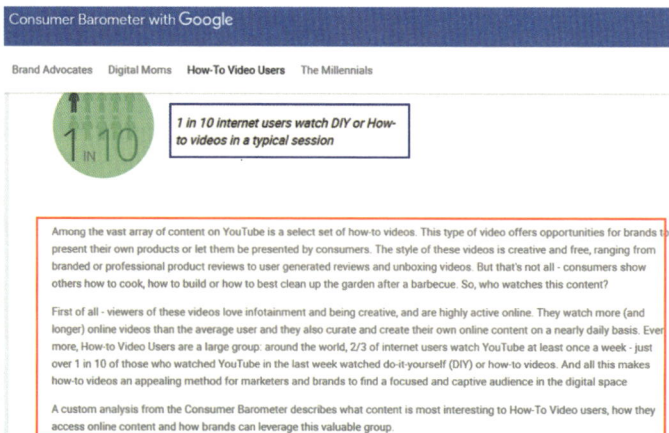

图 2-23　谷歌消费者气压计（12）（资料来源：Google Consumer Barometer）

等，甚至他们习惯将自己的动手心得上传至网络上。

在大数据电子商务中，由于消费者无法在网络上触摸到实际商品，如果在实际下单之前想要得知商品运作过程与表现，提供与商品有关的教学或展示影片能够有效解决这个电子商务与生俱来的问题。倘若消费者实际观赏影片，从业者就能够从影片观赏行为中捕捉数据，而此数据对从业者来说可谓非常重要，毕竟它代表的是商机与获利。举例来说，若多数消费者不约而同地在特定片段按下暂停，那么他们应该不是都想要暂停一下去上个厕所，而是对影片暂停处产生了兴趣或是疑惑。从业者提供教学影片真正的用意在于掌握收视数据。

即便如此，从业者们常见的问题是，明明已经提供影片且消费者也确实观赏过，但观赏之后并没有将影片分享给他人，或是观赏影片之后并未整理成自己的心得分享给他人。此情况对于从业者来说，肯定不是件好事，毕竟教学影片制作初衷就是希望借由消费者之手来拓展品牌形象或知名度。有鉴于此，我们有必要了解究竟是什么样的原因使得学习者愿意分享所观看的教学影片，或者是了解学习者在观看影片之后，他们的知识形成与传递过程是怎样的，如此才能有效设计消费者欣赏影片后的分享意愿激励方案。

图 2-24 为 Cheung 等学者于 2013 年提出的知识分享持续意愿模型[①]，其中知识分享持续意愿会受到满意度（Satisfaction）与知识自我效能（Self-

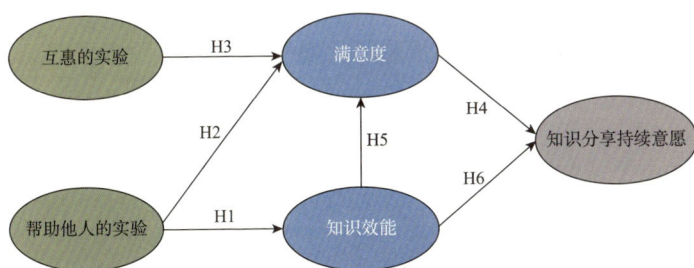

图 2-24　知识分享持续意愿模型（资料来源：Journal of the Association for Information Science and Technology）

---

① Cheung, C.M., Lee, M.K., & Lee, Z.W.（2013）. Understanding the continuance intention of knowledge sharing in online communities of practice through the post knowledge sharing evaluation processes. *Journal of the Association for Information Science and Technology*, 64（7）, 1357–1374.

Efficacy）的影响，即当知识分享者认为分享知识让他们的内心感到满足或是自认为对知识有一定程度的了解，那么就构成知识分享持续意愿形成的必要条件。

除此之外，除了知识自我效能能够直接影响知识分享持续意愿之外，满意度也可以间接地影响知识分享的持续意愿，也就是说当知识分享者觉得自己在某方面的知识足够时，除了会愿意持续分享自己所拥有的知识之外，还会在内心感到满足与愉悦。那么究竟是什么原因会导致知识分享者在分享知识之后产生满意感或是感到知识自我效能足够呢？在回答这个问题之前，我们要先了解失验（disconfirmation）的概念。所谓失验是指预期情况与实际情况之间的差异，当预期情况与实际情况相吻合时称为零失验，当实际情况比预期情况糟糕时称为负面失验，若预期情况比实际情况好则称为正面失验。若要让知识分享者们保持分享知识的愉悦感，以及让他们认为自己知识效能足够，就必须回溯至互惠的失验（Disconfirmation of Reciprocity）与帮助他人的失验（Disconfirmation of Helping Others）。前者指的是知识分享者分享的知识能够获得他人回报，如果在分享知识后获得他人回报，就会产生正向失验，进而正面地促进知识分享者内心愉悦感或满意度的形成。后者指的是知识分享者预期分享知识能够有助于他人，若在分享知识后，他人因获得知识而确实得到帮助，则亦会产生正向失验，进而促进知识分享者内心愉悦感或满意度的形成。值得注意的是，帮助他人的正向失验除了能够直接影响知识分享者满意度的形成之外，还能够间接地通过知识自我效能来影响满意度的形成。换言之，帮助他人是愉快的，施比受更快乐。

如果自己是大数据电子商务从业人士，正打算通过影片来弥补电子商务无法接触实体商品的问题或是通过影片来引导消费者如何使用商品，一定不能只是将焦点放置在影片拍摄的质量上，质量只是大数据时代下电子商务成功的必要条件，还必须借由图 2-24 中的指引来激发影片观赏后的知识分享行为。如此，从业者才能够通过掌握相关数据来快速且广泛地传播品牌形象、商品表现、使用经验等。

4. The Millennials

Audience Stories 的最后一个主题是 The Millennials，旨在调查 16 岁到 34 岁（Y 世代）年轻人的上网行为，如图 2-25 所示。Y 世代年轻人与其他人不同的是，他们一出生（或青少年期）即生长在互联网世界里，故比起一般人，他们更习惯使用互联网。根据 The Millennials 的调查发现，有将近 90% 的 Y 世代年轻人每天上网，其中有 75% 的 Y 世代年轻人使用智能手机上网，如蓝色方框处所示。

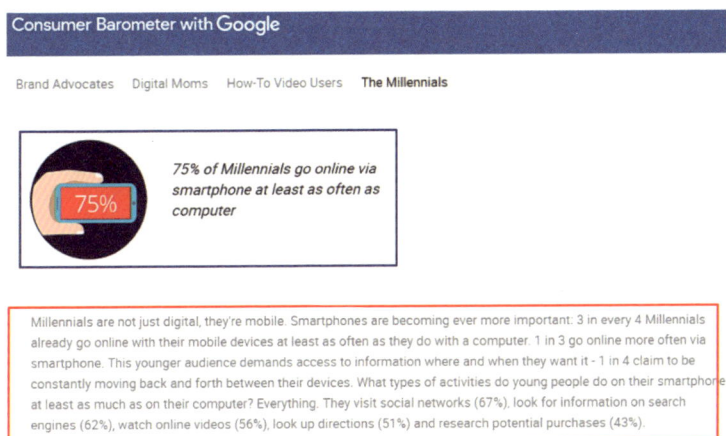

Consumer Barometer with Google

Brand Advocates　Digital Moms　How-To Video Users　**The Millennials**

75%

75% of Millennials go online via smartphone at least as often as computer

Millennials are not just digital, they're mobile. Smartphones are becoming ever more important: 3 in every 4 Millennials already go online with their mobile devices at least as often as they do with a computer. 1 in 3 go online more often via smartphone. This younger audience demands access to information where and when they want it - 1 in 4 claim to be constantly moving back and forth between their devices. What types of activities do young people do on their smartphone at least as much as on their computer? Everything. They visit social networks (67%), look for information on search engines (62%), watch online videos (56%), look up directions (51%) and research potential purchases (43%).

图 2-25　谷歌消费者气压计（13）（资料来源：Google Consumer Barometer）

言下之意，移动上网装置已是 Y 世代年轻人的最佳伙伴，在红色方框处我们可以看到有 67% 的 Y 世代年轻人将智能手机用来网络社交，有 62% 的 Y 世代年轻人把智能手机作为百科全书来搜寻信息，而有 56% 的 Y 世代年轻人将智能手机视为行动电影院，用来欣赏影片，甚至有 51% 与 43% 的 Y 世代年轻人善用智能手机在地图找路、进行商品查找，这些 Y 世代年轻人的日常生活可谓是虚实整合的最佳写照。

由于 Y 世代年轻人与一般上网族的上网行为有着颇大的差异，因此大数据电子商务从业者未来要如何应对如此庞大的目标群体呢？学者 Bilgihan 于 2016 年提出了 Y 世代年轻人对于在线购物忠诚度影响因素的研究报告[①]，如图 2-26 所示。从图中可以看出，在线忠诚度（指不断地惠顾特定的网络商店）的决定因素有三大项，分别是品牌权益（Brand Equity）、沉浸（Flow）、信任（Trust）。品牌权益是指一个品牌所拥有的资产与负债集合。一般情况下，资产越大于负债，则品牌权益越高，也就越能获取顾客青睐。沉浸指的是消费者沉浸于在线购物情境中，通常沉浸程度越高的消费者越能享受在线购物所带来的正面享受。至于信任则是指由从业者所提供的在线购物情境能够让消费者消除购物不确定性所带来的不信任感。

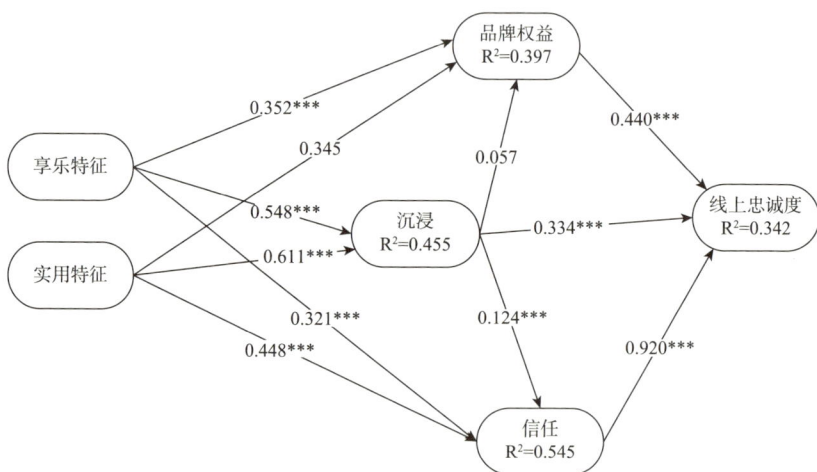

图 2-26　Y 世代在线购物忠诚度模型（资料来源：Computers in Human Behavior）

这三大决定因素当中，信任对青年忠诚度的影响最大，其次是品牌权益，最后是沉浸。换句话说，若电子商务从业者无法营造让消费者信任的购物空间，就算是再好的品牌权益效果或是消费者再怎么沉迷于在线购物也是枉然。既然信任、品牌权益、沉浸对消费者重复惠顾的忠诚度影响这么大，那么究竟该如何维持这三者呢？答案就是从图 2-26 左侧的享乐特征（Hedonic Features）与实用特征（Utilitarian Features）着手，这与前边所提到的功利导向购物与娱乐导向购物相同。

① Bilgihan, A.（2016）.Gen Y customer loyalty in online shopping:An integrated model of trust, user experience and branding.*Computers in Human Behavior*, 61, 103–113.

试想，若消费者们无法在购物网站上享受购物时带来的快感，他们势必会感到乏味或沮丧，自然无法满足他们的享乐需求。同样，若购物网站所提供的操作界面难以使用，让消费者在购物过程中充满阻碍，此时消费者也会认为该网站的易用性与实用性不佳，也因此无法满足自己的实用需求。有鉴于此，电子商务从业者应格外重视享乐特征与实用特征对沉浸效果造成的重大影响，电商网站的设计或营运策略是否要融入购物趣味性，又或者是网站的设计是否能够让消费者感到简单且实用性佳，毕竟这两大特征是最能够使消费者爱上线上购物的理由。

（四）Curated Insights

谷歌消费者气压计的最后一个版块是 Curated Insights，即使查询英文字典也很难正确翻译 Curated 一词。电子商务数据分析中的 Curated 是指汇整出有意义的数据或信息以供他人使用，谷歌消费者气压计的 Curated Insights 是指将有用的信息汇整后提出具有洞察力的数据分析结论。

图 2-27 为 Curated Insights 的进入界面，此部分的调查数据同样是以可视化的形式来呈现，左上角蓝色箭头处为谷歌提供的排序功能，在默认情况下，数据是以无排序的方式呈现的，点击直方图中的小图示后，便可

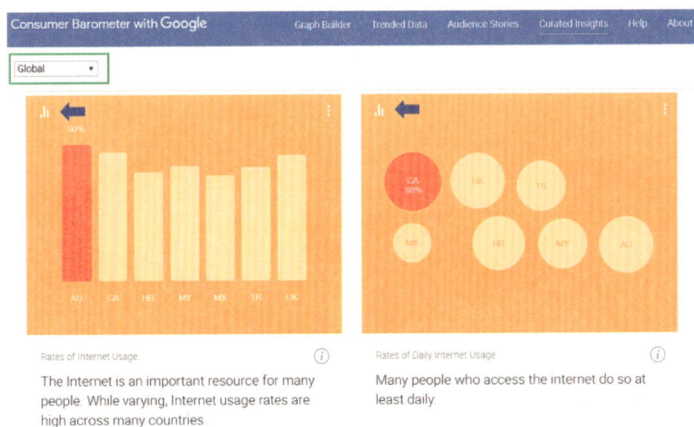

图 2-27 谷歌消费者气压计（14）（资料来源：Google Consumer Barometer）

由大至小呈现数据。值得注意的是，预设情况下的 Curated Insights 以全球观点来描述全球网民的上网相关行为，但我们仍可以在绿色方框处自行选择所欲查看国家或地区的 Curated Insights。

图 2-28 为选择中国台湾之后所显示的界面，从绿色方框处可以得知，在中国台湾，大多数民众使用智能手机上网，其次是使用台式机与平板电脑上网，这是否表示移动上网人数已大大超越台式机上网人数呢？确实，许多市场调查机构皆不约而同地指出，自 2016 年起，许多国家都会发生流量的黄金交叉，也就是过去的台式机上网盛世正逐渐衰退，取而代之的是能够让使用者随时随地上网的移动装置。

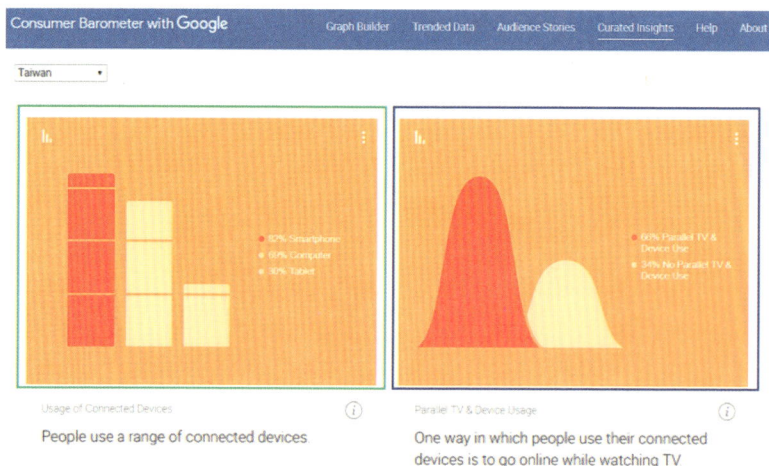

图 2-28　谷歌消费者气压计（15）（资料来源：Google Consumer Barometer）

在蓝色方框处则可以看见多数人在看电视的同时，也会使用移动装置，此信息透露出了多荧屏趋势，即使用者不只是通过台式机上网，凡是能够上网的装置都在不断地削弱电视占有的观众注意力优势。

综合以上调查结果，大数据电子商务从业者应该注意的事项，首先是要了解到台式机上网与移动装置上网的差异，由于移动装置的可视范围不比台式机屏幕充裕，再加上使用者在移动过程中的上网注意力相对台式机上网方式差，因此在经营大数据电子商务时，除了要维护好原来的台式机交易环境之外，还必须考虑移动上网的趋势，营造一个对移动上网者友善的浏览环境。

以图 2-29 为例，谷歌提供了移动装置兼容性测试（https://search.google.com/test/mobile-friendly），即 Google Mobile Friendly 平台，只要在红色方框处输入任一网址，并点击"执行测试"按钮，平台就会针对该网址进行扫描诊断。若该网站符合移动（行动）装置的友善性，则会显示如图 2-30 所示的界面；若该网站不符合移动（行动）装置的友善性，就会显示如图 2-31 所示的画面，并且告知我们有待改善之处。

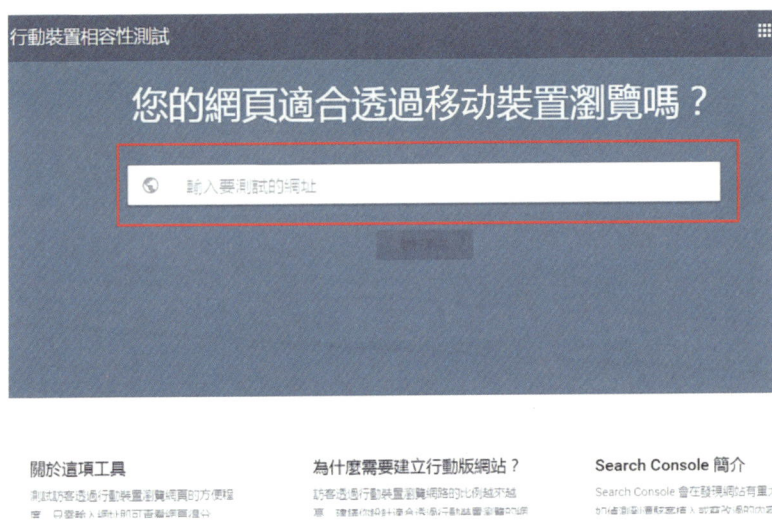

图 2-29 Google Mobile Friendly 移动装置友善性测试（1）

关于多荧屏上网行为，相较于过去，消费者在观看电视时，已不再只是频繁地切换频道，除了切换频道、上厕所、聊天等影响注意力的事项发生之外，他们还会一边使用着自己的手机一边看着电视，因此大数据电子商务时代的注意力战争已从过去的台式机环境转至电视或任何可联网的装置，而从业者也比过去更难留住消费者注意力。SilverPush 是一家致力于联网消费者注意力解决方案的公司，其所推出的超音波追踪技术重新定义了传统电视广告的运作模式，如图 2-32 所示。我们用两个情境来说明这项新科技。

图 2-30　Google Mobile Friendly 行动装置友善性测试（2）

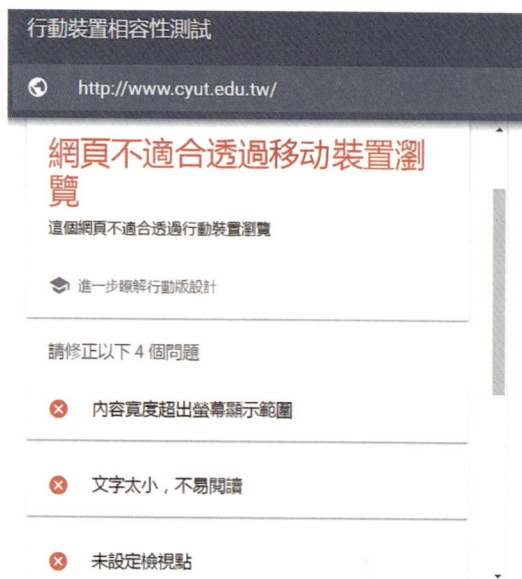

图 2-31　Google Mobile Friendly 移动装置友善性测试（3）

SilverPush

needs access to

🎤 Microphone

Allowing access to microphone would enable the app to hear for TV ads.
By allowing access you will get exclusive offers and deals about those ads.

Accept

Decline

*This only tracks data about TV advertising and no personal data is collected.
You can disable the access anytime under settings > mic access

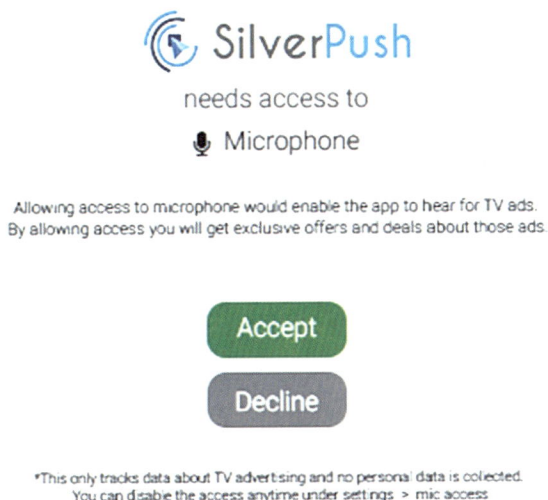

图 2-32　移动装置超音波广告追踪技术

情境一

小明躺在家中的沙发上欣赏着世界大学生运动会体育赛事，在观看比赛的过程中，每到广告时刻他就拿起身旁的手机，直到赛事再开始才将手机搁在一旁。不久，小明的妈妈坐在小明身旁，也加入了观看赛事的行列。突然，小明的妈妈喊着："小明你看，赛场旁边的那则保险广告发起者就是我投保的单位！"小明听了以后只冷淡地回了一字："哦"。

情境二

小王躺在家中的沙发上欣赏着世界大学生运动会体育赛事，在观看比赛过程的中，每到广告时刻他就拿起身旁的手机，直到赛事再开始才将手机搁在一旁。不久，小王的手机突然跳出了运动用品广告，而该运动用品恰好被他正在观赏的球星使用着。由于该球星是小王的偶像，再加上自己平常也进行着相同的运动，因此小王立刻点击购买并期待该商品速递到家。

相比而言，情境一中的小明对广告几乎视而不见，但情境二中的小王却对广告非常感兴趣。主要原因在于情境一的广告采用了传统投放方式，这种方式对小明的吸引力非常小，毕竟小明有自己想要关注的赛事，这个现象可以用著名的选择性注意[①]（selective attention）来说明，即人们在专注一件事情的时候，很难将注意力分散给其他事物。这也可以用来解释为何在网站上，我们常常看到一些广告，但却对那些广告非常冷淡或是采取视而不见的态度。

为了让消费者对广告有感，SilverPush 研发了超音波技术来契合观众注意力需求。以刚才小王的例子来说，当电视画面给予运动员特写时，SilverPush 会将运动员特写镜头与广告打包成人类无法听见的超音波信号，此信号从电视音箱发送后，被小王的手机接收，因此达成了"对应性"与"专注力"的提升。对应性指的是消费者手机收到的广告信息与其所观赏的内容相似，因此可以使消费者的广告注意力得以提升。以上这些案例能够与谷歌消费者气压计所调查出来的多荧屏行为相呼应，也就是说，当我们知道消费者有很大的可能会发生多荧屏行为之后，类似 SilverPush 超音波广告对应技术不失为一剂解决专注力分散的良药。

在大数据电子商务时代，许许多多的商机早已跨越了传统台式机交易的藩篱，因此在拿出对策之前，我们必须参考许多数据处理方式。到目前为止，我们介绍了谷歌搜寻趋势与谷歌消费者气压计，虽然两者都是外部参考数据源，但两者在数据搜集方式上存有差异。

谷歌搜寻趋势体系是借由用户在搜寻引擎的查询词记录来运作的，而谷歌消费者气压计则通过问卷调查的方式来获取数据，因此若以统计抽样偏误来论，谷歌消费者气压计较容易产生抽样误差，毕竟它仅能针对部分受访者施测。相反，谷歌搜寻趋势是普查概念而非抽样的，任何发生在搜寻引擎上的查询数据皆被罗列，故这种趋近于包含全部母体数据的搜集方

[①] Naatanen, R., Gaillard, A.W., & Mantysalo, S.（1978）. Early selective-attention effect on evoked potential reinterpreted. *Acta psychologica*, 42（4），313–329.

式较不容易产生误差。

为何明知道问卷调查容易产生抽样误差却仍要使用这种数据搜集方式来了解网络行为呢？主要原因在于问卷调查能够直白地针对特定问题来调查消费者的内心倾向，而搜寻引擎查询记录的命题需仰赖分析者的自行推理。例如，若某位消费者曾经通过台式机查询关键词 A，几天过后使用他的智能手机再次查询关键词 A，此时谷歌搜寻趋势仅能记录到关键词 A 被查询两次，但却无法发现这两次查询所使用的装置不同，有鉴于手机上网行为与台式机上网行为有着本质上的差异，因此仅仰赖谷歌搜寻趋势作为唯一的参考数据源是不够的。

综上所述，这两种外部数据参考来源并没有绝对的好与坏之分，都是大数据电子商务的组成元素之一，只要能够对自己经营电子商务有帮助，就是一种可行的数据收集方式，因此大家不妨同时善用这两种数据源。受限于篇幅，我们无法一一解说谷歌消费者气压计内的所有调查题目和选项，读者可依照自身需求，通过上述所传达之方式来解读数据意涵。

三、网络爬虫

以上所提到的外部参考数据都是经由他人之手整理而成，好处是自己只需要扮演分析师角色即可，而不用在原始数据的获取上亲力亲为。既然数据报告来自他人，自己在研读时当然无法主张许多内容，也就是数据分析各方面皆缺乏弹性。有鉴于此，若我们在分析他人所提供的数据之余，仍然可以获取符合自己分析需求的一手数据，将会使大数据电子商务的分析工作更加深入。

举个例子，回顾图 2-2 中的蹿升影视搜寻关键词"太阳的后裔"，若想在电商销售活动中融入这部热门影视剧的相关内容，势必要对这部影片的网络热度加以了解，如此才能在销售活动中契合网络大众所认同的亮点，因此仅仅仰赖谷歌搜寻趋势的外部数据显然不够。有鉴于此，本目将介绍大数据领域当中常使用的网络爬虫技术，通过它将可弥补外部参考数据弹性不足的问题。也正因为网络爬虫能够依照使用者需求自动地抓取数据，才使得电子商务或相关领域从业者对于具备网络爬虫设计能力的人才趋之若鹜，纷纷提出了职位需求，如图 2-33 红色方框处所示。

图 2-33　网络爬虫职缺示意（资料来源：104 人力银行）

所谓网络爬虫是指能够借由计算机程序指令控制来抓取网络公开数据的一种工具，例如，通过网络爬虫获取对手网站上的商品售价，进行比价分析，又如产品制造商可借由网络爬虫的协助来搜集消费者对于商品的评论。网络爬虫由程序语言撰写而成，能够编写网络爬虫的程序语言不胜枚举，如 Java、R、Python 等。

本书以 Python 作为制作网络爬虫的程序语言，主要原因在于 Python 被电机电子工程师学会（IEEE）列为 2017 年十大最受欢迎的程序语言之首，如图 2-34 所示，而目前实务从业者对于 Python 亦给予了高度肯定。Python 具有语法简单、兼容性佳、应用多元、免费使用、在线教材普及等优点，因此就算是非信息背景人士也能轻松上手。

Language Rank	Types	Spectrum Ranking
1. Python		100.0
2. C		99.7
3. Java		99.4
4. C++		97.2
5. C#		88.6
6. R		88.1
7. JavaScript		85.5
8. PHP		81.4
9. Go		76.1
10. Swift		75.3

图 2-34　世界十大程序语言排行（2017 年）（资料来源：IEEE SPECTRUM）

　　Python 的官方网站为 https://www.python.org，进入后可将图 2-35 红色方框处的"Menu"选单展开，并点击左侧绿色方框中的"Downloads"下载最新版本的 Python。

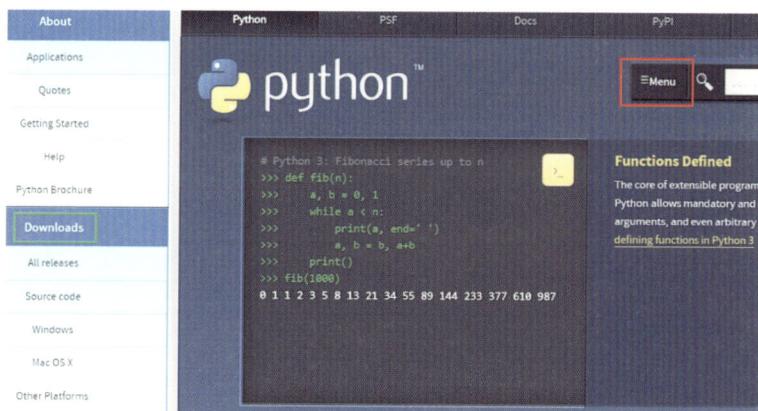

图 2-35　Python 官方网站（资料来源：https://www.python.org）

　　图 2-36 为 Python 3.6.2 版本下载界面[①]，点击"Download Python 3.6.2"按钮后即可开始下载。

　　[①]　截至本书完稿，Python 已更新到 3.6.2 版本，因一般编程与人或软件都会发生不定时的更新，若读者因版本差异无法实现本书的范例演示，请仍优先下载并安装 3.6.2 版本。

图 2-36　Python 下载界面（资料来源：https://www.python.org）

下载完毕后点击 python-3.6.2.exe，即可进入安装界面，如图 2-37 所示。接着点击红色方框处的"Install Now"默认路径，安装之前先选中红色箭头处的"Add Python 3.6 to PATH"，此举是要在操作系统的环境变量配置中加入 Python，进行完此操作无论在哪一个路径下，都能够随时执行 Python 相关文档，同时也增加了网络爬虫套件安装的便利性。

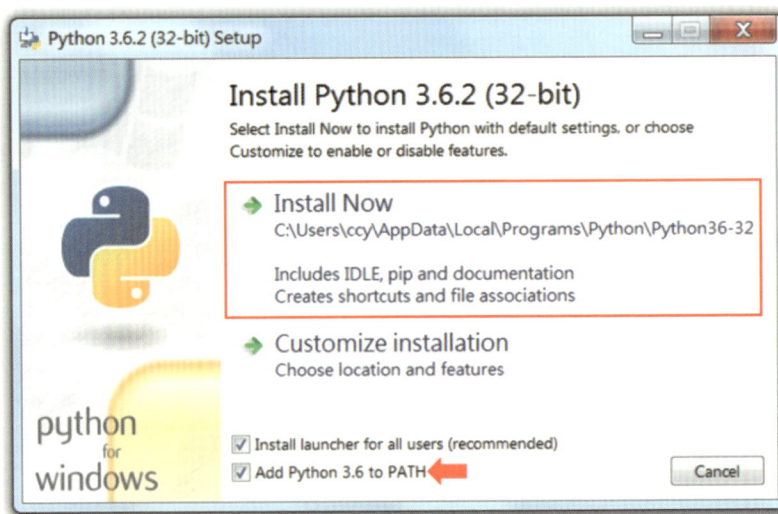

图 2-37　Python 安装（1）

等待一段时间之后，即可看见如图 2-38 所示的安装成功窗口，此时可点击"Close"按钮以关闭此提示窗口。

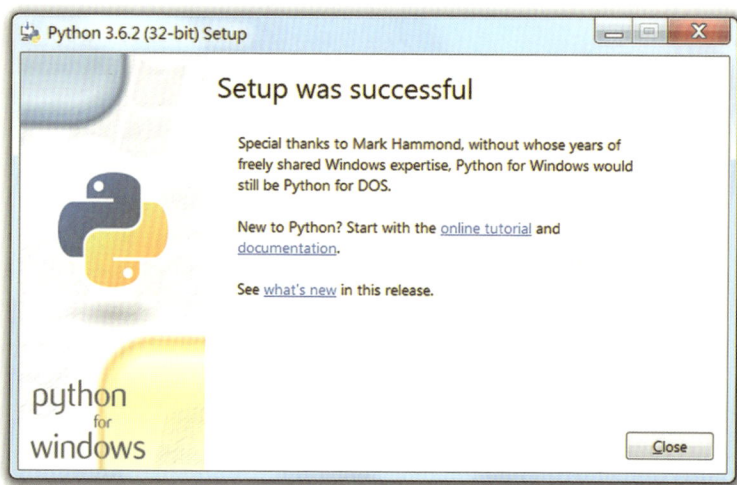

图 2-38　Python 安装（2）

Python 安装完成后可在桌面左下角处的"开始→所有程序→ Python3.6"中找到，如图 2-39 红色方框处所示。若点击绿色箭头处的 IDLE（Python 3.6 32-bit），则可以看见 Python 正式进入界面（如图 2-40 所示）。

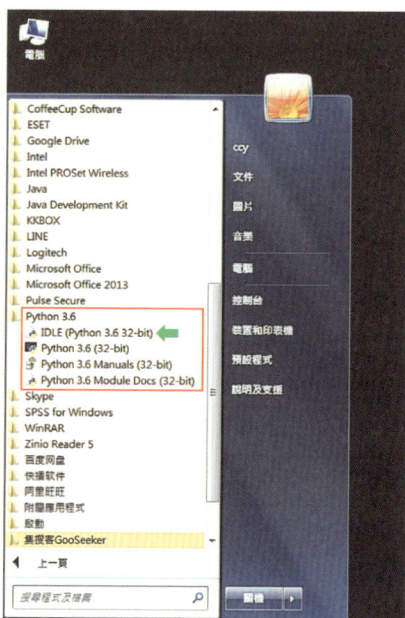

图 2-39　Python 安装（3）

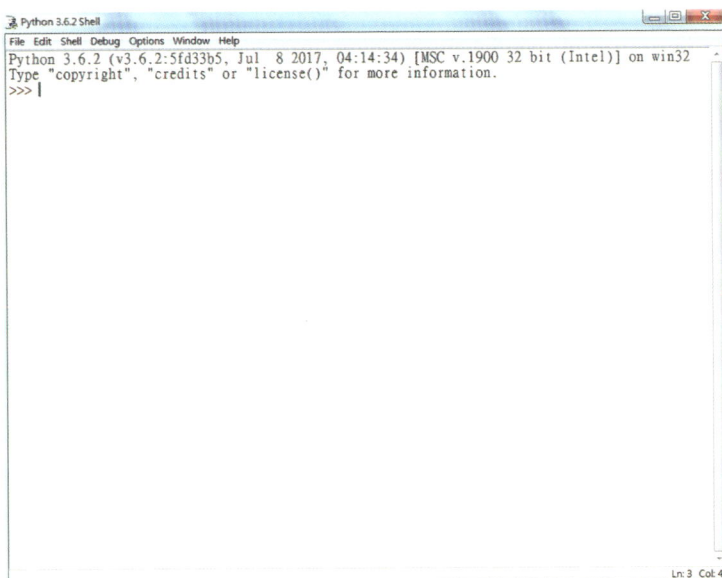

图 2-40　Python 程序语言的进入界面

至此，Python 安装告一段落，在预设状态下，Python 并不具有网络爬虫制作的功能，因此我们必须安装相关套件才能开始制作网络爬虫。所谓套件可将它想象成一个仓库，仓库里存放着许多工具，当我们需要使用特定工具时，只需要走进仓库取出工具后即可使用。在一般情况下，Python 会使用两大套件，分别是 requests 与 BeautifulSoup。

requests 套件中拥有许多与网站存取有关的工具，这些工具可以用来仿真人类使用鼠标的网站浏览行为，毕竟网络爬虫只是一个拟人化的工具，它在网络上抓取数据就如同人类浏览网站一般，因此我们可以把 requests 视为一个存放许多与网站数据获取有关的仓库，仓库内部存放许多有助于完成网站数据获取的工具。

至于 BeautifulSoup 直接从字面上理解比较难，此套件的设计者是从较为艺术化的角度来命名此套件，也可以说设计网络爬虫的运作堪称一种艺术，各种设计爬虫的思维也会因人而异。BeautifulSoup 这个套件里存放着许多与网页数据获取有关的工具，试想，网页类型有千百种，各个网站结构也不尽相同，因此若想要让爬虫顺利地将网页数据取回，势必要由若干工具来协助爬虫工作。接下来将以"太阳的后裔"这一关键词为基础，搭配上述两大网络爬虫套件，试图在谷歌搜寻趋势以外的网站抓取与该词有关的数据，借以说明非弹性外部数据与弹性外部数据两者合并参考的可行性与必要性。

　　首先，我们必须在 Python 中安装 requests 与 BeautifulSoup 套件，安装是从命令提示接口着手，在桌面左下角处的"开始→（搜寻框中输入）cmd → cmd.exe"，进入命令提示接口，如图 2-41 中的数字标号处所示。

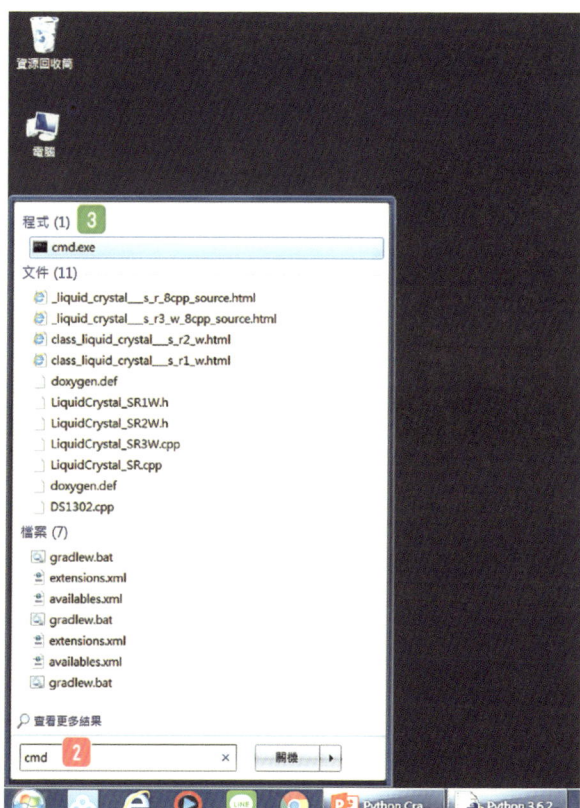

图 2-41　套件安装 cmd 画面

　　所谓命令提示接口指的是没有鼠标操作的指令接口，将它开启后，还要通过键盘在光标闪烁处输入 requests 套件安装指令"python-m pip install requests"，如图 2-42 红色方框处所示。请注意！命令提示字符"＞"左侧的路径名称"C:\Users\ccy"会随着计算机用户名称的不同而改变，因此不要误以为这部分必须与书中的一致。指令输入完毕后点击 Enter 键即开始安装，安装结束后会看见如图 2-43 红色方框处所示的安装成功提示信息。

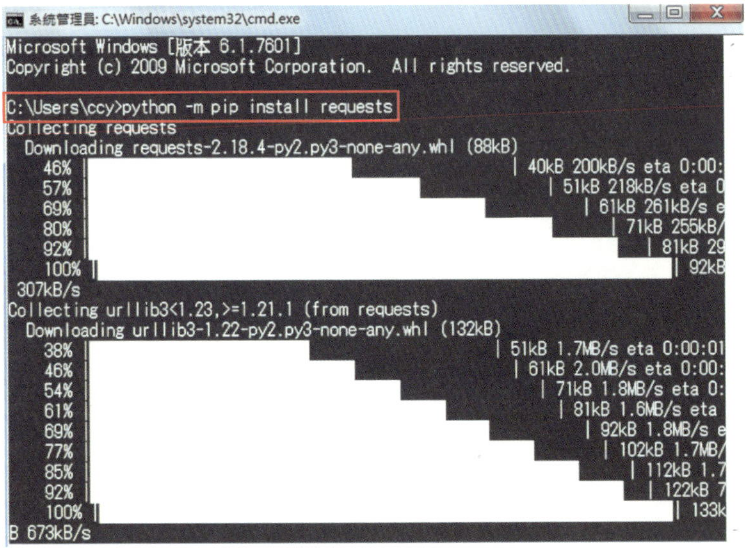

图 2-42　requests 套件安装指令界面（1）

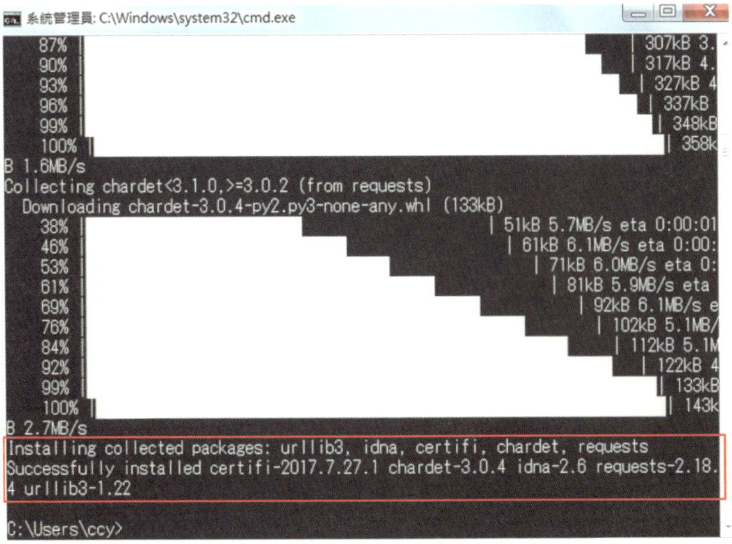

图 2-43　requests 套件安装指令界面（2）

requests 套件安装完成之后，接着安装 BeautifulSoup 套件，BeautifulSoup 套件的安装方式与 requests 套件的安装方式大同小异，同样是在命令提示接口的光标闪烁处输入套件安装指令"python-m pip install BeautifulSoup4"，这里要特别注意套件名称区分大小写，还有最末端的阿拉伯数字必须一字不差地输入，如图 2-44 红色方框处所示，否则是无法成功安装该套件的，安装完毕即可在界面下方看见安装成功的提示。

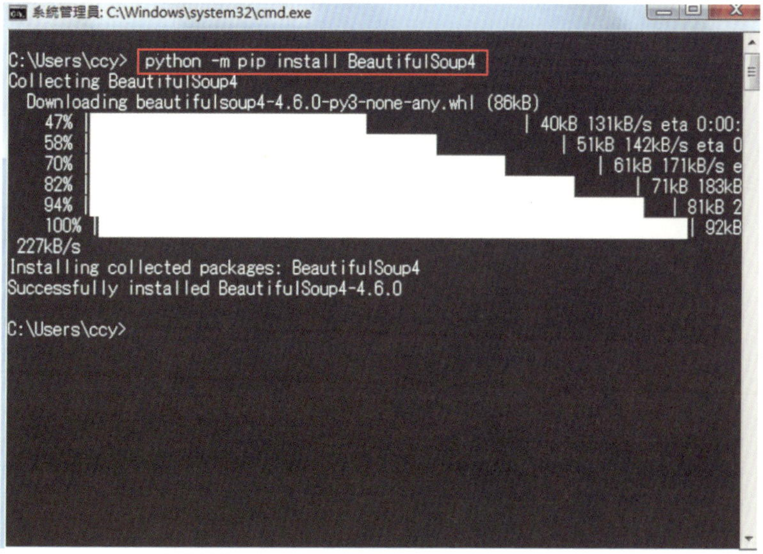

图 2-44 Beautiful 套件安装指令界面

以上是 requests 与 BeautifulSoup 套件的安装过程，下面要进入网络爬虫设计的重头戏。我们以谷歌新闻平台为数据抓取目标，并在其中查询关键词"太阳的后裔"，查询结果如图 2-45 所示。若想从查询结果中将所有包含关键词"太阳的后裔"的新闻标题与网址抓回并计算总新闻数，则需要在 Python 中给定抓取目标、抓取内容以及抓取策略。其中，抓取目标是指抓取数据的网站，抓取内容是指打算从网站中抓取什么样的数据，至于抓取策略不外乎是以什么样的方式来抓取上述指定的数据。

图 2-45　谷歌新闻查询画面

　　图 2-46、图 2-47、图 2-48 所示为将程序代码输入 Python 编程环境并且执行后的界面，读者可以依样画葫芦地在自己的计算机中输入程序代码。请注意！图 2-49 彩色底部分为程序代码注释，并非正式的程序代码，请勿将其输入至 Python 代码中。阅读下列程序代码时有几点注意事项：一是程序代码运行与阅读的顺序为从上至下（top-down），除非程序中使用了跳跃式语法，否则绝大多数情况皆不脱离这样的顺序；二是由于程序是用来指挥计算机做事的，因此输入错误、忘记空白、英文大小写弄错、遗漏冒号、缩排位置不正确等皆会导致程序无法顺利运行；三是在程序代码内所看见的等号的意义是指将等号右边变量的内容赋给等号左边的变量；四是在程序代码中若看见类似"xxx（ ）"语法，应立即联想到某某工具，例如，"get（ ）"是当我们打算将网址或其他相关数据取回时所使用的工具。由于本书是为非信息背景读者量身打造，因此我们使用工具这个非正式说词，在正式程序语言中，人们称工具为函数（function）或方法（method）。除非另有安排，否则括号内必须传入一个参数以提供工具，作为处理对象。

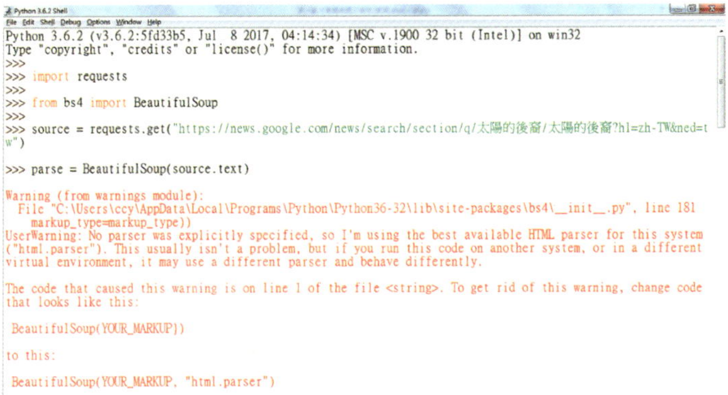

```
Python 3.6.2 Shell
File Edit Shell Debug Options Window Help
Python 3.6.2 (v3.6.2:5fd33b5, Jul  8 2017, 04:14:34) [MSC v.1900 32 bit (Intel)] on win32
Type "copyright", "credits" or "license()" for more information.
>>>
>>> import requests
>>>
>>> from bs4 import BeautifulSoup
>>>
>>> source = requests.get("https://news.google.com/news/search/section/q/太陽的後裔/太陽的後裔?hl=zh-TW&ned=t
w")

>>> parse = BeautifulSoup(source.text)

Warning (from warnings module):
  File "C:\Users\ccy\AppData\Local\Programs\Python\Python36-32\lib\site-packages\bs4\__init__.py", line 181
    markup_type=markup_type))
UserWarning: No parser was explicitly specified, so I'm using the best available HTML parser for this system
("html.parser"). This usually isn't a problem, but if you run this code on another system, or in a different
virtual environment, it may use a different parser and behave differently.

The code that caused this warning is on line 1 of the file <string>. To get rid of this warning, change code
that looks like this:

 BeautifulSoup(YOUR_MARKUP})

to this:

 BeautifulSoup(YOUR_MARKUP, "html.parser")
```

图 2-46　Python 网络爬虫程序代码（1）

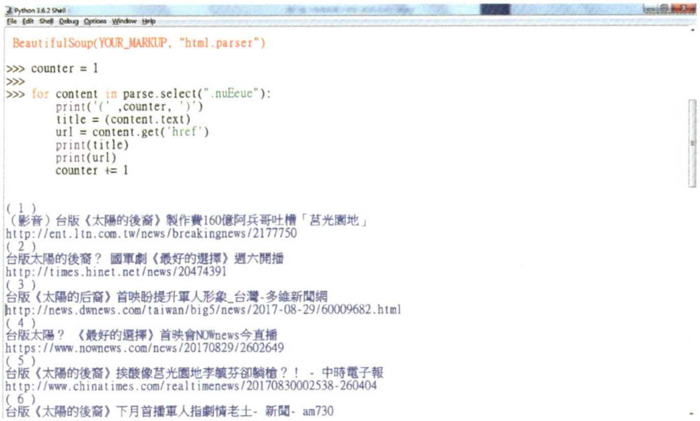

```
Python 3.6.2 Shell
File Edit Shell Debug Options Window Help
 BeautifulSoup(YOUR_MARKUP, "html.parser")

>>> counter = 1
>>>
>>> for content in parse.select(".nuEeue"):
        print('(' ,counter, ')')
        title = (content.text)
        url = content.get('href')
        print(title)
        print(url)
        counter += 1


( 1 )
（影音）台版《太陽的後裔》製作費160億阿兵哥吐槽「莒光園地」
http://ent.ltn.com.tw/news/breakingnews/2177750
( 2 )
台版太陽的後裔？ 國軍劇《最好的選擇》週六開播
http://times.hinet.net/news/20474391
( 3 )
台版《太陽的后裔》首映盼提升軍人形象_台灣-多維新聞網
http://news.dwnews.com/taiwan/big5/news/2017-08-29/60009682.html
( 4 )
台版太陽？ 《最好的選擇》首映會NOWnews今直播
https://www.nownews.com/news/20170829/2602649
( 5 )
台版《太陽的後裔》挨酸像莒光園地李毓芬卻騎槍？！ - 中時電子報
http://www.chinatimes.com/realtimenews/20170830002538-260404
( 6 )
台版《太陽的後裔》下月首播軍人指劇情老土- 新聞- am730
```

图 2-47　Python 网络爬虫程序代码（2）

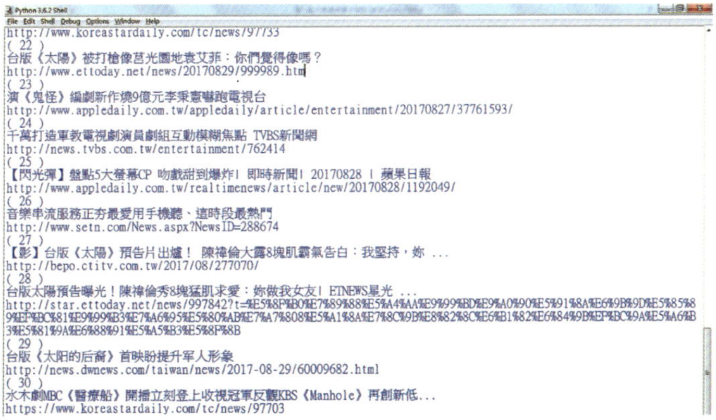

```
Python 3.6.2 Shell
File Edit Shell Debug Options Window Help
http://www.koreastardaily.com/tc/news/97733
( 22 )
台版《太陽》被打槍像莒光園地袁艾菲：你們覺得像嗎？
http://www.ettoday.net/news/20170829/999989.htm
( 23 )
演《鬼怪》編劇新作燒9億元李秉憲轉跑電視台
http://www.appledaily.com.tw/appledaily/article/entertainment/20170827/37761593/
( 24 )
千萬打造軍教電視劇演員劇組互動模糊焦點 TVBS新聞網
http://news.tvbs.com.tw/entertainment/762414
( 25 )
【閃光彈】盤點5大螢幕CP 吻戲甜到爆炸！ 即時新聞！ 20170828 ｜ 蘋果日報
http://www.appledaily.com.tw/realtimenews/article/new/20170828/1192049/
( 26 )
音樂串流服務正夯最愛用手機聽、這時段最熱門
http://www.setn.com/News.aspx?NewsID=288674
( 27 )
【影】台版《太陽》預告片出爐！ 陳禕倫大露8塊肌霸氣告白：我堅持，妳 ...
http://bepo.ctitv.com.tw/2017/08/277070/
( 28 )
台版太陽預告曝光！陳禕倫秀8塊猛肌求愛：妳做我女友！ ETNEWS星光 ...
http://star.ettoday.net/news/997842?t=%E5%8F%B0%E7%89%88%E5%A4%AA%E9%99%BD%E9%A0%90%E5%91%8A%E6%9B%9D%E5%85%8
9%EF%BC%81%E9%99%B3%E7%A6%95%E5%80%AB%E7%A7%808%E5%A1%8A%E7%8C%9B%E8%82%8C%E6%B1%82%E6%84%9B%EF%BC%9A%E5%A6%B
3%E5%81%9A%E6%88%91%E5%A5%B3%E5%8F%8B
( 29 )
台版《太阳的后裔》首映盼提升军人形象
http://news.dwnews.com/taiwan/news/2017-08-29/60009682.html
( 30 )
水木劇MBC《醫療船》開播立刻登上收視冠軍反觀KBS《Manhole》再創新低...
https://www.koreastardaily.com/tc/news/97703
```

图 2-48　Python 网络爬虫程序代码（3）

```
import requests  匯入 requests 網站內容請求套件
from bs4 import BeautifulSoup  僅從 bs4 中匯入 BeautifulSoup 網站內容解析套件

source = requests.get("https://news.google.com/news/search/section/q/太陽的後裔/太陽的後
裔?hl=zh-TW&ned=tw")
透過 requests 網站內容請求套件中的 get（）工具將太陽的後裔查詢結果網址內容請求回
來，隨後將所獲得內容放到等號左邊的 source 容器存放，完成後 source 容器會存放所有
網站的內容，即使是我們用不到的內容（如編碼或符號）也會一併放入。

parse = BeautifulSoup(source.text)  透過 BeautifulSoup（）網站內容解析工具將存有網站內
容的 source 容器放進括弧內進行解析動作，而解析對象僅限於 text 網站內容文字部分，
解析完畢後將處理好的內容存放至等號左邊的 parse 容器。

counter = 1  給定一個計數器，用來計算新聞篇數，起始值設定為 1。

for content in parse.select(".nuEeue"):
    print('(' ,counter, ')')
    title = (content.text)
    url = content.get('href')
    print(title)
    print(url)
    counter += 1
```

透過迴圈重複運作功能，自 parse 容器中挑選 select 出符合 .nuEeue 字樣的第一篇內容並將結果暫存在 content 容器之中，其後藉由 print（）Python 內建列印工具在螢幕上顯示計數器當 counter 前數值，由於計數器起始值為 1，因此 print（）內的 counter 會從 1 開始計算，也契合從網站中抓取第一篇新聞內容。緊接著把 content 容器中 text 文字內容放置等號左邊的 title 容器（即新聞標題），並且透過 get（）工具將 content 容器中的 href 內容取出後放至等號左邊 url 容器存放。由於目前 title 容器內已存放著第一篇新聞標題、url 容器內亦存放著第一篇新聞網址，因此可以透過 print（）工具將 title 與 url 容器中的存放物列印在螢幕上，最後記得要將計數器 counter += 1，也就是把 counter 加 1 之後的值覆蓋回 counter 原始值，如 counter 目前為 1，+=1 變成 2，覆蓋後 counter 值為 2。以上這些程式指令因擺置在 for 迴圈之中，因此 for 迴圈會重複執行上述程式碼直到 parse 內的所有 .nuEeue 字樣處理完畢為止，即所有新聞標題與網址抓取完畢為止。

图 2-49　Python 网络爬虫程序代码（4）

接着我们来分析程序代码，如图 2-49 黄色标记处所示的程序代码用来将 requests 套件与 BeautifulSoup 套件引入程序。请再次注意！此处所欲引入的 BeautifulSoup 套件没有阿拉伯数字 4，它与安装套件时所输入的 BeautifulSoup4 有所不同。蓝色部分的程序代码是专门用来设定抓取目标的，换句话说，就是将人们在浏览器上所访问的网址告诉网络爬虫，也就是将在谷歌新闻平台输入查询关键词后得到的结果网址传入"get（）"工具内。绿色部分程序代码的用途是设定爬虫的抓取内容，此部分可以视为爬虫在正式执行抓取任务之前对网站内容扫描的过程。换言之，所欲抓取的网站内容越庞杂，扫描时间就会越长。灰色部分程序代码用途在于设定爬虫的抓取策略，在大多数情形下，人们所欲抓取的数据不会只有一笔，所以要通过抓取策略的设定来使爬虫自动替人们抓取成千上万笔数据，也就

是所谓的大数据。请注意！抓取是一次性动作，若要让爬虫不断地依照相同的策略来抓取多笔数据，可使用程序设计中常见的循环结构，也就是灰色标记处的程序代码。

通过以上程序代码的设定，我们可以快速地自外部网站抓取许多参考数据，然而判断哪些数据是值得抓取或是抓取后对于大数据电子商务运营有无帮助，就需仰赖前文提到的数据跨界应用能力。无论如何，通过网络爬虫优越的数据抓取性能，我们可以突破类似谷歌搜寻趋势这种制式搜寻平台的限制，以较为弹性的方式决定自己所要获取的宝贵数据。

值得一提的是，由于本书并非是 Python 教程，因此仅以快速入门的方式带领大家领略 Python 运作方式，如果大家已经对上述爬虫制作过程产生兴趣，并且打算往更高级的爬虫设计技巧迈进，大家不妨在网络上查找 Python 相关教程，相信大家很快就能成为具备网络爬虫制作与使用能力的大数据电商人才。

第二节
站内情报探索

大数据电子商务的精髓在于可以从消费者行为数据中挖掘出更多的商业价值。以零售形态网站为例，多数消费者会很频繁地在网站上浏览所欲购买的商品，或者是他们有可能会发生重复购买的行为。人们若能妥善利用此类行为数据，不但有助于售后服务，还可以将这些数据转化为具有推荐参考价值的数据。

那么什么样的网站消费者会需要借助他人行为数据来增加自己的购物决心呢？答案就是不具购买经验的消费者。当人们打算购买一件商品，但却对其一无所知的时候，他人的购买或使用经验将成为自己最好的参考信息。有鉴于此，大数据电子商务网站若想要提升销售业绩，必须多考虑不具购买经验的潜在消费者。换句话说，若能够针对这些潜在消费者提升服务，整体消费者贡献度将能够融入潜在消费者贡献度。

理论上讲，若要使他人经验参考有效降低不具购买经验消费者的消费不确定性，必须考虑口耳相传的评论方向[①]（eWOM Information Direction）与信息来源网站的声誉。这个理论是 Park 与 Lee 两位学者于 2009 年提出的，如图 2-50 所示。对于口耳相传成效而言，他们认为上述提到的口耳相传评论方向与信息来源网站声誉仍取决于所欲传达的商品类型。例如，

---

① Park, C., &Lee, T.M.（2009）. Information direction, website reputation and eWOM effect: A moderating role of product type. *Journal of Business research*, 62（1），61–67.

负面评论对于体验性商品^①（Experience product）的影响力将会高于搜寻性商品^②（Search product）。

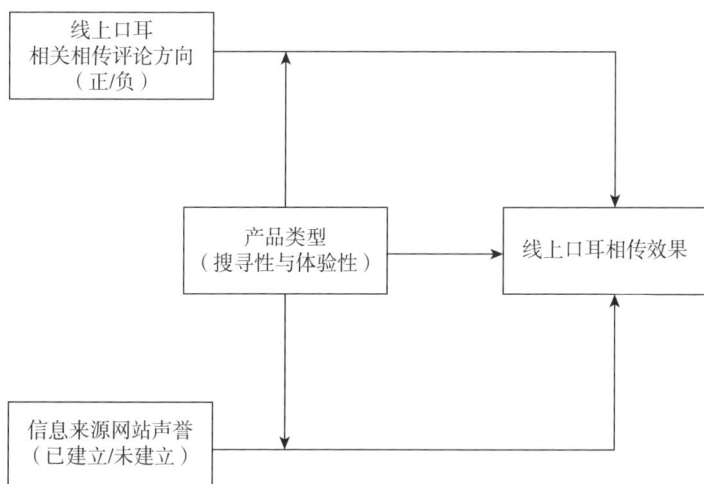

图 2-50　口耳相传效果示意图（资料来源：Journal of Business research）

　　试想，若自己打算在网站上购买一款新上市的洗发精，但却发现了该商品的负面评价，此时是否会因为无法肯定该洗发精的效果而不敢购买呢？答案是肯定的！若打算购买的是一个鼠标，虽然也在网络上发现了该鼠标的负面评价，但是否更愿意去尝试购买并使用呢？毕竟比起洗发精，事先相对较容易掌握鼠标运作表现。对体验性商品的评论的影响力大于搜寻性商品的现象也会发生在正面评论上，换句话说，消费者是否能够事先体验商品的性能扮演着购物决策的主要角色，而他人经验参考能够让消费者降低购物的不确定感。

　　至于在讯息来源网站声誉方面，无论是正面还是负面的商品评论，若它们来自具有一定规模或可信赖的网站，则更能够影响没有商品购买经验的消费者。相反，如果评论来自没有规模的网站或是小道消息，那么即使

①　对于体验性商品来说，消费者在购买或消费之前，无法得知商品表现，如红酒、剪发等。

②　对于搜寻性商品来说，消费者在购买或消费之前，可事先得知商品表现，如橡皮擦、手表等。

没有商品购买经验的消费者也不会轻易相信。若将这个概念融入商品形态，则具有声誉的网站较能够借由口耳相传的方式来影响消费者对于具有体验性或搜寻性商品的购买决策。综合以上说明，我们不难从日常生活中发现许多大型电子商务网站皆不约而同地在自家官网上提供他人经验参考功能。以图 2-51 蓝色框线处为例，博客来网络书店会在每一本书的下方提示"买了此商品的人，也买了……"，其用意在于告诉消费者还有哪些书可能跟本书相关，或者可能需要购买。

图 2-51　口耳相传实际应用（资料来源：博客来）

口耳相传或是他人经验参考的案例不胜枚举，但各电商经营者究竟通过什么样的方式来落实此功能呢？其实各经营者使用的方法千篇一律，都是采用购物篮分析（又称"关联法则"）的方法。在我们正式做购物篮分析之前，请大家回顾一个知名的购物篮分析案例。沃尔玛是美国知名连锁零售公司，多年前该公司资料分析人员从消费者历史事务数据中发现了一个奇怪的现象，那就是每到接近周末或是周末的时候，男性消费者除了购买啤酒之外，还会购买婴儿尿布。起初分析人员对此现象感到百思不解，心想男性消费者购买啤酒是可以理解的，但是购买尿布的情况相对较少，而同时购买啤酒与尿布就更为稀奇了，然而分析人员并未就此放弃追求真正的原因。

经过深入探究后发现，原来有不少男性消费者习惯周末躺在自家客厅的沙发上欣赏球赛，观赛过程中喜欢喝杯啤酒。至于购买尿布的原因则可能是体恤太太辛苦，在周末时刻，先生偶尔扮演家庭主夫的角色来分担一下照顾小孩的任务，因此啤酒与尿布成为沃尔玛周末前或周末的黄金促销商品组合。或许已经有不少人听过这个案例，但是你知道上述"买了啤酒的人也买了尿布"是如何运算的吗？接下来我们以时下热门的R语言程序作为工具，引导大家一同领略这个神奇且广为应用的购物篮分析案例。

一、购物篮分析案例

所谓购物篮分析是指如何从消费者的实体购物篮或是在线购物车中找出具有意义的商品购买记录。若观察市面上的超市结账队伍中每位消费者的购物篮，势必可以发现大多数消费者篮里的购买品项不尽相同，但也会遇到相似的情况，碍于时间与人力的限制，我们很难停在一旁观察每位消费者的购物篮。大数据电子商务可以依赖计算机的运算能力，轻松地分析每位消费者购物篮内的购买品项。购物篮分析又称"关联法则分析"，所谓关联即指品项与品项之间的联系，通过不断缩小品项与品项之间的可能集合来找出最值得信赖且可靠的信息。

以图2-52为例，从"交易记录表"中可以看到"交易编号栏"与"购买品项栏"，从"购买品项栏"中我们可以发现消费者购买了P1、P2、P3、P4、P5五个品项，假设欲分析四个购物篮的交易情况（即四次交易记录）。在经过第一次扫描后计算各品项单独出现次数并且把只出现过一次的品项剔除（即剔除P4），此时"购买品项栏"仅剩下P1、P2、P3、P5。接着找出各个品项所有可能的同时购买组合，包含 {P1&P2}、{P1&P3}、{P1&P5}、{P2&P3}、{P2&P5}、{P3&P5}，其后进行二次扫描，计算这些组合在"交易记录表"中出现的次数，并且把只出现过一次的品项组合剔除（即剔除 {P1&P2}、{P1&P5}），此时"购买品项栏"仅剩下

｛P1&P3｝、｛P2&P3｝、｛P2&P5｝、｛P3&P5｝四个组合。

图 2-52　购物篮分析案例

同样，配对各个品项所有可能的同时购买组合，包含｛P1&P2&P3｝、｛P1&P2&P3&P5｝、｛P1&P3&P5｝、｛P2&P3&P5｝，最后进行第三次扫描，计算这些组合在"交易记录表"中的出现次数，并且把只出现过一次的品项组合剔除（即剔除｛P1&P2&P3｝、｛P1&P2&P3&P5｝、｛P1&P3&P5｝），最后剩下｛P2&P3&P5｝，这时已无更多的组合可配对，因此得到了"P2&P3&P5"这个关联法则。这个看似简单的购物篮分析案例，其实还需额外运算剔除阈值指标，而这些指标将在接下来的实作中予以说明。

二、购物篮分析案例之 R 语言实作

R 语言是一种专门用在统计分析、数据可视化或是数据探勘的程序语言，目前已有许多科技公司采用它作为资料分析工具，如脸书、谷歌、微软等。除此之外，R 语言在就业市场上也颇为热门，如图 2-53 所示。主要原因在于对企业来说，使用 R 语言不需要支付任何费用，在开源节流的观念下较能受到企业的青睐。再者，R 语言属于一种开放性源码（open source）的跨平台工具，只要从业者有能力，皆可以自行开发 R 语言运算分析环境。有鉴于此，当我们在学习大数据电子商务相关数据分析技能

时，不妨考虑将 R 语言列为学习重点，这也是为何本节以 R 语言来实现购物篮分析案例。

图 2-53　R 语言职务需求（资料来源：104 人力银行）

读者可从 https://www.r-project.org 进入 R 语言官方网站，如图 2-54 所示，点击红色方框处的"Download CRAN"按钮之后，即可来到图 2-55 的 CRAN Mirror 界面。此时读者可自各国和各地区超链接列表中任选一个来下载 R 语言。

无论点击哪个超链接来下载 R 语言，都可以看见如图 2-56 所示的版本选择界面，本例以红色箭头处的 Windows 操作系统版本为示范版本，当然读者可自行选择合适的版本。若是第一次下载 R 语言，那么请选择图 2-57 红色方框处的"base"或"install R for the first time"来获取 R 语言安装文件，点击后再点击"Download R 3.4.1 for Windows"[①]，便可正式下载 R 语言安装文件。

---

① 截至本书完稿为止，最新的 R 语言更新到 3.4.1 版本，因一般软件都会发生不定时的更新情况，若读者因版本差异无法实现本文范例演示，请优先下载并安装 3.4.1 版。

The R Project for Statistical Computing

[Home]

Download

CRAN

R Project

About R

Logo

Contributors

What's New?

Reporting

Bugs

Development

Site

Conferences

Search

Getting Started

R is a free software environment for statistical computing and graphics. It compiles and runs on a wide variety of UNIX platforms, Windows and MacOS. To **download R**, please choos your preferred CRAN mirror.

If you have questions about R like how to download and install the software, or what the license terms are, please read our answers to frequently asked questions before you send an emai

News

- **R version 3.4.2 (Short Summer) prerelease versions** will appear starting Monday 2017-09-18. Final release is scheduled for Thursday 2017-09-28.

- **The R Journal Volume 9/1** is available.

图 2-54　R 语言官方网站

Sweden		
	https://ftp.acc.umu.se/mirror/CRAN/	Academic Computer Club, Umeå University
	http://ftp.acc.umu.se/mirror/CRAN/	Academic Computer Club, Umeå University
Switzerland		
	https://stat.ethz.ch/CRAN/	ETH Zürich
	http://stat.ethz.ch/CRAN/	ETH Zürich
(china) Taiwan		
	https://ftp.yzu.edu.tw/CRAN/	Department of Computer Science and Engineering, Yuan Ze University
	http://ftp.yzu.edu.tw/CRAN/	Department of Computer Science and Engineering, Yuan Ze University
	http://cran.csie.ntu.edu.tw/	National Taiwan University, Taipei
Thailand		
	http://mirrors.psu.ac.th/pub/cran/	Prince of Songkla University, Hatyai
Turkey		
	https://cran.pau.edu.tr/	Pamukkale University, Denizli
	http://cran.pau.edu.tr/	Pamukkale University, Denizli
	https://cran.ncc.metu.edu.tr/	Middle East Technical University Northern Cyprus Campus, Mersin
	http://cran.ncc.metu.edu.tr/	Middle East Technical University Northern Cyprus Campus, Mersin

图 2-55　R 语言官方下载（1）

The Comprehensive R Archive Network

Download and Install R

Precompiled binary distributions of the base system and contributed packages, **Windows and Mac** users most likely want one of these versions of R:

CRAN
Mirrors
What's new?
Task Views
Search

About R
R Homepage
The R Journal

Software
R Sources
R Binaries
Packages
Other

Documentation
Manuals
FAQs
Contributed

- Download R for Linux
- Download R for (Mac) OS X
- Download R for Windows ←

R is part of many Linux distributions, you should check with your Linux package management system in addition to the link above.

Source Code for all Platforms

Windows and Mac users most likely want to download the precompiled binaries listed in the upper box, not the source code. The sources have to be compiled before you can use them. If you do not know what this means, you probably do not want to do it!

- The latest release (Friday 2017-06-30, Single Candle) R-3.4.1.tar.gz, read what's new in the latest version.
- Sources of R alpha and beta releases (daily snapshots, created only in time periods before a planned release).
- Daily snapshots of current patched and development versions are available here. Please read about new features and bug fixes before filing corresponding feature requests or bug reports.
- Source code of older versions of R is available here.

图 2-56　R 语言官方下载（2）

R for Windows

Subdirectories:

CRAN
Mirrors
What's new?
Task Views
Search

About R
R Homepage
The R Journal

Software
R Sources
R Binaries
Packages
Other

base — Binaries for base distribution (managed by Duncan Murdoch). This is what you want to **install R for the first time.**

contrib — Binaries of contributed CRAN packages (for R >= 2.11.x; managed by Uwe Ligges). There is also information on third party software available for CRAN Windows services and corresponding environment and make variables.

old contrib — Binaries of contributed CRAN packages for outdated versions of R (for R < 2.11.x; managed by Uwe Ligges).

Rtools — Tools to build R and R packages (managed by Duncan Murdoch). This is what you want to build your own packages on Windows, or to build R itself.

Please do not submit binaries to CRAN. Package developers might want to contact Duncan Murdoch or Uwe Ligges directly in case of questions / suggestions related to Windows binaries.

You may also want to read the R FAQ and R for Windows FAQ.

Note: CRAN does some checks on these binaries for viruses, but cannot give guarantees. Use the normal precautions with downloaded executables.

图 2-57　R 语言官方下载（3）

　　下载完成后便可开始进行安装工作，如图 2-58 所示。在默认情况下，系统会将繁体中文选为优先使用语言，若读者对其他版本的 R 语言有使用需求，可自行从下拉式选单中选择其他安装语言。由于接下来的安装步骤不影响 R 语言运作，因此读者从这个界面开始，可一直点击"下一步"按钮来完成安装。

　　安装完毕后，会在计算机桌面左下角的"开始工具栏"中看见两种版本的 R 语言，分别是"R i386 3.4.1"与"R x64 3.4.1"，如图 2-59 红色箭头所示。前者是供 32 位中央处理器计算机使用的版本，而后者则是供 64 位中央处理器计算机使用的版本，若点击"R x64 3.4.1"之后无法顺利运行 R 语言，即表示自己的计算机采用的是 32 位的中央处理器，那么请改为点击"R i386 3.4.1"。

图 2-58　R 语言安装

图 2-59　R 语言安装完成示意

点击后即可以看见 R 语言进入界面，如图 2-60 所示。类似之前提到的 Python，若觉得 R 语言的默认字体不够大，可通过红色方框处的"编辑→GUI 偏好设定"来设定。进入设定界面后，借由图 2-61 红色方框处的下拉式选单，即可调整字体大小。

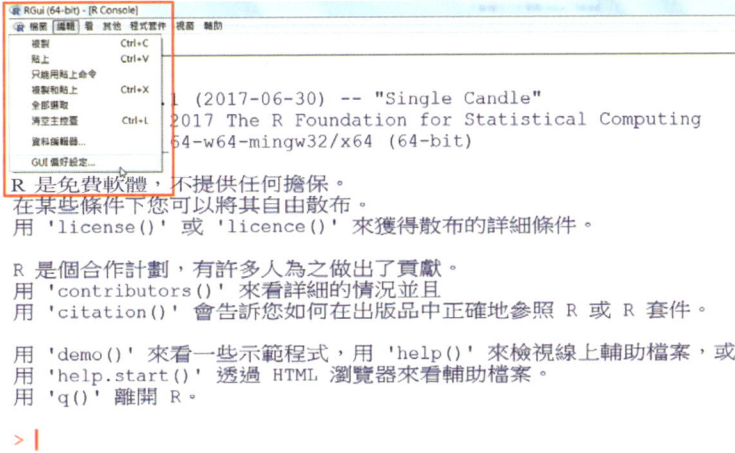

图 2-60　R 语言操作示意（1）

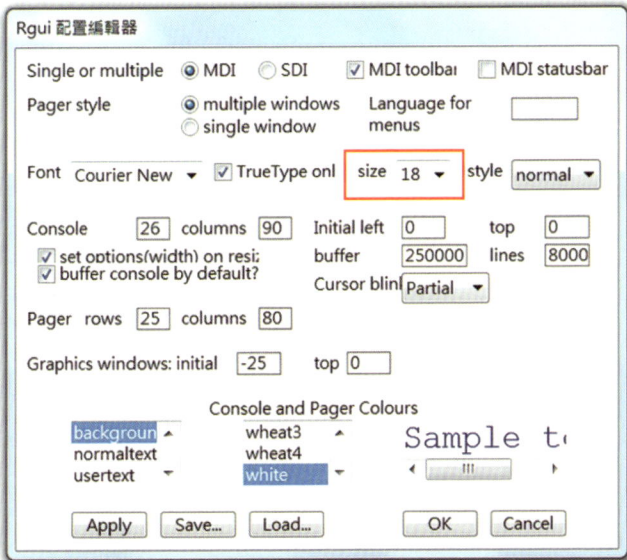

图 2-61　R 语言操作示意（2）

通过 R 语言来进行购物篮分析，必须安装两种套件，分别是 arules 与 arulesViz。前者专门用来执行关联法则运算，后者则是用来将关联法则分析结果以可视化的方式呈现。如同我们在 Python 中所提到的，若欲使用套件必须要经过套件安装与套件汇入两个步骤，R 语言也不例外。

现在，让我们回到 R 语言操作接口，执行套件的安装与汇入。请依照图 2-62 绿色箭头处所示，单击套件安装指令 "install.packages（'arules'）"，输入完毕单击 Enter 键，R 语言即会与 CRAN[①] 联机，并且弹出红色方框处的下载列表，此时读者可自行从列表中选择一个套件网址进行下载。本例以 China 作为示范，点击 "确定" 按钮后，即开始进行套件安装，安装完成后会看见如图 2-63 所示的安装成功提示界面。接着单击套件安装指令，安装 arulesViz 套件［install.packages（'arulesViz'）］，由于这个套件的安装步骤与 arules 套件安装步骤一致，故不再赘述。

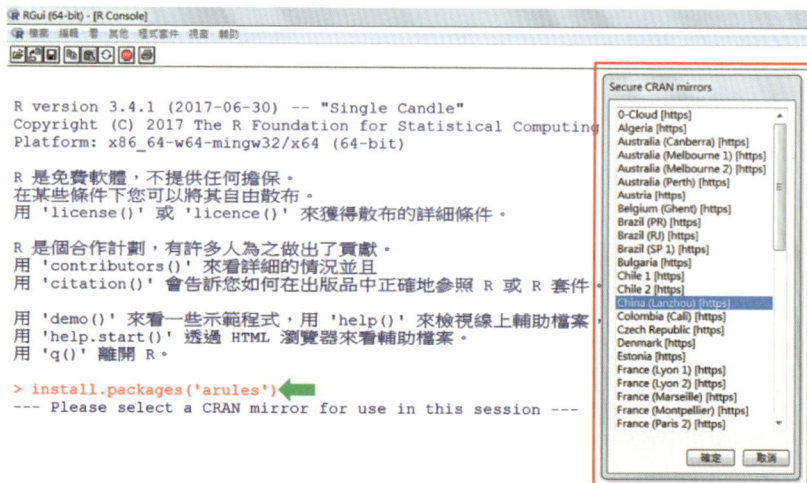

图 2-62　R 语言套件安装（1）

---

① CRAN 指的是 R 综合典藏网（Comprehensive R Archive Network），里面存放着许多原始码、套件、说明文件等。

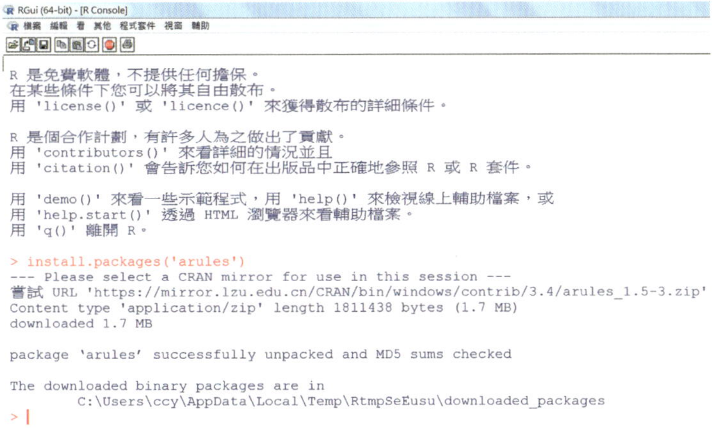

图 2-63　R 语言套件安装（2）

由于套件安装完成之后必须装入程序才能使用，因此接下来我们了解套件装入语法。如同先前提到的 Python 仓库与工具的概念，在 R 语言中，刚才所安装的套件同样可以视为仓库，每一个套件仓库中有许多工具可供大家使用。在 R 语言中，若打算将已经安装完成的套件仓库装入 R 语言程序中，可以输入 "library（'arules'）" 与 "library（'arulesViz'）" 两个指令，如图 2-64 绿色箭头处所示。待输入完毕后，依照所装入的套件不同，将会提示不同的成功装入信息。

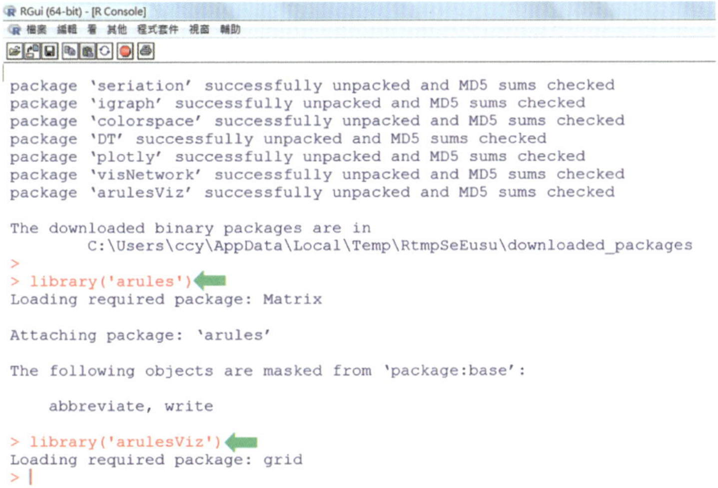

图 2-64　R 语言套件安装（3）

完成套件的安装与装入之后，接下来我们就可以开始着手进行购物篮分析了。也许大家会担心要上哪儿去找实务数据来分析呢？别担心！R语言内置许多范例数据，其中Groceries（零售业交易记录）恰好符合我们目前的分析需求。首先，让我们通过若干指令来解析一下这个范例数据，以图2-65为例，输入"data（Groceries）"之后再输入"Groceries"，即可以将其内容说明读取。从执行结果中，我们可以得知Groceries范例数据系由9835笔交易记录与169个品项所汇集成的数据表单。

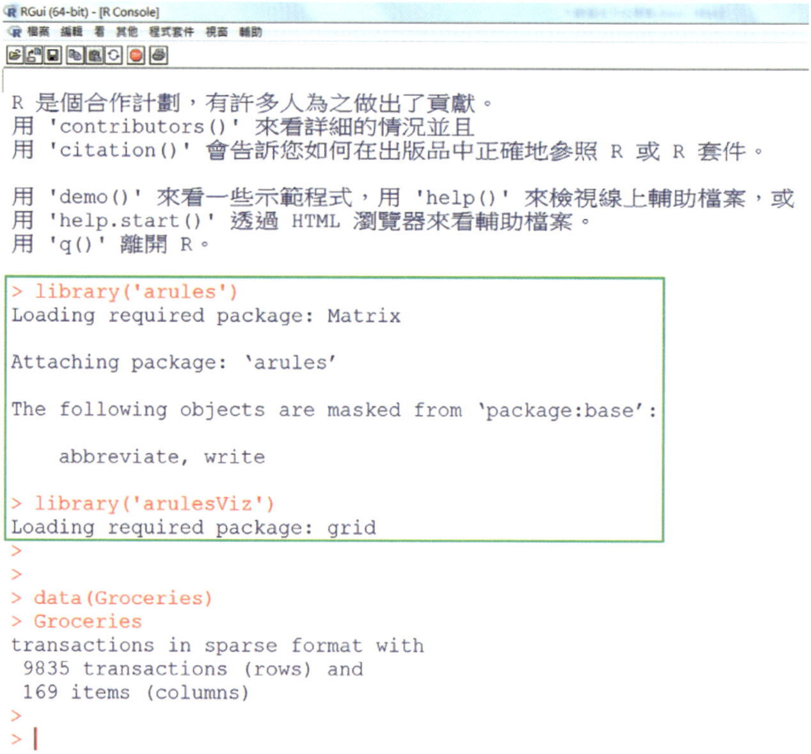

图 2-65　R 语言之购物篮分析案例演示（1）

任何内置范例数据皆可通过"data（）"工具来将其加载到计算机内存内，随后再输入该范例的数据名称，即可显示范例数据的说明。值得注意的是，若读者在输入"data（Groceries）"或"Groceries"之前，曾经将R语言运行环境关闭，那么再次开启R运行环境之后，直接输入

“data（Groceries）”或“Groceries”将会发生错误（即无法找到该范例数据）。主要原因在于一旦关闭 R 语言运行环境，所有装入的套件将会从计算机内存中释放，因此若关闭 R 语言运行环境之后想要顺利执行“data（Groceries）”或“Groceries”，必须再次执行“library（ 'arules' ）”指令，毕竟 Groceries 附属在 arules 套件之下，所以必须再次装入才能使用它里面的范例数据，如图 2-65 绿色方框处所示。当然，若在上述过程中未将 R 语言运行环境关闭，那么就可以直接输入“data（Groceries）”与“Groceries”，而且不需要再次装入 arules 套件。

若想要进一步得知 Groceries 范例数据的摘要情况，则可以在 R 语言软件中输入“summary（Groceries）”指令。从执行结果可知（如图 2-66 绿色方框处所示），最常被消费者购买的商品包括全脂牛奶（whole milk）、其他蔬菜（other vegetables）、肉卷 / 包子（rolls/buns）、苏打饮料（soda）、酸奶（yogurt）。若想要得知每一笔交易的购买内容，则可以通过图 2-67 中的工具来达成。其中，可将“apply ( )”工具视为针对范例数据操作时所需使用到的套用语法，也就是说，我们可以通过“apply ( )”来将原本看似平淡无奇的范例数据予以处理，再以有意义的形式来呈现。

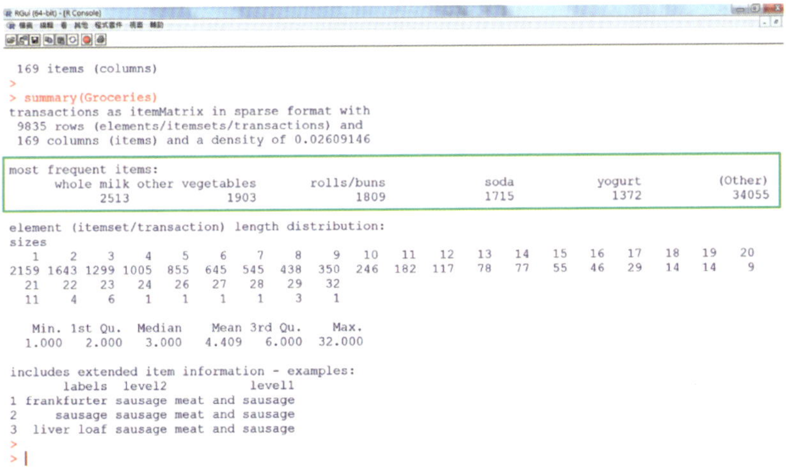

```
 169 items (columns)
>
> summary(Groceries)
transactions as itemMatrix in sparse format with
 9835 rows (elements/itemsets/transactions) and
 169 columns (items) and a density of 0.02609146

most frequent items:
      whole milk other vegetables       rolls/buns             soda           yogurt          (Other)
            2513             1903             1809             1715             1372            34055

element (itemset/transaction) length distribution:
sizes
   1    2    3    4    5    6    7    8    9   10   11   12   13   14   15   16   17   18   19   20
2159 1643 1299 1005  855  645  545  438  350  246  182  117   78   77   55   46   29   14   14    9
  21   22   23   24   26   27   28   29   32
  11    4    6    1    1    1    1    3    1

   Min. 1st Qu.  Median    Mean 3rd Qu.    Max.
  1.000   2.000   3.000   4.409   6.000  32.000

includes extended item information - examples:
       labels  level2           level1
1 frankfurter sausage meat and sausage
2     sausage sausage meat and sausage
3  liver loaf sausage meat and sausage
>
> |
```

图 2-66　R 语言之购物篮分析案例演示（2）

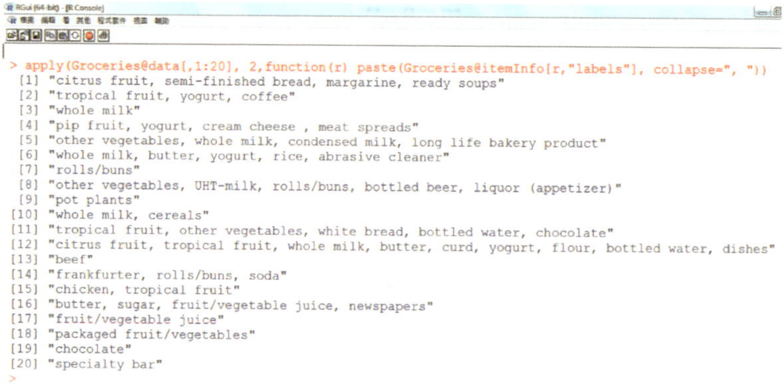

```
> apply(Groceries@data[,1:20], 2,function(r) paste(Groceries@itemInfo[r,"labels"], collapse=", "))
 [1] "citrus fruit, semi-finished bread, margarine, ready soups"
 [2] "tropical fruit, yogurt, coffee"
 [3] "whole milk"
 [4] "pip fruit, yogurt, cream cheese , meat spreads"
 [5] "other vegetables, whole milk, condensed milk, long life bakery product"
 [6] "whole milk, butter, yogurt, rice, abrasive cleaner"
 [7] "rolls/buns"
 [8] "other vegetables, UHT-milk, rolls/buns, bottled beer, liquor (appetizer)"
 [9] "pot plants"
[10] "whole milk, cereals"
[11] "tropical fruit, other vegetables, white bread, bottled water, chocolate"
[12] "citrus fruit, tropical fruit, whole milk, butter, curd, yogurt, flour, bottled water, dishes"
[13] "beef"
[14] "frankfurter, rolls/buns, soda"
[15] "chicken, tropical fruit"
[16] "butter, sugar, fruit/vegetable juice, newspapers"
[17] "fruit/vegetable juice"
[18] "packaged fruit/vegetables"
[19] "chocolate"
[20] "specialty bar"
>
```

图 2-67　R 语言之购物篮分析案例演示（3）

为了让大家体会"apply（）"的重要性，在此我们先介绍另外一个内置范例 airquality，之后再具体介绍 Groceries 范例。以图 2-68 为例，若读者在 R 运行环境中输入"head（airquality）"，则可以在屏幕上显示 airquality 数据中的前六笔空气质量数据，如绿色方框处所示。若在 R 运行环境中输入"apply（airquality, 2, mean）"，则可以计算每行数据的平均数，如紫色方框处所示。从这个简单示范中，我们就可以体会到"apply（）"的重要性，也就是说"apply（）"可以协助我们处理原始数据，把原始数据改变或转化成我们所期盼的结果。

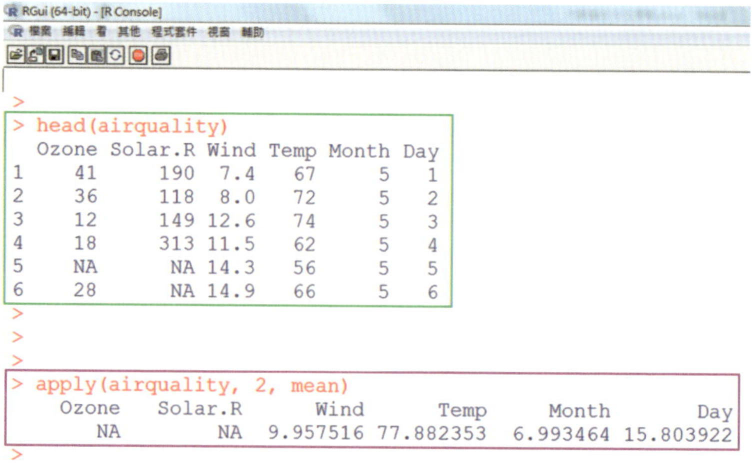

```
>
> head(airquality)
  Ozone Solar.R Wind Temp Month Day
1    41     190  7.4   67     5   1
2    36     118  8.0   72     5   2
3    12     149 12.6   74     5   3
4    18     313 11.5   62     5   4
5    NA      NA 14.3   56     5   5
6    28      NA 14.9   66     5   6
>
>
>
> apply(airquality, 2, mean)
   Ozone   Solar.R      Wind      Temp     Month       Day
      NA        NA  9.957516 77.882353  6.993464 15.803922
>
```

图 2-68　R 语言之购物篮分析案例演示（4）

在体会了 apply（ ）的重要性之后，我们再次回到图 2-67 中的案例。我们可以从图中看见目前 apply（ ）内含有三项参数，包含"Groceries@data［ ,1:20］, 2, function（r）paste（Groceries@itemInfo［r, "labels"］, collapse= ","）"。其中，"Groceries@data［column, row］"表示所欲处理的数据名称为 Groceries，通过 data 工具来表明所欲处理的范例数据是第几行（column）与第几列（row），本例"［ ,1:20］"指的是在忽略"行"的情况下，处理前 20"列"的交易记录。至于"2"则表示以"行"为基础对数据进行处理（若为 1 则是以列为基础），通俗地讲，就是通过"paste（Groceries@itemInfo［r, "labels"］, collapse= ","）"来处理所有"行"数据。其中，"paste（ ）"的用途为将每一笔交易中的品项名称予以串接，再同时呈现，因此只要将"Groceries@itemInfo"传入"paste（ ）"中，并且以"r"行为方向，将商品品项的卷标 labels 列出，且卷标与卷标之间以 collapse 的方式通过空白来产生间隔，如此才不至于使执行结果全部连接一起。通过以上工具的输入，我们便可从执行结果中看见 Groceries 数据中的前 20 笔交易品项，如第 2 笔数据的商品有热带水果、酸奶与咖啡。

如果读者对于 itemInfo 仍不了解，不妨试着在 R 运行环境中输入"Groceries@itemInfo［1:10, ］"，如图 2-69 绿色箭头处所示，从执行结果可以发现，itemInfo 内含许多商品品项信息，包含品项名称标签（labels）、类别归属等级 level 2、类别归属等级 level 1 等。因此刚才在图 2-67 所输入的"paste（Groceries@itemInfo［r, "labels"］, collapse= ","）"指令就是期盼将 Groceries 数据中的 itemInfo 中的品项名称标签 labels 取出后进行整理。

截至目前，读者应已熟悉了 R 语言工具的输入与执行方式，接着我们要进入购物篮分析案例的重头戏。首先，请大家在 R 语言运行环境中输入"itemsets<-apriori（Groceries, parameter=list（minlen=1, maxlen=1, support=0.02, target= "frequent itemsets"））"指令，其中最外层的"apriori（ ）"的作用是调用 arules 套件内的"apriori（ ）"工具来帮助我们进行关联法则分析，因此只要在"apriori（ ）"内输入适当的参数，就能顺利地将购物篮分析结果

分析出来。括号中第一个输入的"Groceries"就是购物篮分析的处理目标，第二个输入的"parameter"则是指执行该项分析所欲规划的执行参数，包括"list ( )"以及括号内的"minlen""maxlen""support""target"等，每个参数的具体含义请参阅图 2-70 中的说明。

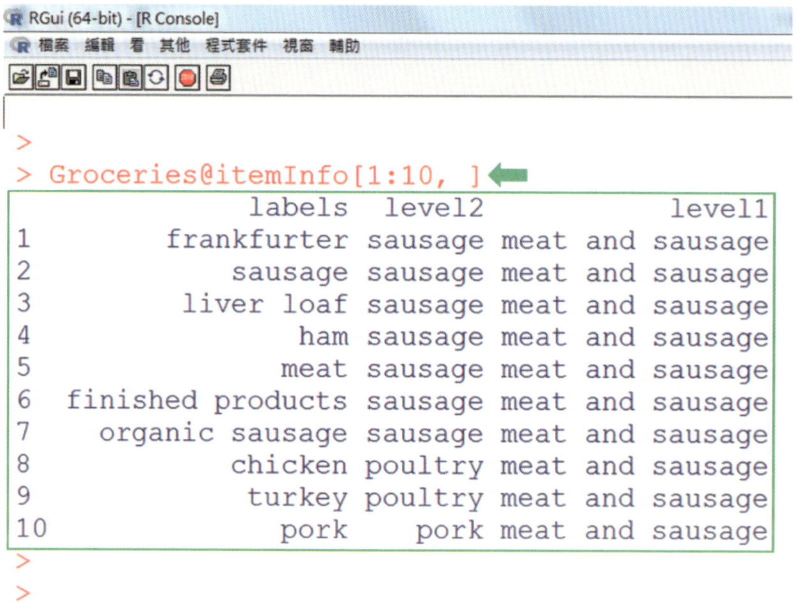

图 2-69　R 语言之购物篮分析案例演示（5）

参数	说明
list ( )	将数据经过整理后列出来
minlen	每一个项目集所含项目数的最小值
maxlen	每一个项目集所含项目数的最大值
support	支持度阈值
target	所欲输出的结果类型（项目集或关联法则）

图 2-70　R 语言之购物篮分析案例演示（6）

从图 2-71 的执行结果中，我们可以看见 Groceries 数据共有 9835 个交易记录，通过图 2-52 中的一次扫描（即"minlen=1，maxlen=1"）可筛选出 169 个品项，而这 169 个品项中只有 59 个品项满足支持度 0.02 的阈值（即 "support =0.02"），其余 110 个品项将被剔除，如绿色箭头处所示。
所谓支持度是指两种商品同时出现的次数再除以总交易次数，支持度越高
表示特定商品组合的出现次数越频繁。请注意！支持度阈值设定得越高，
那么所筛选出的项目集就越少，阈值并没有一定的标准，要根据实务上的
需求来决定。最后，在执行指令最左边可以看见 "itemsets<-"，指的是将
箭头右边的执行内容加载到箭头左边的容器存放，因此目前 itemsets 容器
中存放了所筛选出的 59 个项目集。

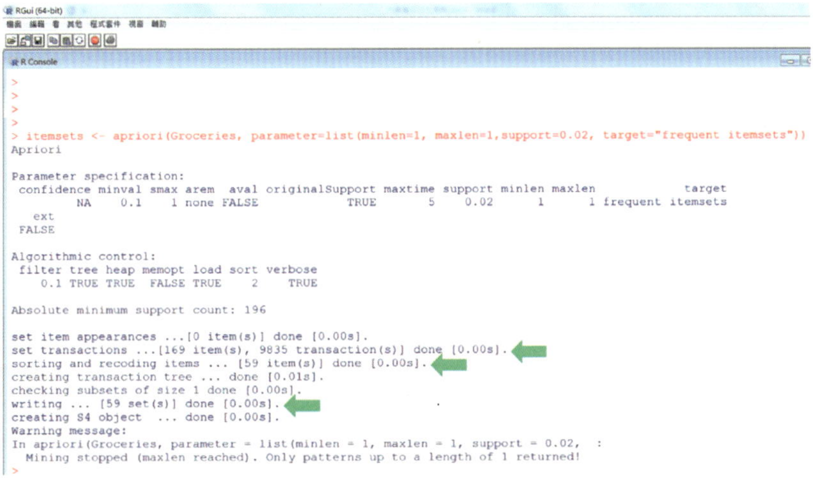

图 2-71 R 语言之购物篮分析案例演示（7）

接着我们可以通过 "inspect（head（sort（itemsets, by= "support"），
10））" 指令来检视存放在 itemsets 中的项目集，如图 2-72 所示。其中 "inspect（）"
是一个检查工具，可被用来审视所欲查看的数据，因此在其括号内我们输入
"head（sort（itemsets, by= "support"），10）" 之后即可将查看的内容显示出
来，而 "head（）" 是用来指定所欲提取数据集的内容（蓝色标记处）与笔数
（黄色标记处），至于蓝色标记处内的 "sort（）" 则是数据排序工具。我们
可以在括号中输入 "itemsets, by= "support""，之后 "head（）" 的显示结
果就会依照 support 支持度阈值进行升序排列并且只显示前 10 笔数据。

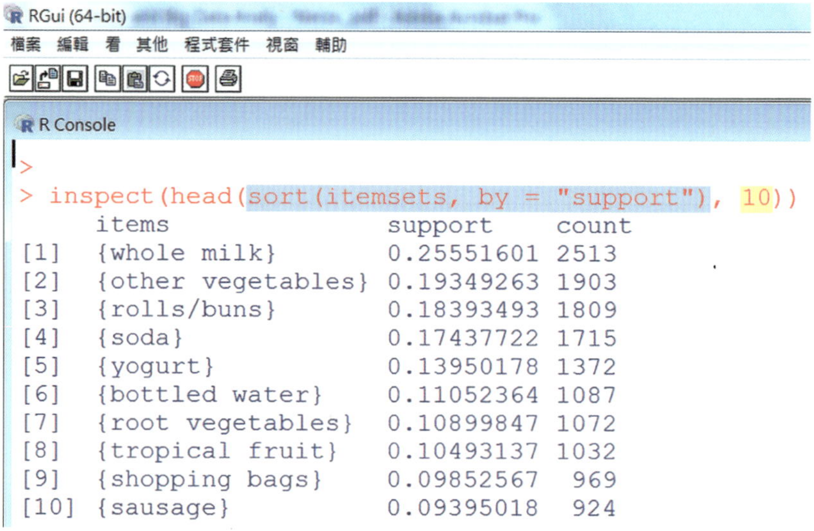

图 2-72　R 语言之购物篮分析案例演示（8）

　　从图 2-72 中我们可以发现，消费者购买最多的品项是全脂牛奶，其次是其他蔬菜，再其次是肉卷／包子等。此时，若我们再次输入相同的内容，即"itemsets<-apriori（Groceries, parameter=list（minlen=2, maxlen=2, support=0.02, target= "frequent itemsets"））"，便可以进行第二次扫描，请记得将刚才的"minlen=1, maxlen=1"调整为"minlen=2，maxlen=2"，也就是将第一次扫描所筛选出的单一品项进行最小 2 项、最大 2 项的配对操作。

　　图 2-73 为执行第二次扫描结果，这一次自上一步骤存留的 59 项商品中筛选出 61 个项目集。再次输入"inspect（head（sort（itemsets, by= "support"），10））"来查看 itemsets 内容，可以看见如图 2-74 所示执行结果。大家是否看出目前所筛选出的项目集已不再是第一次扫描时仅有单一品项，而是经过扫描、配对、比对支持度阈值之后所筛选出的双品项集合，其中最常被一起购买的商品组合是"其他蔬菜与全脂牛奶"，其次是"全脂牛奶与肉卷／包子"，而图中所筛选出的项目集皆大于 0.02 支持度阈值。

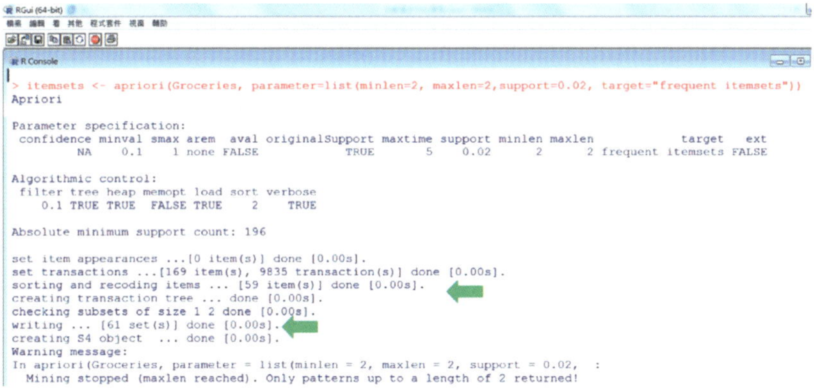

```
> itemsets <- apriori(Groceries, parameter=list(minlen=2, maxlen=2,support=0.02, target="frequent itemsets"))
Apriori

Parameter specification:
 confidence minval smax arem  aval originalSupport maxtime support minlen maxlen            target   ext
         NA    0.1    1 none FALSE            TRUE       5    0.02      2      2 frequent itemsets FALSE

Algorithmic control:
 filter tree heap memopt load sort verbose
    0.1 TRUE TRUE  FALSE TRUE    2    TRUE

Absolute minimum support count: 196

set item appearances ...[0 item(s)] done [0.00s].
set transactions ...[169 item(s), 9835 transaction(s)] done [0.00s].
sorting and recoding items ... [59 item(s)] done [0.00s].
creating transaction tree ... done [0.00s].
checking subsets of size 1 2 done [0.00s].
writing ... [61 set(s)] done [0.00s].
creating S4 object  ... done [0.00s].
Warning message:
In apriori(Groceries, parameter = list(minlen = 2, maxlen = 2, support = 0.02,  :
  Mining stopped (maxlen reached). Only patterns up to a length of 2 returned!
```

图 2-73　R 语言之购物篮分析案例演示（9）

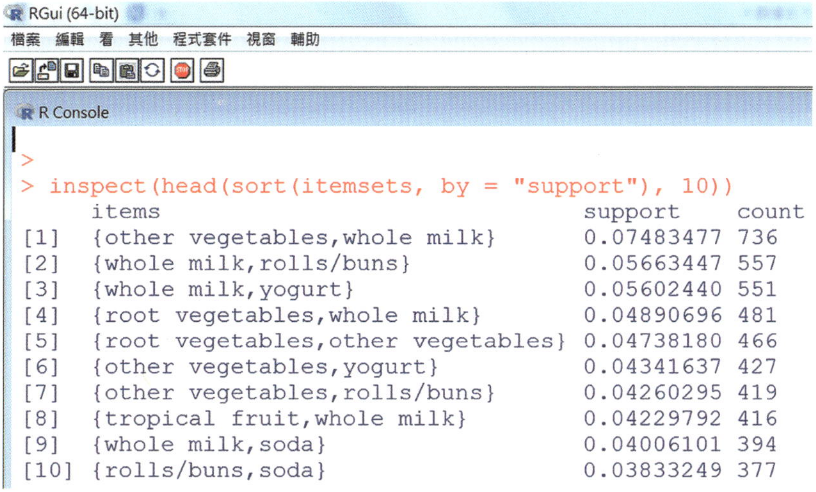

```
>
> inspect(head(sort(itemsets, by = "support"), 10))
     items                                support    count
[1]  {other vegetables,whole milk}        0.07483477 736
[2]  {whole milk,rolls/buns}              0.05663447 557
[3]  {whole milk,yogurt}                  0.05602440 551
[4]  {root vegetables,whole milk}         0.04890696 481
[5]  {root vegetables,other vegetables}   0.04738180 466
[6]  {other vegetables,yogurt}            0.04341637 427
[7]  {other vegetables,rolls/buns}        0.04260295 419
[8]  {tropical fruit,whole milk}          0.04229792 416
[9]  {whole milk,soda}                    0.04006101 394
[10] {rolls/buns,soda}                    0.03833249 377
```

图 2-74　R 语言之购物篮分析案例演示（10）

接着我们进行第三次扫描操作，方法与第一次、第二次扫描如出一辙，只要将指令中的“minlen=2, maxlen=2”改为“minlen=3, maxlen=3”即可。此次扫描从 61 个商品项目中筛选出 2 个项目集，如图 2-75 绿色箭头处所示，输入“inspect（head（sort（itemsets, by= "support"），10））”后发现这两个项目集内容分别是“根茎类蔬菜、其他蔬菜、全脂牛奶”与“其他蔬菜、全脂牛奶、优格”，表示这两类三品项组合最常同时被消费者购买，如图 2-76 所示。

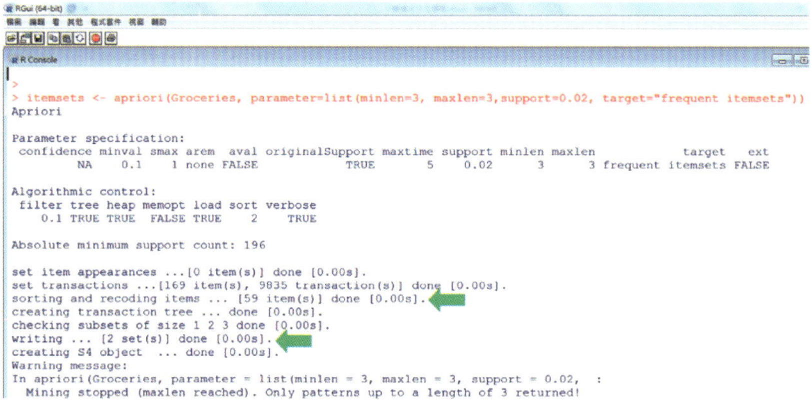

图 2-75　R 语言之购物篮分析案例演示（11）

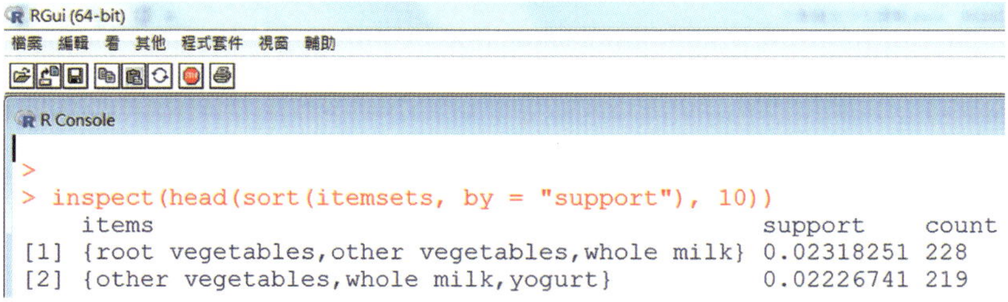

图 2-76　R 语言之购物篮分析案例演示（12）

接着进行第四次扫描操作，输入"itemsets<-apriori（Groceries，parameter=list（minlen=4，maxlen=4，support=0.02，target= "frequent itemsets"））"，如图 2-77 所示。此时会发现绿色箭头处的数值为零，表示扫描与配对的动作已到尽头，无法再进行下去，至此关联法则运算停止（收敛）。

综合以上分析，项目集扫描总共执行了三次，第一次扫描提取出 59 个项目集、第二次扫描提取出 61 个项目集、第三次扫描提取出 2 个项目集，总计 122 个项目集。其实我们并不需要进行三次扫描操作，分三次扫描是为了要让读者体会关联法则的实现过程。若理解了关联法则的运作原理，大可直接将"itemsets<-apriori（Groceries，parameter=list（minlen=1，maxlen=1，support=0.02，target= "frequent itemsets"））"中的 maxlen 参数删除。如此，"apriori（ ）"工具会自动将所获得的数据集配对，并进行至无

法再配对为止，如图 2-78 绿色箭头处所示。截至目前，我们只执行了项目集的扫描操作，尚未依照项目集的扫描结果来建立关联法则，而关联法则的建立才是购物篮分析案例的真正精髓所在，接下来，我们将介绍关联法则建立方式及注意事项。

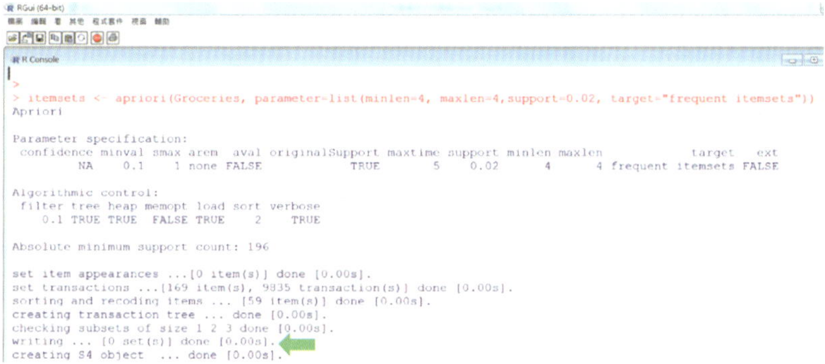

图 2-77　R 语言之购物篮分析案例演示（13）

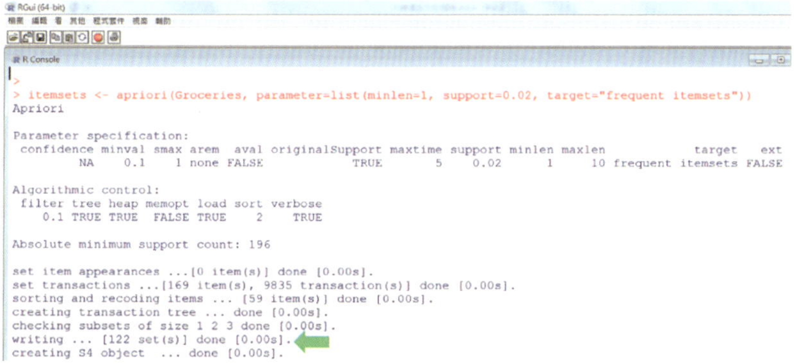

图 2-78　R 语言之购物篮分析案例演示（14）

在建立关联法则之前，我们先了解两项指标，分别是 confidence（信赖度）与 lift（增益值）。所谓信赖度是指消费者在购买某个品项时也购买另一个品项的条件概率。假设数据中的全脂牛奶购买笔数有 100 笔，而在这 100 笔交易记录中，同时有 50 笔也买了其他蔬菜，则"买了全脂牛奶的人同时也买其他蔬菜"的信赖度为 50%，所以信赖度阈值设定得越高，所筛选出的关联法则越值得信赖。

至于增益值是指关联法则的信赖度是否与其预测购买品项在交易中出现的概率成正比，若所计算的 lift 数值为正数，则表示关联法则与其预测购买品项出现概率呈正比，若 lift 计算数值为负数，则表示两者之间呈负比。以"买了全脂牛奶的人同时也买了其他蔬菜"的信赖度 50% 为例，假设"其他蔬菜在所有交易记录中出现的概率"是 40%，那么增益值为 50/40=1.25，此数值为正数，表示"买了全脂牛奶的人同时也买了其他蔬菜"与"其他蔬菜在所有交易记录中出现的概率"彼此之间呈正相关。换句话说，若同时将"全脂牛奶与其他蔬菜"搭配促销，其效果会比只促销"其他蔬菜"要好。

在 R 语言运行环境中，我们仍然可以利用"apriori（）"工具来筛选关联法则，只是在参数设定与项目集扫描方面有些许差异。读者可在 R 运行环境中输入"rules<-apriori（Groceries, parameter=list（support=0.001, confidence=0.6, target= "rules"））"，如图 2-79 所示。其中 target 由原来的"target= "frequent itemsets" "变为"target= "rules" "，并且加入信赖度阈值，在此设定为 0.6，支持度阈值由原来的"support=0.02"修改为"support=0.001"，以避免阈值过高而无法筛选出符合阈值的项目集，最后我们将所得结果存放至"<-"左边的"rules"容器中。从执行结果中

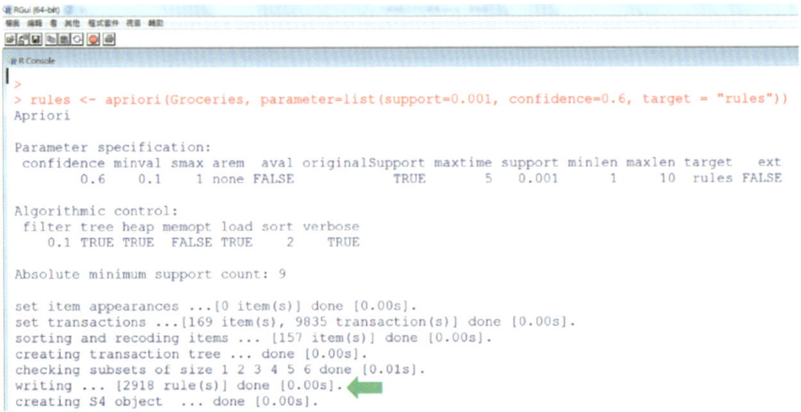

图 2-79 R 语言之购物篮分析案例演示（15）

（绿色箭头处所示）我们可以发现，此次运算共筛选出 2918 个关联法则。

同样，我们可以输入“inspect（head（sort（rules, by= "lift"），10））”将排在前十名的关联法则显示在屏幕上方，如图 2–80 所示。其中“lhs”是 left hand side 的缩写，而 rhs 则是 right hand side 的缩写，两者通常以 => 来区分，即箭头左侧为“lhs”，箭头右侧为 rhs。从增益值排序第一名 18.995654 的筛选法则中，我们可以看出｛Instant food products，soda｝→｛hamburger meat｝表示购买快餐产品（Instant food products）与苏打饮料（soda）的消费者同时也购买了汉堡肉（hamburger meat），读者可以依此类推，自行解读其他关联法则。

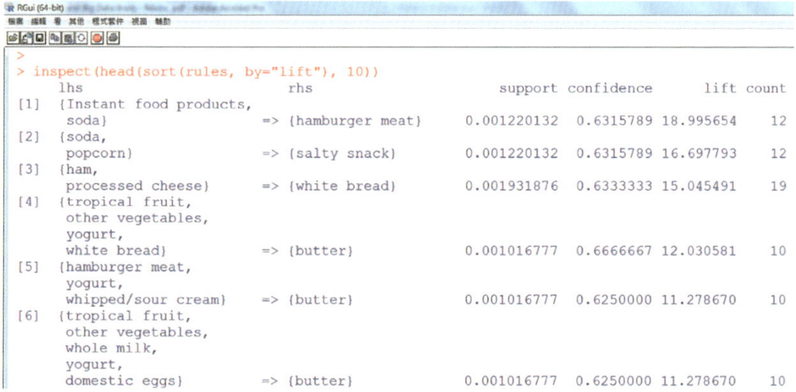

```
> 
> inspect(head(sort(rules, by="lift"), 10))
    lhs                           rhs                  support confidence      lift count
[1] {Instant food products,
     soda}                     => {hamburger meat} 0.001220132  0.6315789 18.995654    12
[2] {soda,
     popcorn}                  => {salty snack}    0.001220132  0.6315789 16.697793    12
[3] {ham,
     processed cheese}         => {white bread}    0.001931876  0.6333333 15.045491    19
[4] {tropical fruit,
     other vegetables,
     yogurt,
     white bread}              => {butter}         0.001016777  0.6666667 12.030581    10
[5] {hamburger meat,
     yogurt,
     whipped/sour cream}       => {butter}         0.001016777  0.6250000 11.278670    10
[6] {tropical fruit,
     other vegetables,
     whole milk,
     yogurt,
     domestic eggs}            => {butter}         0.001016777  0.6250000 11.278670    10
```

图 2–80 R 语言之购物篮分析案例演示（16）

由于上述关联法则是以文字形式来表达的，在解读上常常让人眼花缭乱，因此我们可以借由所装入的 arulesViz 套件来制作具有数据可视化特征的关联法则筛选报表。所需输入的内容为“h_LiftRules<-head（sort（rules, by= "lift"），5）”与“plot（h_LiftRules, method= "graph"）”，意指将所获得的数据根据“lift”值来排序，并取出前五笔数据，最后将这五笔数据存放在“<-”左边的“h_LiftRules”容器中，之后再通过“plot ( )”工具来绘制可视化报表，其所接收的第一个参数为数据源 h_LiftRules、第二个参数为绘制方法，此处设定为“method= "graph"”。上述指令执行完毕后，R 语言会自动开启另一个窗口来呈现可视化报表。以图 2–81 绿色

方框处为例，同时购买火腿与干酪的消费者也会购买白面包，通过此可视化数据呈现方式解读关联法则，可以使工作更为轻松。

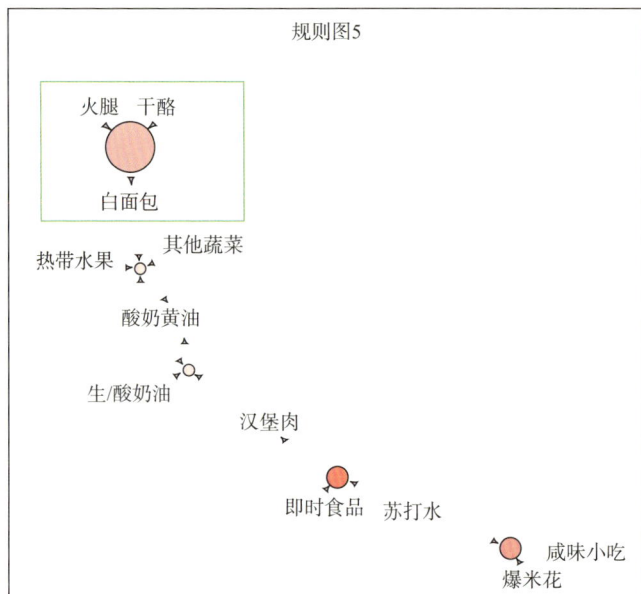

图 2-81 R 语言之购物篮分析案例演示（17）

最后，我们必须提醒读者，虽然将信赖度阈值降至支持度 =0.001，并且把依赖度设定成 0.6 时可以筛选出 2918 个关联法则，但其实有许多法则禁不起增益值的考验，因此在筛选最终关联法则时，不宜将禁不起考验的关联法则纳入结果集，如"高信赖度 / 低支持度"的法则，表示同时购买 X 与 Y 品项的比例很高，但这个 X → Y 的组合却在所有交易记录中占有的比例不高，因此若以这样的法则来策划营销活动，恐怕只能是徒劳无功。截至目前，我们已经学习了如何将发生在购物网站内的行为通过购物篮分析来提取关联法则，接下来就仰赖读者发挥自身想象力，思考还有哪些可能的配对项目值得我们进行分析，有时候或许能够筛选出有趣且看似不合理却富有高度价值的黄金法则，如同沃尔玛筛选出啤酒→尿布这个看似怪异却能够使业绩提升的关联法则一般。

第三节
社群情报探索

　　社群网络是近年来高度热门的议题，举凡衣、食、住、行、育、乐，日常生活中的大小事，皆能通过社群网络来与群内的好友分享。大数据电子商务也受惠于社群网络的高渗透性，慢慢地从单纯的社群概念衍生出社群交易概念，也就是所谓的社群商务。2013年，社群商务较为重视口碑传递效果，而2014年起，社群商务逐渐验证了大数据所带来的商业帮助，因此"社群""行动""口碑""大数据"是新时代大数据电子商务不能忽视的重点。

　　本节欲讨论的社群情报探索即是为了顺应近年来社群商务的兴起，各社群商务从业者在经营上所需要的社群行为数据，并根据数据进行商业活动策划。那么，为何说掌握社群行为数据对社群商务来说很重要呢？Liang 等学者在2011年提出了社群商务驱力模式[①]，如图2-82所示。从模式中我们可以看出，社群商务的参与意愿（Social Commerce Intention）以及社群商务的持续参与意愿（Continuance Intention）可以被社交支持（Social Support）、关系质量（Relationship Quality）、网站质量（Web Site Quality）等因素驱动。

---

① Liang, T.P., Ho, Y.T., Li, Y.W., & Turban, E.（2011）. What drives social commerce: The role of social support and relationship quality. *International Journal of Electronic Commerce*, 16（2）, 69–90.

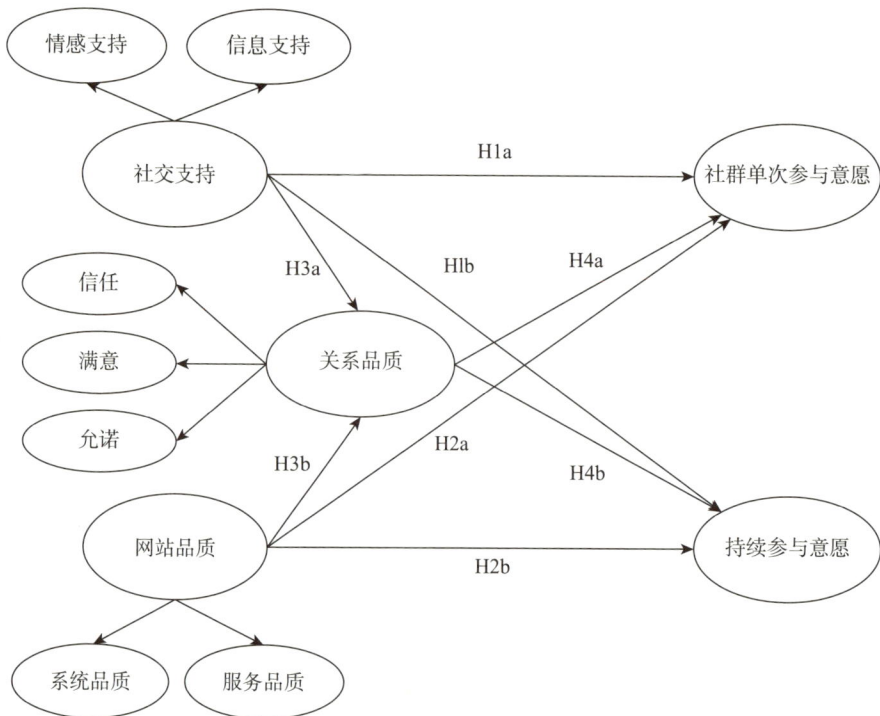

图 2-82　社群商务驱力模式（资料来源：International Journal of Electronic Commerce）

其中，社交支持包含情感支持（Emotional Support）与信息支持（Informational Support），社群经营者可以借由情感支持与信息支持这两项驱力来诱发人们参与社群商务的单次意愿，甚至是持续意愿。举个例子，脸书里面的"赞"按钮，以及后续所推出的"大心""哈""哇""呜""怒"等按钮，就是一种促使民众参与社群商务的情感支持驱力，如图 2-83 红色方框所示，民众可以通过诸如此类的按钮来表达他们对于发文者的情感支持。

图 2-84 是另一个例子，从虾皮拍卖的粉丝专页上可以看见许多商品售卖贴文，若社群参与者对于某篇商品促销贴文感兴趣，并且打算将促销信息分享给他的亲朋好友，那么就可以通过红色方框中的"分享"按钮来达成。如同前文所提到的情感支持、信息支持亦是社交支持组成要素之一，毕竟社群参与民众较容易留意或接受来自好友分享的贴文，进而促进他们参与社群商务的单次意愿或持续意愿。

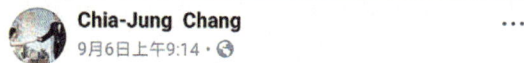

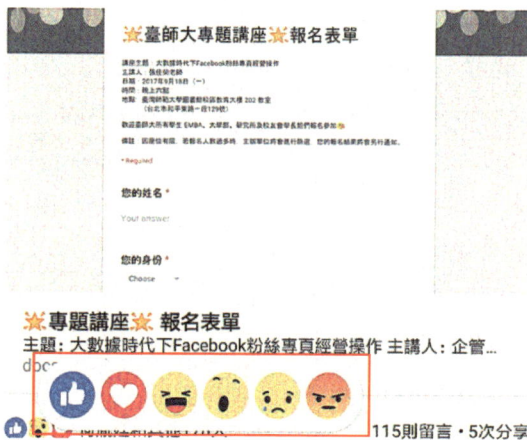

图 2-83　社群情感支持示意（资料来源：Facebook）

　　社交支持除了能够直接驱动民众对社群商务的单次参与意愿或持续参与意愿外，还能够通过对关系质量的影响力来达成间接促进的效果。换句话说，一旦能够有效地确保社群商务中的关系质量，那么社群商务从业者将有机会获得参与民众对于社群商务网站的信任、满意、承诺（Commitment）。最后，无论是关系质量、单次参与意愿或是持续参与意愿，都会受到网站质量的影响。也就是说，社群商务毕竟依附在网站架构上运作，因此若网站的服务质量（Service Quality）或系统品质（System Quality）不佳，那么社群商务顺利运作的必要条件将无法实现，也就更遑论后续所衍生的关系质量、单次参与意愿以及持续参与意愿了。

图 2-84　社群资讯支持示意（资料来源：虾皮拍卖 Facebook 粉丝专页）

　　既然社交支持、关系质量、单次参与意愿、持续参与意愿对于社群商务经营成功而言非常重要，有没有什么办法可以让社群经营者掌握这几个重要因素在社群网站上的表现呢？答案是肯定的！接下来，我们将用微软旗下的 Power BI 软件来抓取社群网站数据。或许有些读者会认为，为了让大数据电子商务分析工作更加名副其实，确实有必要使用一些专业的大数据分析工具。其实不尽然，Power BI 软件操作界面与大家所熟悉的 Excel 极为相似，不但可以达到社群情报探索目的，还可以用最低的成本（Power BI 可以免费使用）、最少的学习精力迅速参与社群商务的大数据分析。

一、Power BI 安装与设定

Power BI 下 载 网 址 为 https://powerbi.microsoft.com/zh-tw/desktop/，
进入后可看见如图 2-85 红色方框处所示的"进阶下载选项"按钮，点击
该按钮之后会切换至下载语言选择界面，如图 2-86 所示。此时请大家将
语言选项切换至"中文（繁体）"，再点击红色的"下载"按钮。

图 2-85　Power BI 下载（1）（资料来源：Microsoft）

图 2-86　Power BI 下载（2）（资料来源：Microsoft）

点击"下载"按钮后会看见如图 2-87 所示的下载类型选择界面，若计算机使用的是 64 位中央处理器，那么请将"PBIDesktop_x64.msi"选项选中；若计算机使用的是 32 位中央处理器，请将"PBIDesktop.mst"选项选中，选取完毕之后即可点选红色方框处的"Next"按钮。

图 2-87　Power BI 下载（3）（资料来源：Microsoft）

待文档下载完毕后，读者可至存盘处点击刚才所下载的安装文档，点击后即可看见如图 2-88 所示的界面，由于接下来的安装过程所遇到的选项设定并不会影响 Power BI 运作，因此请读者不断点击"下一步"按钮，直到安装完毕为止。安装完毕之后，接下来就要开始示范脸书社群软件数据的抓取，在一般情况下，脸书数据抓取分为两大情境，包含具管理权限以及不具管理权限，所谓具管理权限指的是抓取自己脸书账号下的脸书社群互动数据，而不具管理权限则是指抓取非自己账号下的脸书社群互动数据。

图 2-88　Power BI 安装与设定

二、脸书数据探索（具管理权限）

图 2-89 为 Power BI 执行界面，首先请大家点击红色方框处的"取得资料"，展开之后会发现 Power BI 能够接受的数据源非常多，表示 Power BI 在数据源渠道方面的兼容性非常高。由于本目所要传授的是脸书社群数据抓取，因此请点击红色箭头处的"更多"按钮，再从图 2-90 数据渠道来源列表中点击红色方框处的"Facebook"作为主要数据源渠道。

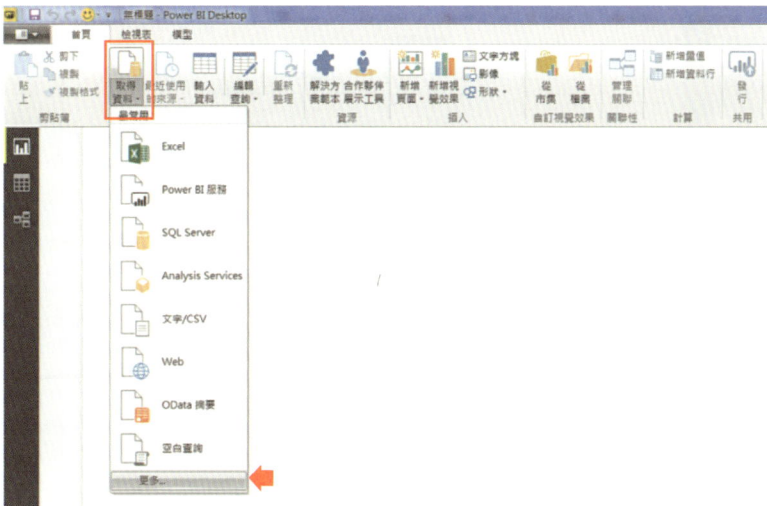

图 2-89　Power BI 与社群数据串接（1）

点选了数据渠道来源之后，Power BI 会显示图 2-91 中的"联机（连线）到第三方服务"信息来询问分析者是否不断地与数据源渠道保持联机状态，在此建议各位不要将红色方框处的"不要再针对此连接器警告我"的选项选中，此举有助于我们不断地留意是否与数据源渠道保持联机状态，进而提取到最新的资料。接着，请大家点击红色箭头处的"继续"按钮。

此时系统界面会切换至如图 2-92 所示的状态，我们可以在红色方框处看见一个输入方块与一个下拉式选单，上方的输入方块是要我们告知 Power BI 所欲抓取的脸书目标，由于我们所要演示的是具管理权限的脸书数据抓取，也就是自己的脸书账号，故输入"Me"即可。下方的下拉式选单主要目的在于告知 Power BI 所欲抓取的脸书互动数据种类，在此我们以大家再熟悉不过的"赞"作为互动数据抓取目标，选取后即可点击红色箭头处的"确定"按钮。由于这个动作等同于要求 Power BI 进入自己账号下的脸书进行抓取数据，因此系统会要求事先登入自己的脸书账号，如图 2-93 红色方框处所示。

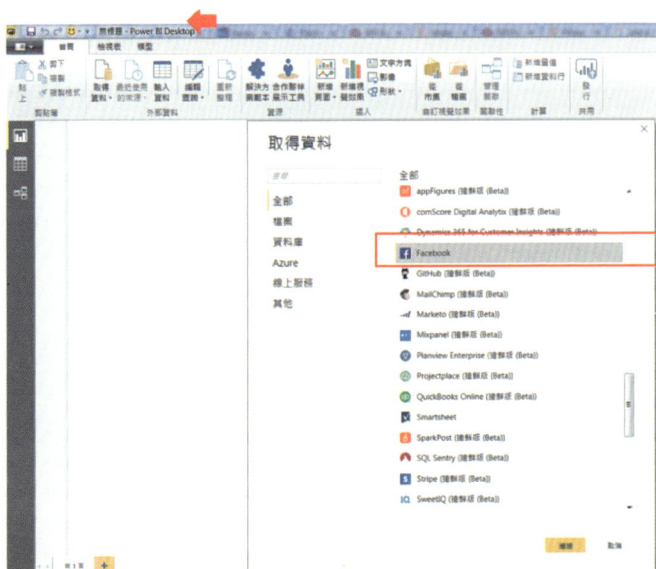

图 2-90　Power BI 与社群数据串接（2）

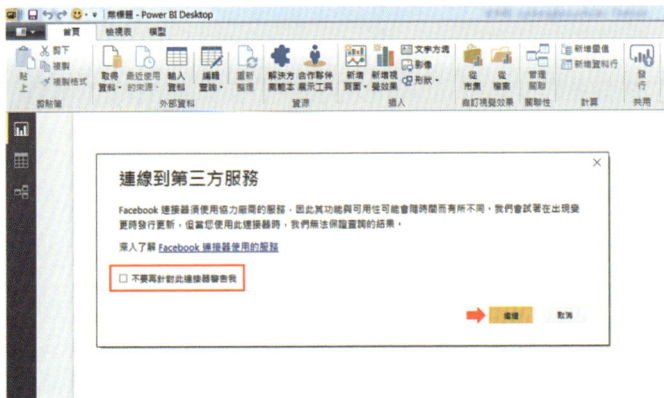

图 2-91　Power BI 与社群数据串接（3）

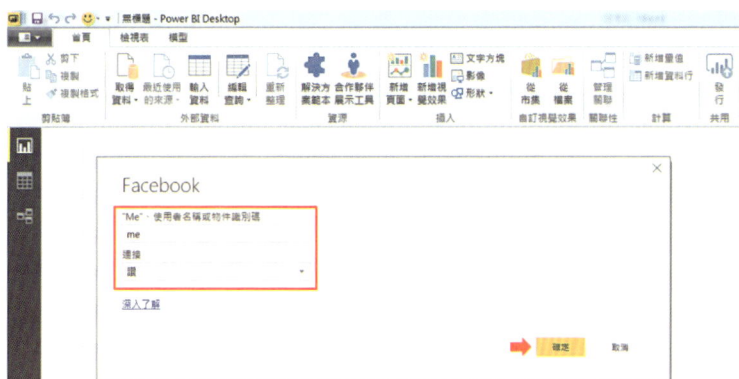

图 2-92 Power BI 与社群数据串接（4）

图 2-93 Power BI 与社群数据串接（5）

　　登入自己的脸书账号之后，红色方框处的"登入"按钮状态即会改变成图 2-94 红色方框处的"以其他使用者身份登入"，表示当下已经用特定身份登入账号。完成账号授权连接动作后，接下来只要点击红色方框处的"连接"按钮，Power BI 就会立即依照我们的意愿，在脸书中提取数据，并且将提取结果显示在数据表单上，如图 2-95 所示。

　　我们可以在图中红色方框处看到一个网址 https://graph.facebook.com/v2.8/me/likes，此网址就是由脸书官方所提供的 Graph API 数据串接器，专用于将资料从脸书中提取出来，所谓 API 指的是应用程序插件（Application Programing Interface），可以把它想象成家里面的电器，只要将插头通电，电器即可立即运作，因此只要正确使用 Graph API，就可以将脸书上的社群数据提取出来。

图 2-94　Power BI 与社群数据串接（6）

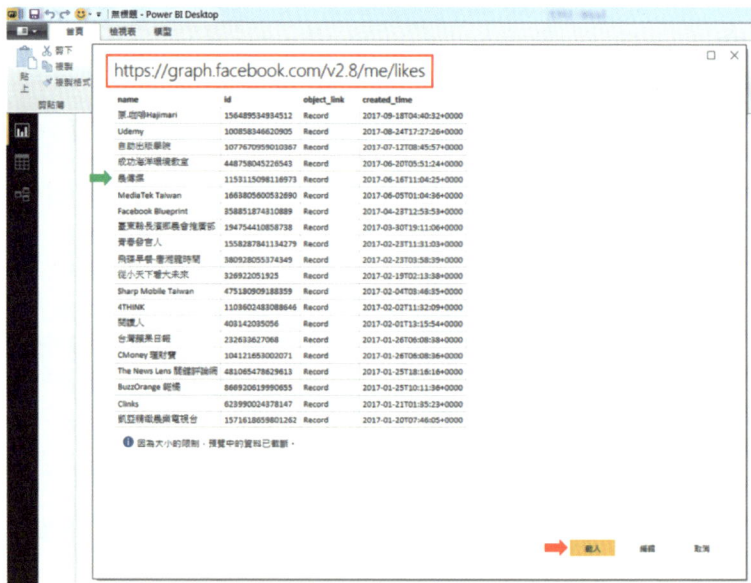

图 2-95　Power BI 与社群数据串接（7）

　　截至目前，脸书的 Graph API 已更新到 v2.8 版本，这也是为何在 API 网址中会看到"v2.8"字样，请注意！不同版本的 Graph API 所使用的指令不尽相同，读者在使用时应特别留意。至于在网址中所看到"me"字样，意为目前提取脸书数据的账号所有者，"me"是自己的脸书之意，若抓取他人账号的脸书数据，则"me"字样会变为对方账号。"likes"是赞的意思，也就是说所欲抓取的数据内容形态将会在这个部分中以网址的形式来呈现。综合以上介绍，我们可以从抓取数据表单中看见"name""id""object_link""created_time"等字段。例如，我们可以看见目前所示范的脸书账号曾经点击"农传媒"粉丝专页的赞而加入粉丝，点击加入时间为2017年6月16日，如图2-95绿色箭头处所示。经过以上的叙述与解说后，读者可接着点击红色箭头处的"载入"按钮，点击后一开始无法看见如图2-96的绿色方框处所示的数据，主要原因在于我们尚未将红色方框处的字段选中，一旦选中这些字段之后，绿色方框处的窗体就会自动呈现在空白处。以上示范数据是从自己脸书账号下所抓取的数据，读者可再次依照图2-89至图2-92的步骤，抓取除"赞"之外的社交互动数据。

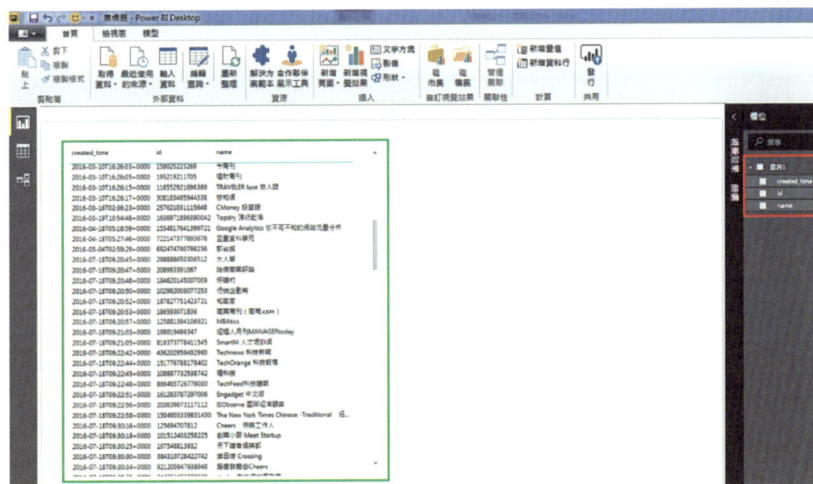

图2-96　Power BI与社群数据串接（8）

三、脸书数据探索（不具管理权限）

社交情报探索的价值在于除了能够抓取自己账号下的社群软件数据以

外，还能够抓取他人账号下的社群软件数据，如此才能发挥大数据电子商务里应外合的综合效益。本目所要演示的脸书数据探索与上一目的社交数据提取大同小异，两者的差异在于我们现在所欲抓取的是不具管理权限的社交数据，也就是他人账号下的脸书数据。在此我们以近期颇为知名的"虾皮拍卖"作为示范目标，其粉丝专页网址为 https://www.facebook.com/ShopeeTW/?fref=ts。

首先，我们必须自"取得资料→更多→Facebook"告知 Power BI 目前所欲抓取的脸书社交数据目标，步骤如图 2-89 至图 2-92 所示。接着在图 2-97 红色方框处输入虾皮拍卖的脸书账号，也就是"ShopeeTW"，本例以"赞"之外的数据作为抓取目标，因此请将连接处的下拉式选单展开后选取"摘要"，完成这两件事后，即可点击红色箭头处的"确定"按钮。

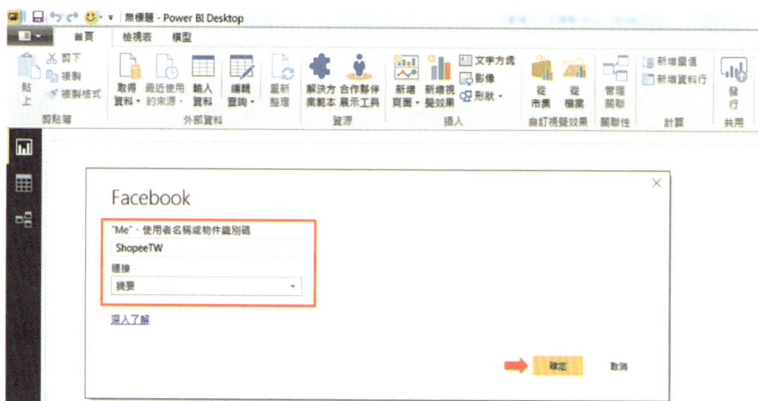

图 2-97　Power BI 与社群数据串接（9）

点击完毕之后，读者会发现一个奇怪的现象，那就是系统界面显示无法连接，如图 2-98 所示。红色方框处的无法连接说明原因"The 'limit' parameter should not exceed 100"表示所欲抓取的数据已经超过 100 笔，这超出了脸书 Graph API 的限制。为了使抓取数据过程能够顺利，并且突破无法连接的困境，我们必须手动修改 Graph API 网址内的参数。首先点击绿色箭头处的"取消"按钮，接着点击"取得资料→空白查询"，如图 2-99 所示，再在图 2-100 绿色箭头处的空白字段中输入"=Facebook.

Graph（"https://graph.facebook.com/v2.8/ShopeeTW/feed?limit=100"）"。其中 limit=100 即表示一次提取资料不超过 100 笔，每当提取的数据达到 100 笔时，就再次提取另外的 100 笔数据，通过此参数的设定来突破 Graph API 的限制。

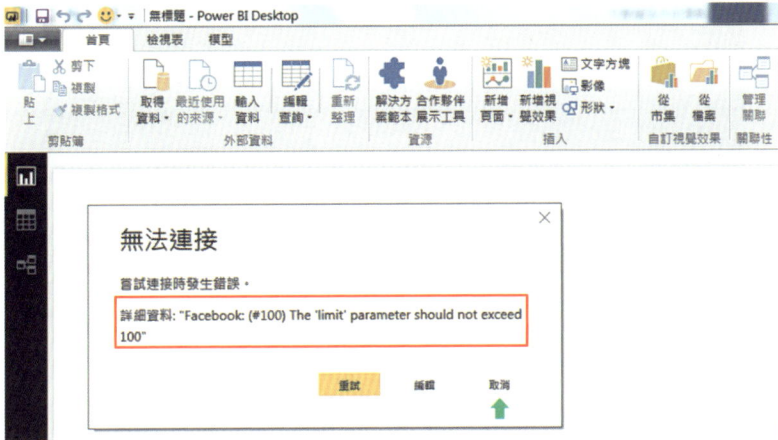

图 2-98　Power BI 与社群数据串接（10）

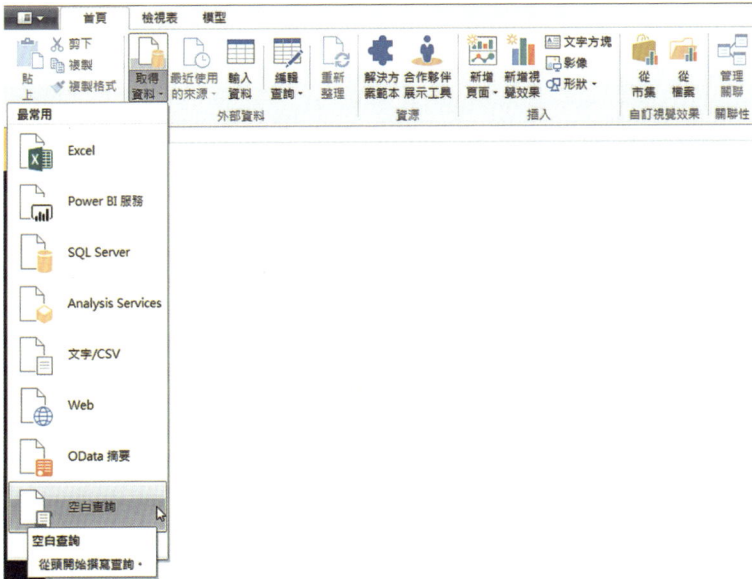

图 2-99　Power B I 与社群数据串接（11）

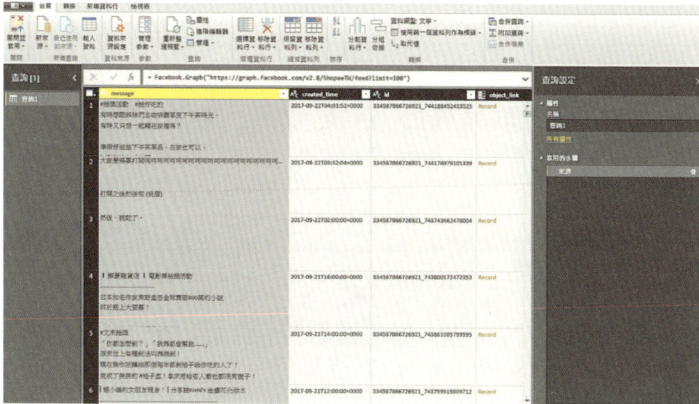

图 2-100　Power BI 与社群数据串接（12）

以上步骤只是数据提取的查询动作，查询完毕之后仍需点击图 2-101 左上角红色方框处的"关闭并套用"按钮，如此才能将所查询出来的数据装入数据表单中，如图 2-102 所示。请注意！在预设情况下，图 2-102 所示的界面中不会有任何窗体属性出现，因此别忘了将界面右侧绿色箭头处的各个字段选中，如此窗体才能够顺利呈现，此动作与图 2-97 所示的动作相同。

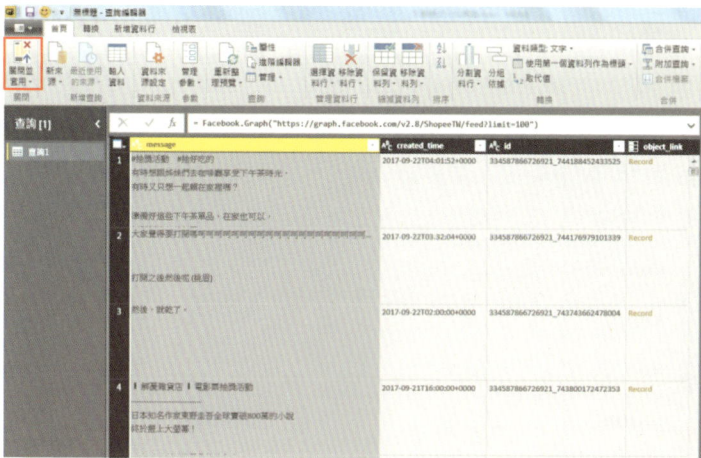

图 2-101　Power BI 与社群数据串接（13）

图 2-102 Power BI 与社群数据串接（14）

我们在本节开头曾经提到社交支持是由情感支持与信息支持组成的，但是我们从图 2-102 所装入的数据中并没有看见与情感支持或信息支持有关的社群互动数据，如赞、分享等，因为我们尚未将数据展开。

现在请点击红色方框处的"编辑查询"，以便将系统界面再次切换到数据查询状态。在查询界面中，请读者仔细观察每一个字段标题图示，都是不尽相同的，请找到如图 2-103 绿色箭头所指向的图示并且将其点击展开。展开之后会看见一个下拉式选单，此时选中图 2-96 没有的"connections"隐藏域，其余字段请勿再次选中，以避免稍后所装入的数

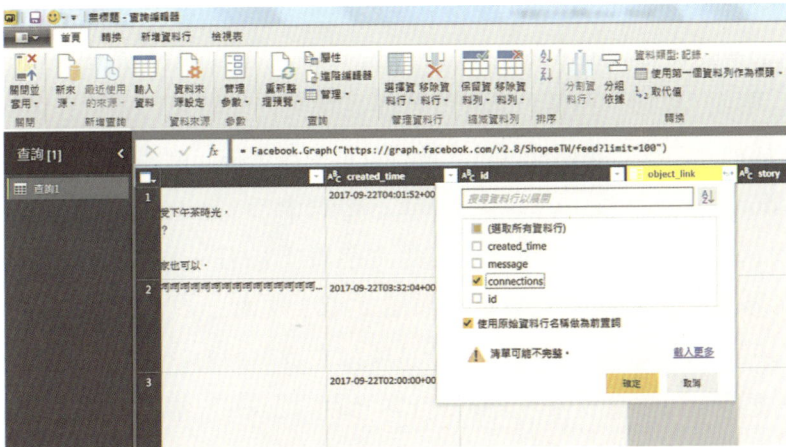

图 2-103 Power BI 与社群数据串接（15）

据字段重复，完成上述步骤之后请点击黄色的"确定"按钮（此展开步骤可能花费较多时间，请耐心等候）。

之后，再次仔细观察刚才所展开的"object_link"字段，其名称已改变成"object_link.connections"，如图 2-104 蓝色区域所示，此时请再次点击绿色箭头处的图示以进行二次展开。

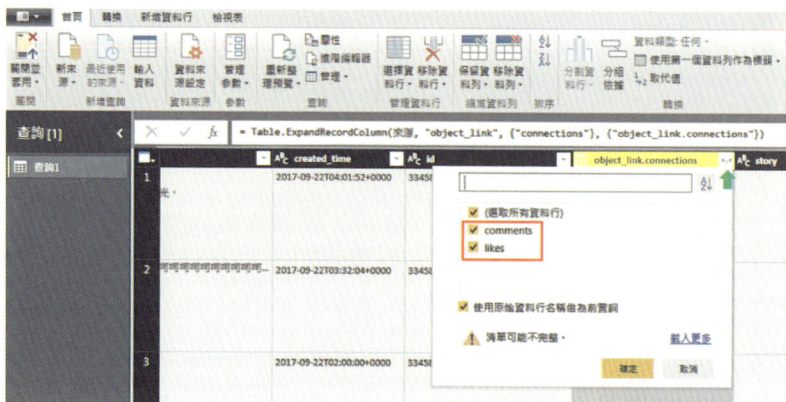

图 2-104　Power BI 与社群数据串接（16）

我们可以从红色方框处看见二次展开后的结果，其中包含"comment"与"likes"字段，由于这两个字段并未在数据表单中出现过，再加上这两字段是我们所欲传达的情感支持与信息支持所在，因此请将其选中后，点击黄色的"确定"按钮。同样，二次展开亦需花费许多时间，故请务必耐心等候。完成展开之后，我们可以再次观察数据字段名称，刚才的"object_ link.connections"已改变成"object_link.connections.comments"与"object_ link. connections.likes"，此时若点击此两字段下的任一"Table"字样，则可以在界面下方看见预览数据，如图 2-105 与图 2-106 所示。其中，图 2-105 中的"message"字段表示的是粉丝专页上的粉丝留言，可以将其视为社交支持中的信息支持，而图 2-106 中的"name"字段表示点赞者的脸书账号名称属于社交支持中的情感支持。

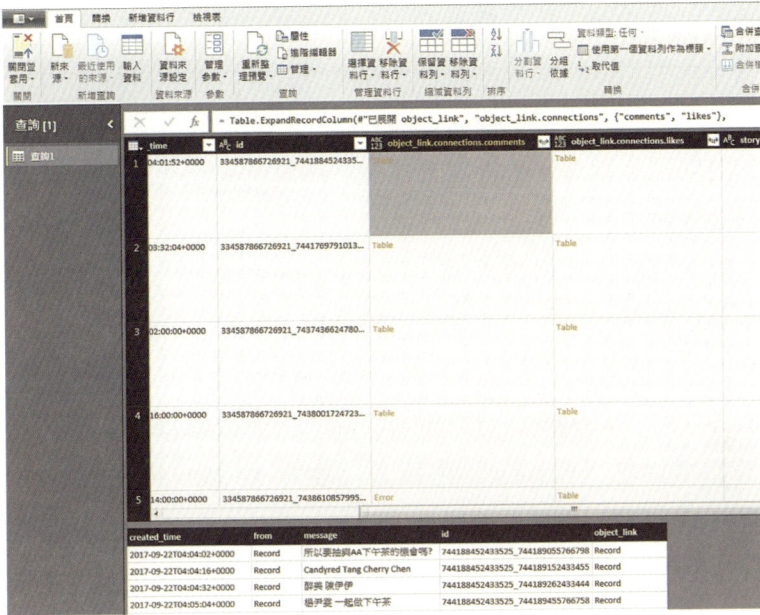

图 2-105　Power BI 与社群数据串接（17）

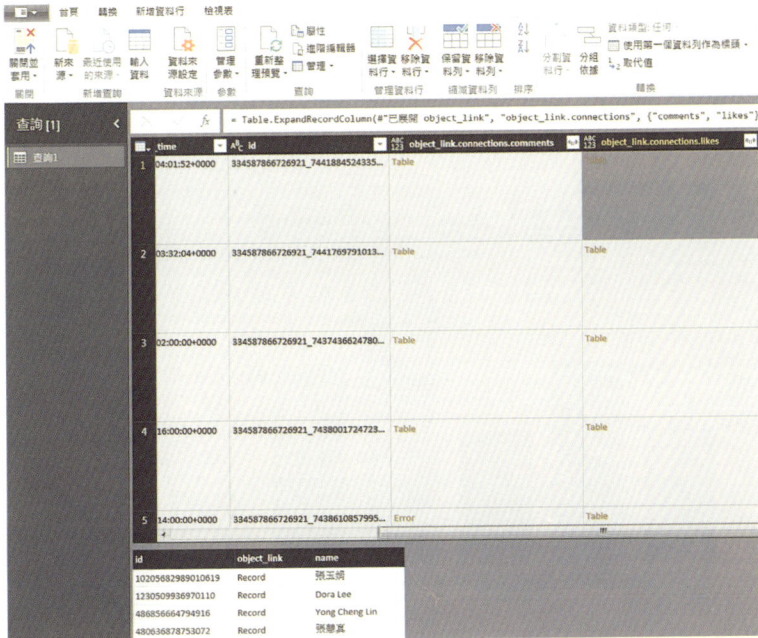

图 2-106　Power BI 与社群数据串接（18）

　　如同先前提到的，任何数据查询后的装入动作都必须经过套用步骤，才能够将所查询出的数据装入窗体并做后续分析，因此请读者记得点击界面左上角的"关闭并套用"按钮。随着粉丝专页内容的增多，装入数据所需花费的时间也会越长，且肯定会比展开字段所需花费的时间要长，因此请读者耐心等候。

　　当把所欲分析的数据装入窗体后，我们便可以进行许多进阶分析了。本例将示范粉丝专页贴文的点赞数比较分析。首先，请大家在图 2-107 红色方框处的"视觉效果"中选择数据分析领域中常使用的长条图；接着，选中红色箭头处的"message"与"object_link.connections.likes"两个选项，选择完毕后用鼠标将"message"拖拉至"轴"、将"object_link.connections.likes"拖拉至"值"，接着设定绿色方框处的"筛选"项目中的视觉效果层级筛选，其中将"message"选择为"不是空白"，表示仅筛选出含有赞数的贴文，不具任何赞数的贴文将会被排除。随后将"object_link.connections.likes"的筛选条件设定为大于 1，即只要贴文含有 1 个以上的赞即会被筛选出来。系统会根据以上设定来将收集到的数据绘制成长条图，从图中我们可以发现每篇贴文的赞数都相同，其中获得最多赞数的贴文为蓝色箭头所指的贴文，其次是绿色箭头所指的贴文。通过这样的方式，我们可以轻易

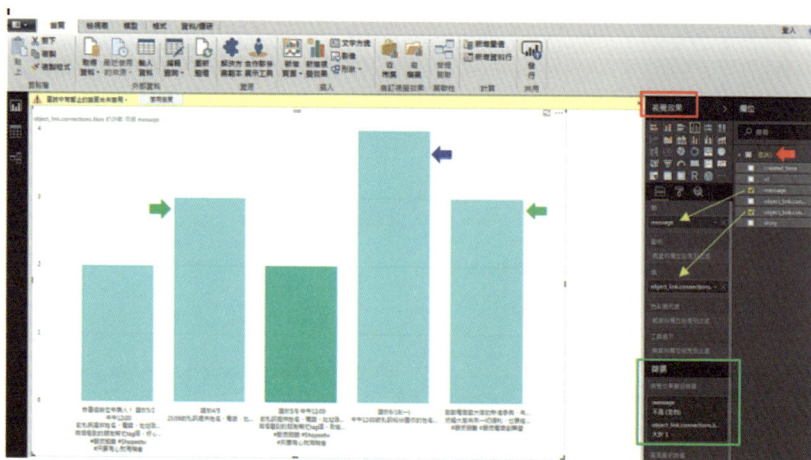

图 2-107　Power BI 与社群数据串接（19）

地获取虾皮拍卖粉丝专页上的各个贴文获得粉丝点赞的结果，也就能够轻松观察社交支持中的情感支持状况。

至于社交支持中的信息支持，笔者通过上述方式在图 2-108 红色方框处"视觉效果"中选择直方图，接着选中红色箭头处的"message"与"object_link.connections.comments"两个字段。选取完毕之后，依照黄色箭头路径，以鼠标将"message"拖拉至"轴"、将"object_link.connections.comments"拖拉至"值"，接着将绿色方框处的"筛选"项目中的视觉效果层级筛选进行设定，其中"message"选择"不是空白"，表示仅筛选出含有留言的贴文，不含留言的贴文将会被排除。随后将"object_link.connections.comments"的筛选条件设定为大于1，即只要是贴文含有一条以上的留言，即会被筛选出来。

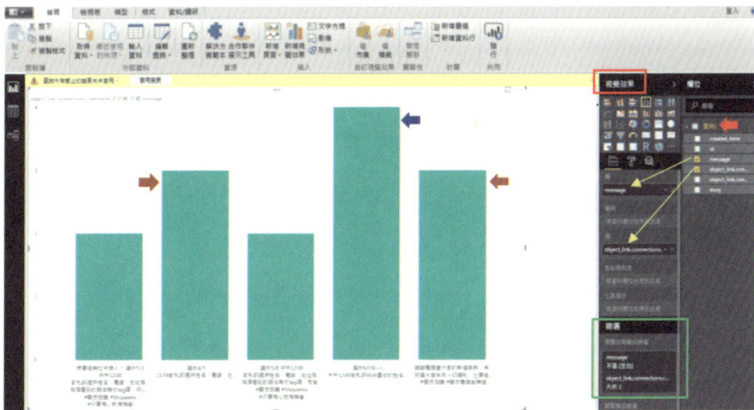

图 2-108 Power BI 与社群数据串接（20）

从图中我们可以发现每篇贴文的留言数不尽相同，其中获得最多留言的贴文为蓝色箭头所指的贴文，其次是咖啡色箭头所指的贴文。通过这样的方式，我们可轻易地看出虾皮拍卖粉丝专页上的各个贴文获得粉丝留言的数量，也就能够掌握社交支持中的信息支持情况。值得注意的是，图 2-107 与图 2-108 的结果完全相同，也就是各个贴文在赞数与留言数的获得上平分秋色，这个现象或许是巧合，读者仍应该筛选更多数据进行试验，才能确认此现象的合理性。遗憾的是，除非拥有大量处理数据的时间或是拥有大型计算机，否则以通盘考虑的方式将虾皮拍卖粉丝专页上所有的数据抓回，将耗费大量的等待时间与计算机资源，因此还请读者审慎斟酌。

四、IBM Watson 社交情报探索

除了上述 Power BI 在脸书粉丝专页数据抓取上的应用之外，当前有许多从业者提供类似谷歌趋势的情报搜集工具，且更为聚焦在社群资料的情报搜集应用上。IBM 在 2011 年前后推出以自然语言查询为基础的 Watson 人工智能系统，该系统类似 iPhone 手机的 Siri，使用者可以自由地提出问题，随后由人工智能系统来找出最佳答案并回复。其实早在 Google AlphaGo 打败棋王之前，Watson 就已经在综艺问答节目上以机器人身份打败了人类问答记录保持者，因此将 Watson 视为问答型人工智能鼻祖一点也不为过。Watson 在发展的过程中不断地进化，所认识的事物也逐渐增多，甚至包含时下流行的社群资料问答。到了 2017 年，IBM 终于让 Watson 支持以中文为主的社群数据问答，使得我们在社群数据探索上能够突破脸书以外之场域。换句话说，脸书只是狭义上的社群软件，现今仍有许多分布在非脸书场域以外的社群数据值得大家探索。

有鉴于此，本目将以 IBM Watson 作为演示目标，引领大家体验广义的社群情报探索。大数据电子商务从业人员，或是对于大数据电子商务有兴趣的人，接下来所传达的技能肯定可以让你在专业领域中独树一格，甚至能够充分展现出社群情报探索之价值。

IBM Watson 属于一种云端应用，因此用户不需经过安装步骤，可通过网页浏览器来体验 Watson 所支持的人工智能方面的应用。首先，请大家在浏览器地址栏中输入"https://www.ibm.com/tw-zh/marketplace/watson-analytics"，随后便能够看见如图 2-109 所示的界面，点击红色箭头处的"免费试用版"之后，便可看见图 2-110 所示的界面。此时请大家再次点击绿色方框处的"免费试用版"按钮。由于是第一次与 Watson 打交道，因此必须在正式使用 Watson 之前，先注册一个账号，如图 2-111 所示。

请大家依照各项字段的指示输入注册数据，完成后请点击绿色的"继续"按钮，接着 Watson 会要求我们进行电子邮件验证，如图 2-112 所示。请登录自己在图 2-111 中所输入的电子邮件信箱，接收来自 IBM 所发来的验证信，并且依照指示完成验证操作。

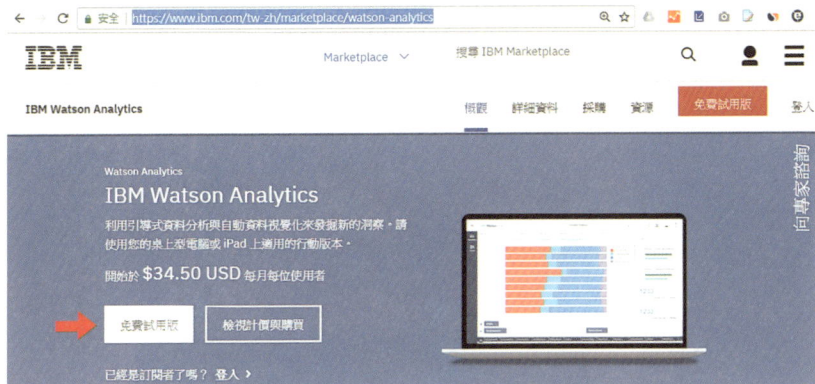

图 2-109 IBM Watson 社交情报探索平台（资料来源：www.ibm.com）

图 2-110 IBM Watson 社交情报探索平台设定与操作（1）

图 2-111　IBM Watson 社交情报探索平台设定与操作（2）

图 2-112　IBM Watson 社交情报探索平台设定与操作（3）

　　通过电子邮件验证之后，系统会将大家引导至图 2-113 的界面，此时点击蓝色箭头处的"Get Started"按钮以便进入图 2-114 所示的系统主界面。

IBM **Watson** Analytics

Welcome to Watson Analytics!

Hi, 鄭 江宇. Select a maximum of 4 samples to learn how to solve business problems.

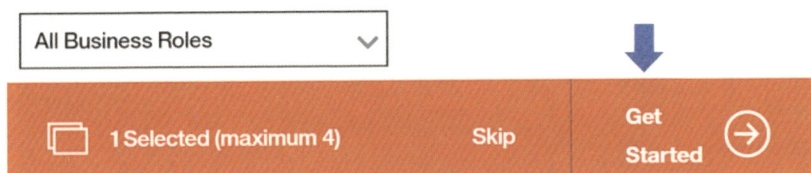

All Business Roles ⌄

1 Selected (maximum 4)　　　　　　Skip　　　Get Started →

图 2-113　IBM Watson 社交情报探索平台设定与操作（4）

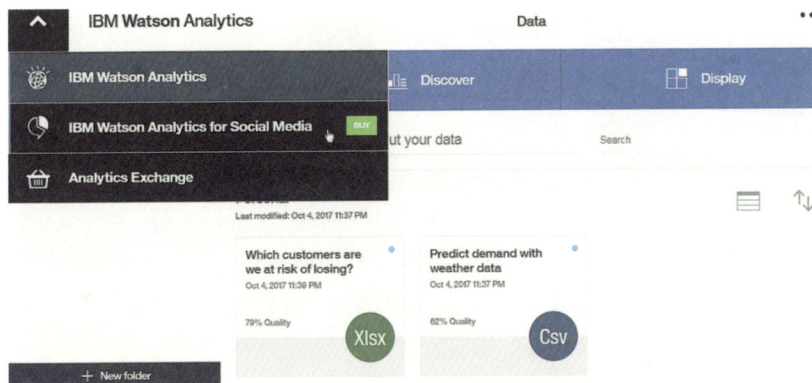

图 2-114　IBM Watson 社交情报探索平台设定与操作（5）

在系统主界面左上方有一个下拉式选单，如图 2-114 所示。将其展开后可看见"IBM Watson Analytics for Social Media"选项，此选项即为本目要介绍的 IBM Watson 社交情报探索，点击该选项后即可进入图 2-115 所示的界面。大家不难发现在这个选项旁有一个绿色的"BUY"字样，表示 IBM Watson Analytics for Social Media 只能免费试用 30 天，试用期结束后，必须付费才能继续使用。

在图 2-115 中可以看见关于 IBM Watson Analytics for Social Media 的影片介绍，无论是否打算观赏这个影片，都必须点击红色箭头处的 "Let's get started" 才能正式使用这项服务，也就是来到图 2-116 的操作界面。

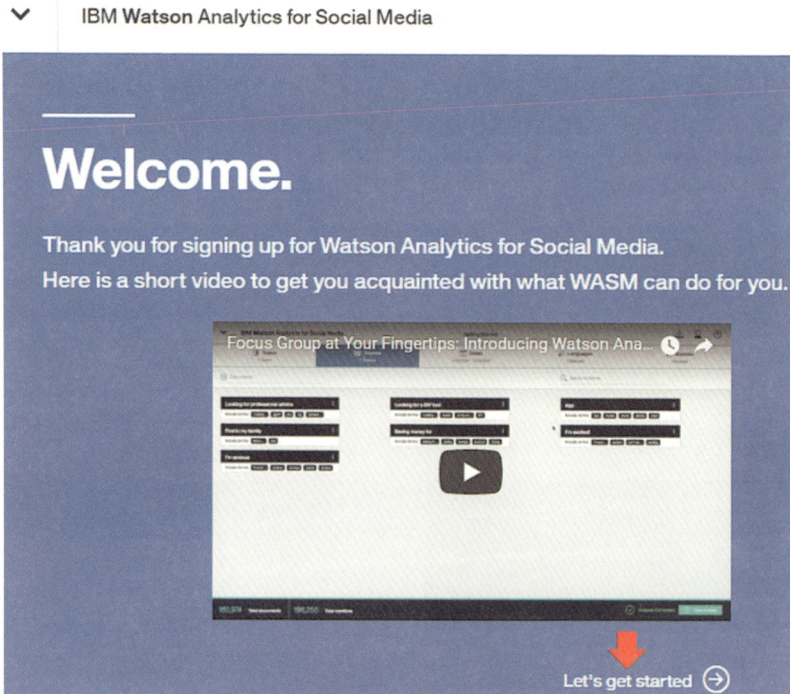

图 2-115　IBM Watson 社交情报探索平台设定与操作（6）

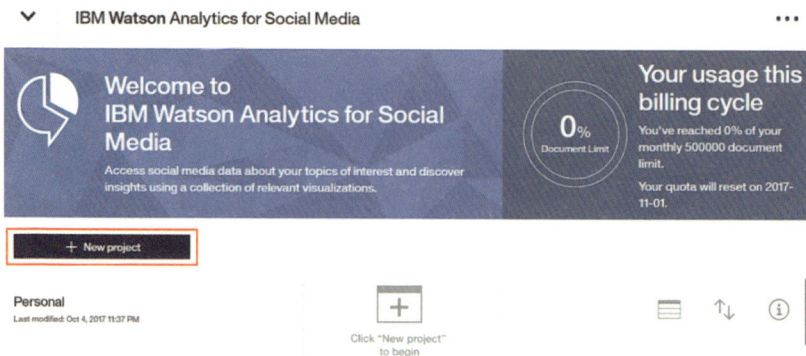

图 2-116　IBM Watson 社交情报探索平台设定与操作（7）

首先，我们必须为当下要探索的社交数据设定一个项目名称，因此请大家点击红色方框处的"＋New project"，并在图 2-117 红色方框处输入项目名称，本例输入"社交资料探索练习"，完成后点击蓝色的"Next"按钮。此时系统会将界面切换至如图 2-118 所示的状态，请在红色方框处输入任意的主题名称，本例输入"Seafood"，这个主题名称意为分析者所欲得知的特定关键词在社交网络上的舆情状况。命名完毕后请点击蓝色的"Add"按钮，如此系统便会将大家引导至 Watson 社交数据探索的正式界面，开始针对"Seafood"这个关键词进行探索，如图 2-119 所示。

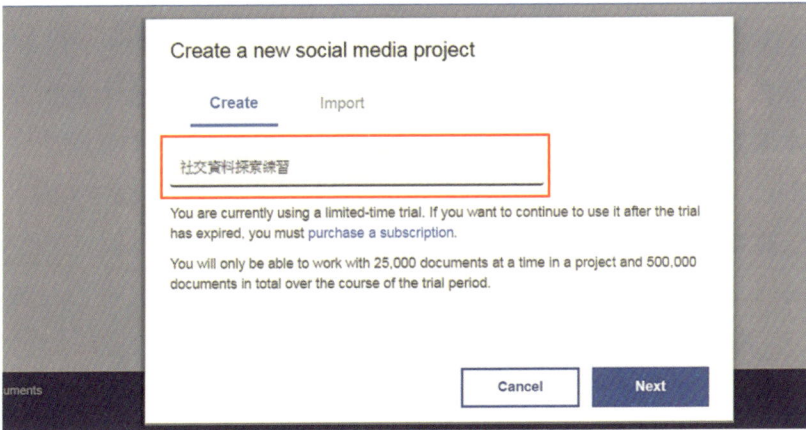

图 2-117　IBM Watson 社交情报探索平台设定与操作（8）

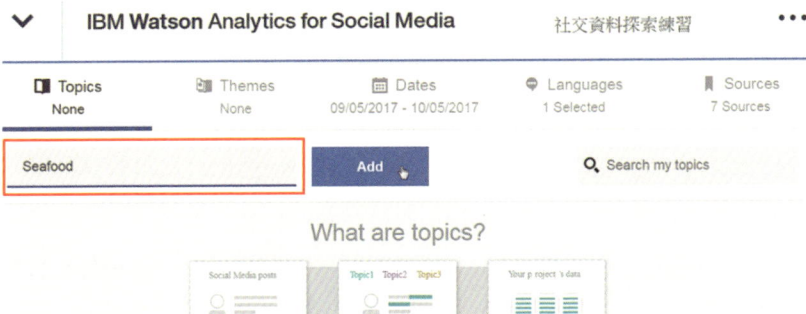

图 2-118　IBM Watson 社交情报探索平台设定与操作（9）

179

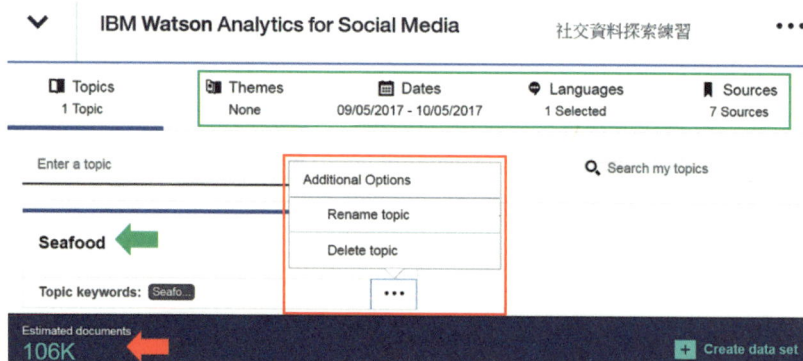

图 2-119　IBM Waston 社交情报探索平台设定与操作（10）

在图 2-119 中的红色箭头处我们可以看见关键词"Seafood"的粗估搜寻数为 106K（即 106000），为什么称为粗估呢？原来这个数值是依照绿色方框处的相关设定默认值所筛选出来的，若更改这些默认值，关键词"Seafood"的搜寻数量势必会改变，因此我们称它为粗估值。

一般情况下，分析者要依照自己的分析需求来调整默认值，包含"Themes""Dates""Languages""Sources"等参数。"Themes"指的是数据主题区分，例如，"Seafood"是指"海鲜"还是"宗教"，在主题上必须予以厘清。"Dates"是指所欲查询关键词的发生区间，也就是发生这件事情的时间。而"Languages"则是指关键词"Seafood"的背景语言，也就是该词相关的社交资料属于哪一个语系的国家。至于"Sources"，则是指社交资料发生的场域。倘若自己打算改变目前搜寻的关键词，则可在红色方框处的选项来修改或直接删除关键词。

本例将"Themes"设定为"宗教"，"Dates"限制在"09/05/2017 — 10/05/2017"，"Languages"设定成中文（Chinese）并且关闭英文（English）开关，"Sources"维持预设（即支持 7 种可能的社交资料来源）。一切设定完成后，可以发现图 2-120 红色箭头处的关键词"Seafood"搜寻数量已经从原先的 106K 下降为 12K，即 12000，表示目前的估计值比先前的粗估计值还要精准。大家一定很想知道上述设定情境下的搜寻结果，那么请点击红色方框处的"Create data set"按钮，Watson 便会立刻发挥它强大的探索功能。

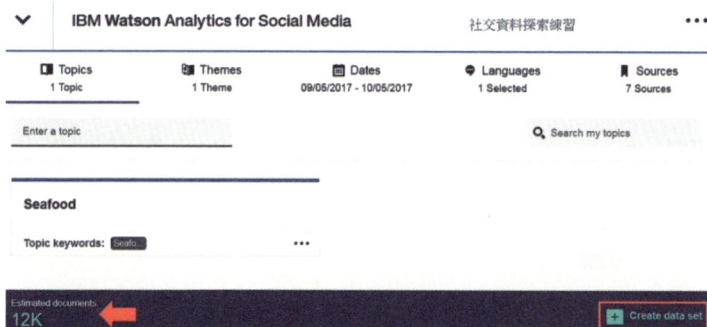

图 2-120 IBM Watson 社交情报探索平台设定与操作（11）

由于受到试用版本的限制，在点击"Create data set"之后 Watson 会出现提示警告画面，告诉我们目前所使用的搜寻资料的限额情况，如图 2-121 所示。此时我们并不需要做出任何回应，继续点击蓝色方框处的"Continue"按钮即可。

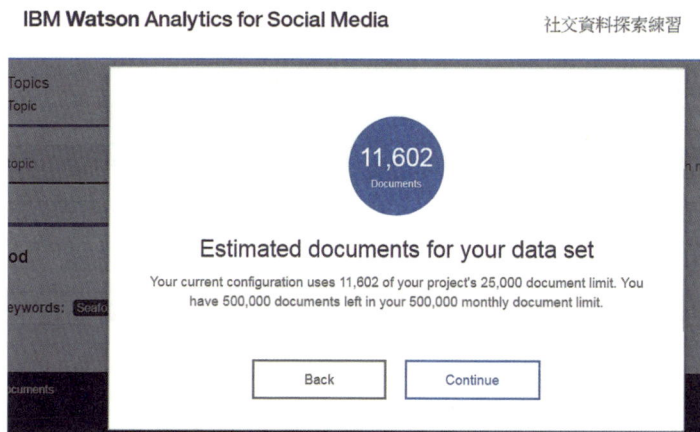

图 2-121 IBM Watson 社交情报探索平台设定与操作（12）

完成上述操作后，Watson 便开始提取社交资料，随后可在图 2-122 红色箭头处看到分析完成"Analysis Completed"字样，这表示我们已经可以点击红色方框处的"View analysis"观看分析结果，同时读者也可以从绿色箭头处观察到最终的社交数据筛选数量"Total documents：2,284"与总提及数量"Total mentions：2,567"。

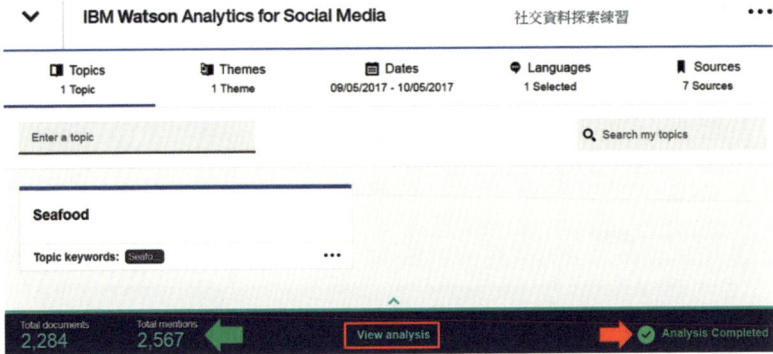

图 2-122　IBM Watson 社交情报探索平台设定与操作（13）

在图 2-123 所示的分析结果界面中，可将功能区约略地分为三大部分，数字 1 区域的下拉式选单可供分析者选择目前所欲观察的分析种类，包含对"话汇集"（Coversation Clusters）、"主题"（Topics）、"背景区分"（Themes）、"情感分布"（Sentiment）、"地理位置"（Geography）、"来源与网站"（Sources and Sites）、"影响力作者"（Influential Authors）、"行为"（Behavior）、"人口统计变量"（Demographics）等，本例若点击红色箭头处的"情感分布（Sentiment）"选项，则系统会在数字 2 区域显示数据可视化分析结果，并且在数字 3 区域显示源数据，如图 2-124 所示。

图 2-123　IBM Watson 社交情报探索平台设定与操作（14）

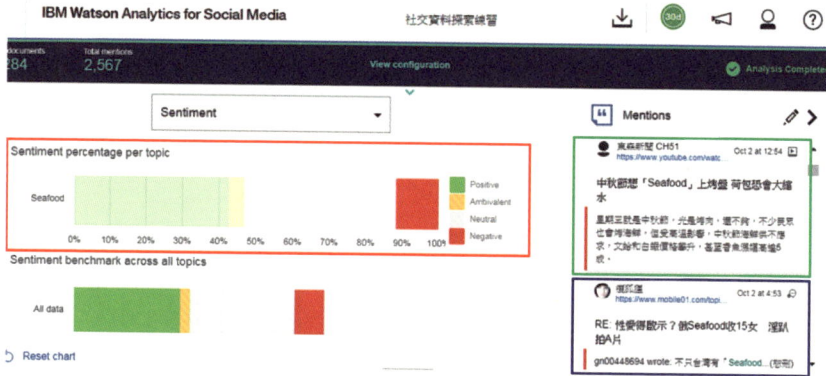

图 2-124　IBM Watson 社交情报探索平台设定与操作（15）

　　从红色方框处我们可以清楚地看见"Seafood"这个关键词的情感分析结果，从颜色深浅度来看，该字词的"正面声量"（Positive）明显较"负面声量"（Negative）多，乍看这个字词在社交网络上是非常正面的，但若仔细观察绿色方框处的源数据即可发现，原来"正面声量"所指的"Seafood"是中秋节烤肉，由于中秋佳节属于欢乐节日，因此被 Watson 判定为社交数据中的正面声量，但是若仔细观察绿色方框处的内容便可得知此篇新闻资料其实在叙述海鲜食材上涨，Watson 看起来既不是很正面也不是很负面，因而给予着浅绿色而非着深绿色，也就是正面偏中性声量。至于"负面声量"方面，Watson 能非常有信心地判定。相信大家印象仍然十分深刻，"Seafood"属于负面的社交资料，即蓝色方框处的宗教骗色事件。

　　在大数据电子商务中，许多销售策略必须依赖外部数据，而除了脸书，仍有许多值得参考的数据分散在其他社群渠道中，若将图 2-119 绿色方框中的"Sources"展开后即可看见如图 2-125 所示的社交数据渠道，因此通过 IBM Watson Analytics for Social Media 能有效协助电商从业者判断广大网民舆情。有志于从事大数据电子商务的人士可通过 IBM Watson Analytics for Social Media 来了解自己品牌在网络上的舆情分布，亦可通过它来剖析特定品牌在网民心目中的看法。

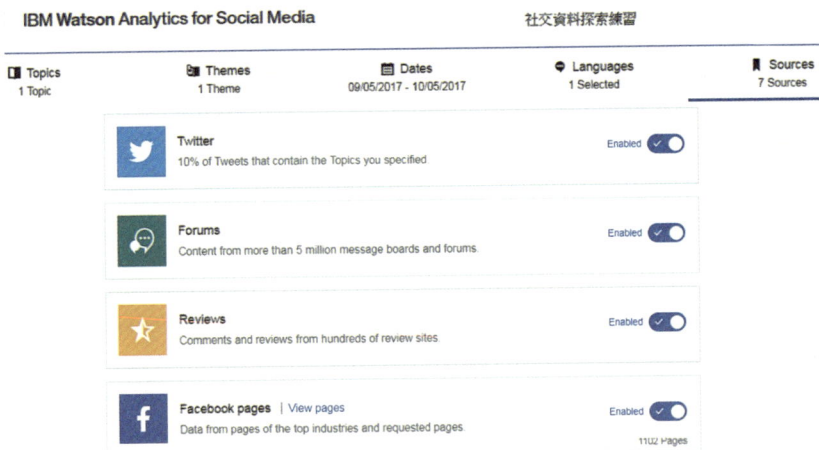

图 2-125 IBM Watson 社交情报探索平台设定与操作（16）

举例来说，假设自己是一个微型电商从业者，现正打算追赶 iPhone 11 上市后的热潮，并且在自家电商平台上售卖 iPhone 11 相关商品，然而又担心不慎进到地雷商品，届时消费者不买单还算事小，若大量闲置的库存无法顺利售出，才是真的赔大了！此时，我们可以通过上述的 IBM Watson Analytics for Social Media 在进货前事先探索一下究竟广大 iPhone 使用者在社群网站上对于 iPhone 相关商品有着怎样的需求或看法，找出答案后便能够有效契合消费者需求，进而降低商品库存积压的风险。

以图 2-126 为例，笔者将图 2-119 蓝色方框处的主题设定为"爱疯"，并且在相同项目下设定进阶筛选条件，包含红色方框处的主题关键词"Topic keywords：iPhone"与绿色方框处的情境关键词"Context keywords：配件"，再次进行搜寻后，可得到如图 2-127 所示的分析结果。

在界面左上角我们可以发现经过上述设定可获得 5714 项相关结果，此时若点击红色箭头处的"负面声量"色块，即可在绿色箭头处显示负面社交资料对应的出处。从这个社交数据源中，我们可以发现网民所讨论的 iPhone 配件是"水晶彩绘防摔手机壳"，而从红色底线处，我们亦可以发现若干的负面字眼，如"很不喜欢""觉得没有保险"等，亦可以从没有底线的文字中发现原来该位发文消费者不喜欢的事物是指"高价手机壳"，因此若自己在网络上售卖高价手机壳，可能无法契合这类型消费者的需求。

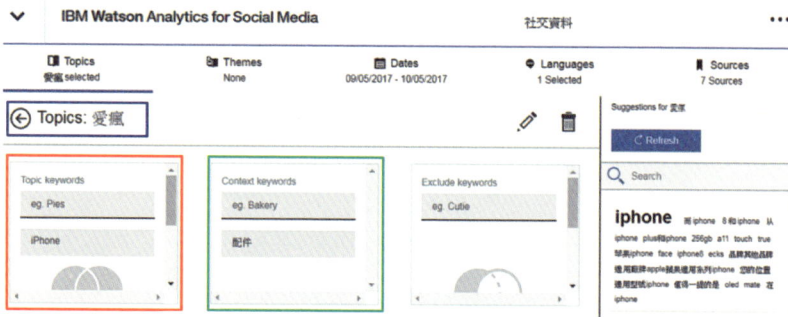

图 2-126　IBM Watson 社交情报探索平台设定与操作（17）

图 2-127　IBM Watson 社交情报探索平台设定与操作（18）

截至目前，我们介绍了社交情报探索的 3 种方式，当然目前还有许多不同的社交情报探索工具与做法，读者可将其视为自己接触非脸书社交资料探索的敲门砖，日后仍需依照自身需求来延伸学习。

第三章

大数据电子商务之
数字足迹掌握

新时代电子商务的诉求是能够有效应用大数据，即便许多电商从业者仍然以网站作为媒介来与消费者互动。时间追溯至 20 年前，当时的网站充其量称得上是单向的信息布告栏，随着网络带宽的不断升级，加上网页制作技术的日新月异，传统的"单向信息"布告式网站已慢慢地退出舞台。今日，访客不但能够在网站上看到琳琅满目且非常精美的内容，还能够在网站上表达自己的想法或选择，"双向信息"交互式网站已普及开来。在过去单向信息网站的时代，若想捕捉访客的网站足迹，通常是通过所谓的点击流分析（click stream analytics），也就是在网站程序代码中设计若干计数器或是触发器，一旦访客到达特定页面后，触发器就会被调用一次，驱动计数器开始进行人次累计计算，最后可以统计出某个网站或页面受到访客访问的情况。然而进入特定网站或页面很可能只是电子商务经营成功的必要条件，即访客要先进站，从业者才能对其进行营销活动。访客进站之后电子商务从业者仍要能够有效地监测访客是否持续与网站互动，甚至访客的网站参访行为是有脉络可循，因此传统的点击流分析无法满足诸如此类的整体行为脉络的掌握。除此之外，经营电子商务事业绝非是独占事业，受惠于电子商务经营门槛较低之故，使得相同的业务会有多个从业者同时经营，使得电子商务达到了百家争鸣的盛况。换言之，经营电子商务除了要掌握了解自己网站的行为数据之外，仍有必要参考竞争对手网站的行为数据，如此才能落实知彼知己、百战百胜的目标。然而点击流分析无法协助电商经营者同时观察自己与他人的网站行为数据，只有通过相关大数据工具才能有效地突破过去技术瓶颈所导致的分析障碍。

本章将探讨大数据电子商务中的数字足迹掌握，数字足迹指的是网站访客或上网装置使用者在网络上的行为脉络，而能够落实数字足迹掌握的工具非常多，有些需要交付使用费，有些则可以免费使用。为了降低大家的学习成本，本章将介绍两大免费工具：谷歌分析（Google Analytics, GA）与 SimilarWeb。谷歌分析属于一种站内式（on-site）流量分析工具，擅长针对单一网站进行深度的行为探索，而 SimilarWeb 则属于站外式（off-site）流量分析工具，能够同时针对两个网站进行广度的行为差异比较。通过站内式与站外式的流量分析工具的使用，能够使大数据电子商务的经营更加面面俱到。

第一节
深度流量分析

谷歌分析是由谷歌公司推出的一套网站流量分析工具，此工具自 2005 年于各个国家和地区上市之后迅速吸引了许多企业争相采用，原因如下。

使用免费。谷歌向来以免费的策略推广自家产品，无论是大家常用的 Gmail、YouTube，还是闲暇时撰写生活心得的 Blogger，都不需要使用者付费。谷歌官方认为，一个好用的工具必须要通过免费的方式来推广，如此才能让所推广的工具吸引更多的使用者。承袭这样的理念，谷歌分析完全不需要使用者付费，只要使用者拥有 Gmail 账号，登录谷歌分析平台，就能够马上使用。而免费使用这个推广策略确实受到了许多用户的青睐，根据市场调查公司的报告指出，谷歌分析是全球五百强企业首选的流量分析工具。

云端便利。想象一下在云端概念尚未兴起的年代，我们安装一个软件往往需要准备许多光盘，一片装完换另一片，还真有些麻烦！所谓"云端"是指一切软件的运作都发生在网络上，软件使用者不需要在自己的计算机上安装，只要利用自己的账号密码登录云端即可在网络上使用该软件的所有功能。谷歌分析是一种云端软件，只要通过自己 Gmail 账号登录后即可使用。此外，受惠于云端运算能力，不同的人使用不同的 Gmail 账号登入，仍可以看见相同的谷歌分析分析报表，此举将有助于工作团队在流量分析任务上的互动。

专业支援。某些时候我们也许对自己所使用的软件不甚熟悉，需要上网查询他人的使用心得。然而并非每种流量分析软件都能够轻易地在网络上找到参考资料，谷歌分析恰好可以弥补这项缺憾。谷歌分析堪称使用人数最多的流量分析工具之一，因此无论是在官方网站还是在网络上，谷歌分析皆提供了许多参考教材，这些教材扮演着相当重要的角色。除此之外，谷歌分析平台内亦提供顾问专家辅导，可以将分析报表授权给谷歌分析顾问团队，该团队会在适当时间（如流量表现不佳）主动与谷歌分析分析者联系，提供专业的使用分析协助。

证件职缺。谷歌分析如同许多信息软件一般，用户可以考取证书。然而谷歌分析个人证书（Google Analytics Individual Qualification, GAIQ）与其他软件证书最大差异处在于谷歌分析个人证书不需交付任何考证费用。这项做法维持了谷歌一贯的免费作风，因此考证人士将能够以最低的成本获取证书资格。除此之外，谷歌分析个人证书不像其他证件一样只重视"证书考取率"，它还能够在"证书就业率"上有一定的保障，意指证书能够在就业市场中获得雇主青睐。

以图 3-1 红色方框处为例，谷歌分析证书并非只受到信息或营销从业者的青睐，生技从业者也需要具备精深的大数据电子商务分析能力。值得一提的是，报名参加谷歌分析证书考试后并不需要亲赴认证中心参加考试，只要有一台能够上网的计算机，随时都能够上网参加谷歌分析个人证书认证考试。

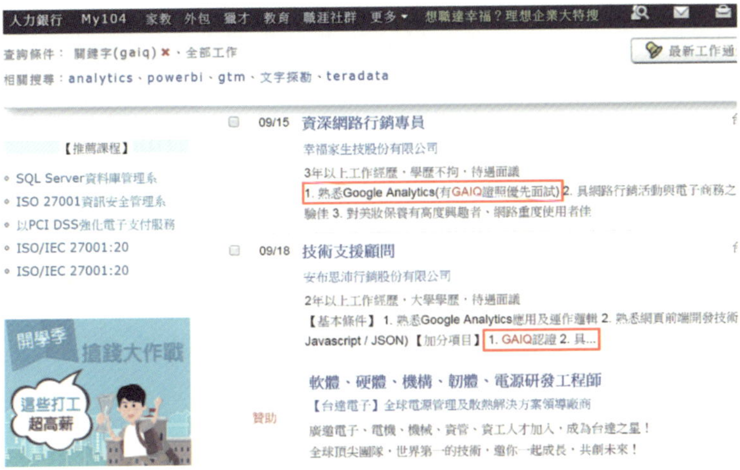

图 3-1　谷歌分析个人证书职缺查询（资料来源：104 人力银行）

综合以上叙述，本节以谷歌分析作为主要的使用分析工具进行演示，我们将示范两种谷歌分析安装方式，分别是传统网站 HTML 程序代码安装与套版式网站安装，无论是哪一种安装方式，读者都能够轻松地将谷歌分析追踪码植入分析目标，之后便能好整以暇地搜集任何发生在网站上的行为数据。

一、传统网站 HTML 程序代码安装

（一）谷歌分析运作原理

在正式安装谷歌分析之前，让我们先来了解一下网站或网页结构。几乎所有网站或网页都是由 HTML 语言所撰写出来的，所谓 HTML 指的是 Hyper Text Markup Language。其中，Hyper Text 是超文本的意思，也就是将线下内容放到线上，以便成为超文本内容。至于 Markup 是标记的意思，任何 HTML 都是以 <xxx> …… </xxx> 标签的形式来呈现的。

以图 3-2 红色方框处为例，我们在网页的空白处执行下列操作：单击鼠标右键点击"检视网页原始码"，便能看见该网页背后运作的 HTML 代码，如图 3-3 所示。通俗地讲，我们所看到的精美网页就是由这个复杂的 HTML 程序码打造出来的。

图 3-2 检视网页 HTML 原始码示意（1）（资料来源：YAHOO 奇摩）

```
1    <!DOCTYPE html>
2    <html id="Stencil" lang="zh-Hant-TW"
     class="StencilRoot  my3columns ua-wk ua-win
     ua-6.1 ua-wk537  l-out Pos-r https fp fp-
     default ltr desktop Desktop bkt692">
3    <head>
4
5        <title>Yahoo奇摩</title><meta http-
     equiv="x-dns-prefetch-control" content="on">
     <link rel="dns-prefetch" href="//s.yimg.com">
     <link rel="preconnect" href="//s.yimg.com">
     <link rel="dns-prefetch"
     href="//y.analytics.yahoo.com"><link
```

图 3-3　检视网页 HTML 原始码示意（2）（资料来源：YAHOO 奇摩）

若我们仔细检视网页原始码会发现，任何网页最外层都是由 <html> 标签开头并且以 </html> 标签作为结尾，受篇幅所限，读者可自行将图 3-3 界面移动至最下方，便可看见 </html> 标签。换句话说，开头标签格式为 <xxxx>、结尾标签格式为 </xxxx>。除了 <html>……</html> 标签之外，我们还可以从网页原始码发现 <head>……</head> 与 <body>……</body> 这两组标签。其中，head 是指网页的标头，好比我们人类的脑袋一般，所有网页运作思维都放置在此组标签内。至于 body 就好像是人所穿的衣服一样，任何放置在 body 标签中的内容都会一五一十地呈现在网页上。综合以上说明，几乎九成以上的网站或网页都是以 <html>……</html> 作为最外层标签，此组标签中又包含了 <head>……</head> 与 <body>……</body> 这两组标签。

接着，我们要来介绍谷歌分析运作的精髓，也就是描述 GATC（Google Analytics Tracking Code）的运作。我们以谷歌官方商店网站作为示范案例，网址是 https://shop.googlemerchandisestore.com，界面如图 3-4 所示。

图 3-5 为谷歌官方商店所捕捉到的使用分析报表。该网站在过去一周内共获得 23111 人次的访问，在这些人之中，有 20714 是新用户，也就是第一次访问这个网站，如红色方框处所示。从会话（进站次数）上看，该网站在过去一周共捕捉到了 28232 次进站痕迹，平均每位访客的进站次数

为 1.22 次，如绿色方框处所示。而若从浏览页数上看，该网站在过去一周总共被浏览了 94004 次，访客每次进站平均浏览页数为 3.33 页。然而访客虽然浏览了许多页面，亦进站许多次，但是每次停留时间都不是很长，平均停留时间为 1 分 53 秒，每 100 位访客之中就有高达 60.47 位访客进站之后并未点击任何内容就跳离网站。以上这些指标堪称谷歌分析的基础指标，但这些指标数据究竟是怎么样形成或计算的呢？关键就在于 GATC。

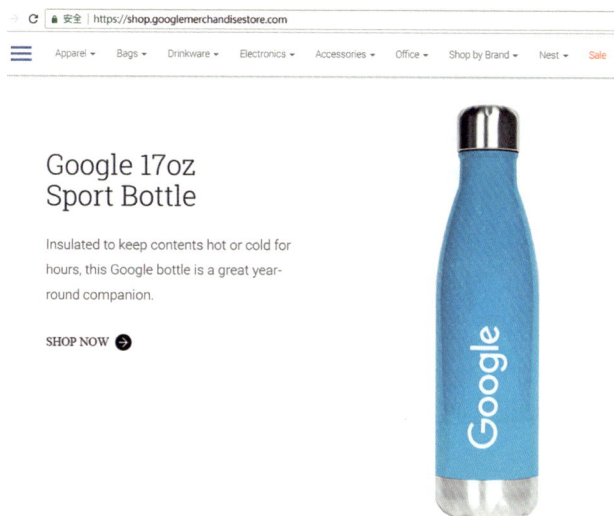

图 3-4 GATC 运作示意（1）(资料来源：Google)

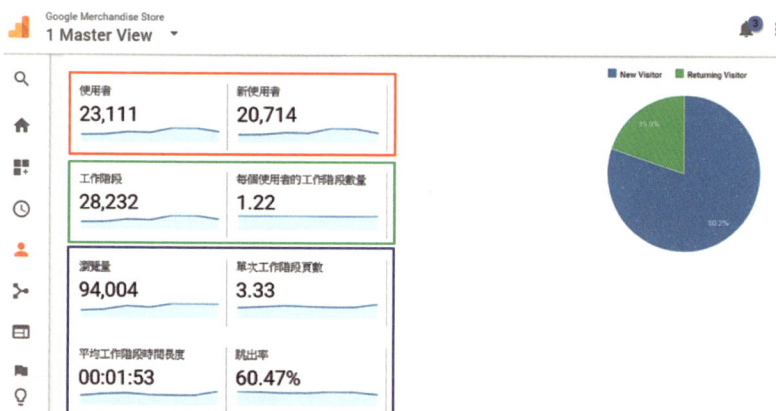

图 3-5 GATC 运作示意（2）(资料来源：Google)

图 3-6 为 GATC 的运作示意，红色方框处就是所谓的 GATC，只要将这组追踪码植入网页 HTML 代码之中，它就可以开始运作。因此绿色箭头处指向的侧录网站就是谷歌分析的分析目标，GATC 会在目标网站中记录所有发生的行为，并且将所记录到的行为数据传递至谷歌分析服务器，待谷歌分析服务器将所接收到的行为数据整理与运算后，再由谷歌分析服务器端回传整理好的使用分析报表给分析者。那么问题来了！我们究竟该把GATC 放置在网页 HTML 中的何处呢？是不是可以任意放置？还是该把它放在 <head>……</head> 或 <body>……</body> 标签之内呢？

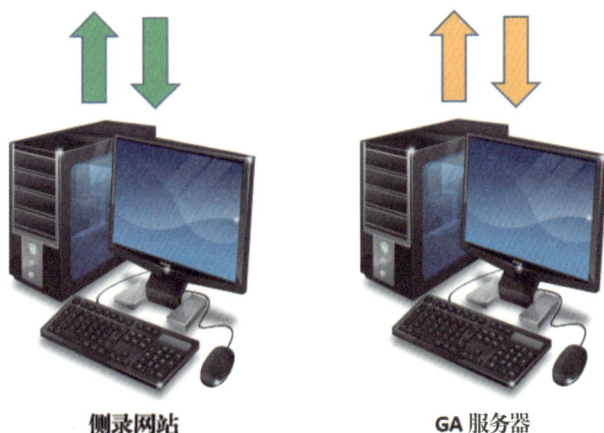

图 3-6　GATC 运作示意（3）

经过试验，GATC 可以放置在网页程序代码的任意一处，然而不同的放置区域对于使用分析工作其实有很大影响。举个例子，也许大家曾经遭遇网络塞车的情况，大家不妨回想一下，每当发生网络塞车时，网页画面延迟究竟是从上而下来呈现网页内容，还是从下而上（bottom-up）来呈现网页内容呢？相信大家共同的答案是前者。没错！几乎所有的网页都是以从上而下的方式在运作背后的 HTML 程序代码，这也是为何我们在解读图 3-3 网页原始码的时候亦是遵照从上而下的顺序。有鉴于此，GATC 宜放置在网页原始码的上方，若将 GATC 放置在网页原始码的下方，如果某位访客参访网站不久后随即跳离网站，此时 GATC 尚未被触发，也就无法发现该位访客。

综合以上说明，在绝大多数情况下，笔者强烈建议大家把 GATC 放置在 <head>……</head> 之内，除非放在 <head>……</head> 之内会导致原有 <head>……</head> 中的代码出现错误，否则我们应该尽可能及早地唤醒 GATC 并使其运作，以便确保使用分析报表的准确度。

下面我们将示范如何用免费的 HTML 编辑软件制作一个简单的网页，当网页制作完毕之后，接着示范如何自谷歌分析中取得 GATC，并且将它放置在 <head>……</head> 之中，最后再带领大家通过谷歌分析的即时报表功能来验证 GATC 是否正常运作。

（二）简单网页制作

现在，我们要通过免费的 HTML 编辑器来制作一个简单的网页（以学校网页空间为例），如此谷歌分析才能有分析目标。首先请大家在自己的 Chrome 浏览器中输入网址 http://goo.gl/60R9m，之后便可在自己的浏览器上面看见如图 3-7 所示的界面，此时请点击红色方框处的"＋加到 CHROME"按钮，接着点击图 3-8 红色箭头处的"新增扩充功能"按钮，稍候片刻，原来的"＋加到 CHROME"按钮将会显示成如图 3-9 红色方框处的"已加到 CHROME"，完成 PageEdit 的安装。PageEdit 是一个轻量化且内嵌式的 HTML 网页编辑插件，作用是将网页编辑工作与网页浏览器联动，因此只要正确地将 PageEdit 安装在 Chrome 浏览器中，就能够在 Chrome 浏览器右上角看见 PageEdit 的图标，如图 3-10 红色箭头处所示。

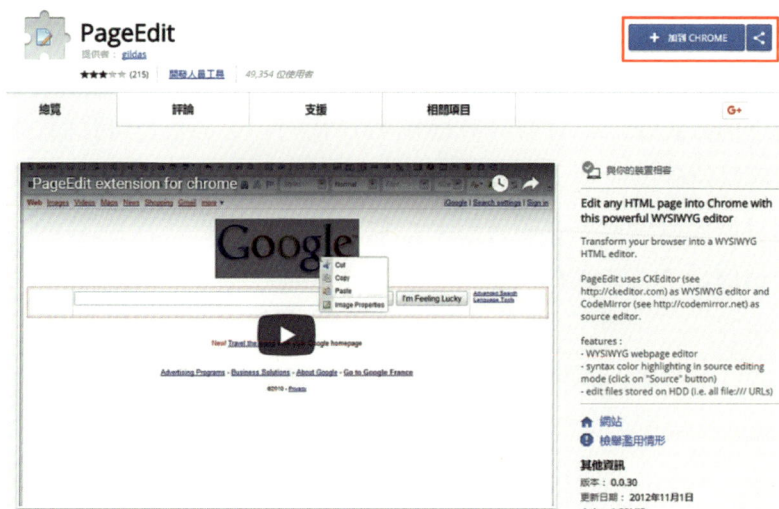

图 3-7　HTML 网页编辑器的安装（1）

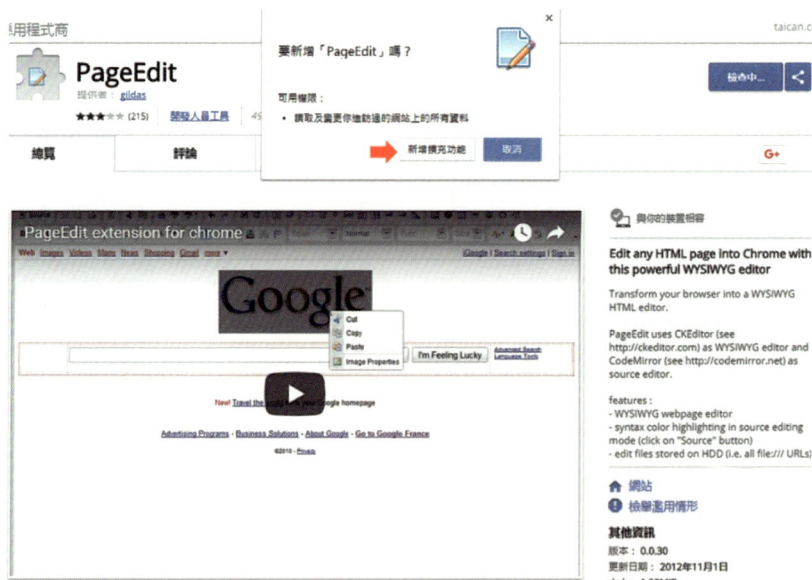

图 3-8　HTML 网页编辑器的安装（2）

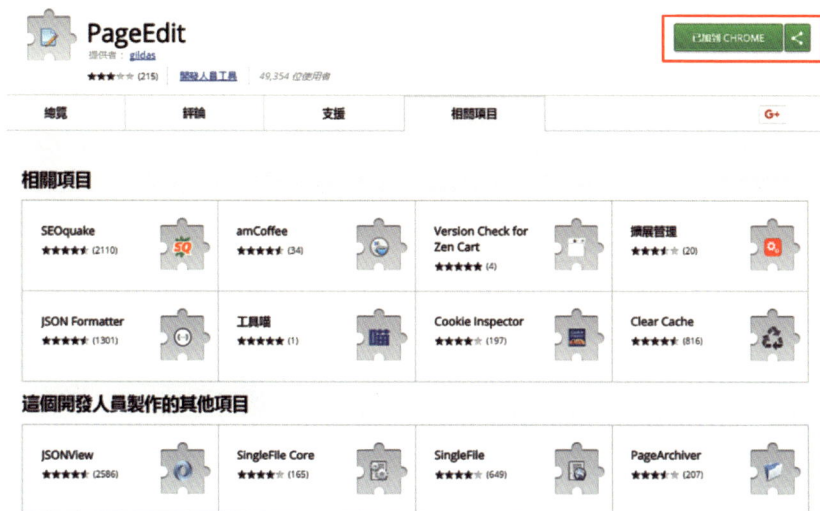

图 3-9　HTML 网页编辑器的安装（3）

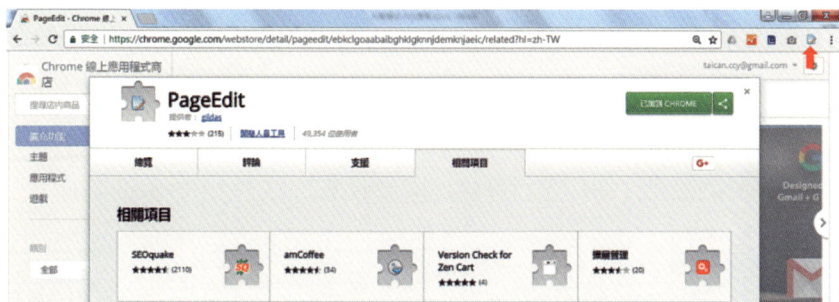

图 3-10　PageEdit 网页编辑器的使用（1）

　　PageEdit 新增一张网页的操作方式较不直观，具体方式为：第一步，在 Chrome 浏览器中开启任一网站；第二步，点击界面右上方的 PageEdit 小图标，此时的 Chrome 浏览器已进入 PageEdit 编辑模式；第三步，点击画面左上方的新增页面图标（类似空白 A4 纸图样），如此便能完成新增一张空白网页的动作，如图 3-11 所示。现在请大家点击红色方框处的"原始码"以便将编辑模式切换至程序代码模式。从程序代码模式中可以发现我们在图 3-3 中所讨论到的 HTML 标签，到此即可证实绝大多数网页的 HTML 代码都是由 <html>……</html>、<head>……</head> 以及

<body>……</body> 标签所组成，如图 3–12 所示。

图 3-11　PageEdit 网页编辑器的使用（2）

请大家再次点击图 3–12 红色方框处的"原始码"，将原始码编辑界面模式切换至一般编辑模式。在一般编辑模式下，读者可以任意输入文字或插入图片，之后请记得将输入的内容存盘，这些素材将会成为网页制作完毕后的网页内容。以图 3–13 为例，笔者在一般编辑模式中输入"我的第一个 GA"，点击红色箭头处的磁盘片图标进行存盘，即可看见如图 3–14 所示的界面。

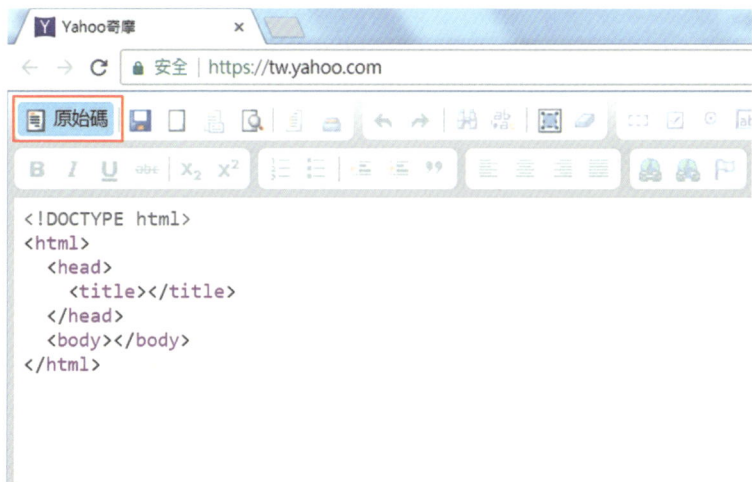

```
<!DOCTYPE html>
<html>
  <head>
    <title></title>
  </head>
  <body></body>
</html>
```

图 3-12　PageEdit 网页编辑器的使用（3）

图 3-13　PageEdit 网页编辑器的使用（4）

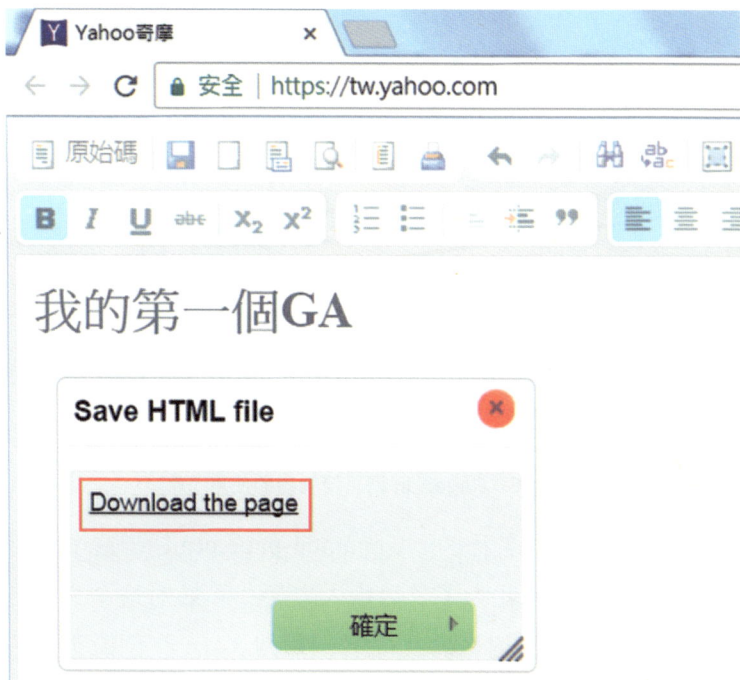

图 3-14　PageEdit 网页编辑器的使用（5）

　　继续点击红色方框处的"Download the page"按钮，刚制作的文档就会下载至计算机默认的下载目录，其后读者可点击图 3-15 红色方框处的"在文件夹（资料夹）中显示"，将存放下载文件的文件夹（资料夹）开启。

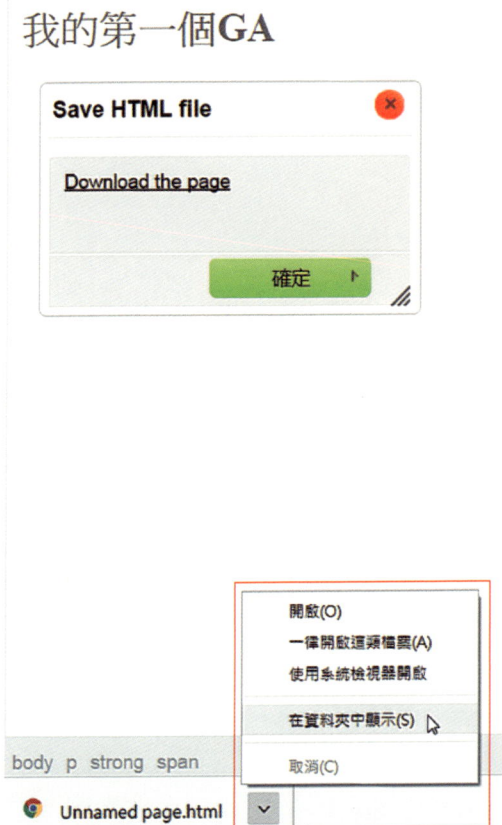

图 3-15　PageEdit 网页编辑器的使用（6）

　　PageEdit 的预设存档名称为"Unnamed page.html"，这个名称将会在之后成为自己的网址，因此为了日后输入方便，不妨对这个文档进行重新命名，选择一个为较容易记忆的文件名，如图 3-16 红色箭头处所示。在此我们将名称"Unnamed page.html"改为"myga.html"，修改完毕后即可看见如图 3-17 所示的界面。

　　我们点击更名后的页面，会在 Chrome 浏览器中看到 myga.html 页面的内容，也就是"我的第一个 GA"，如图 3-18 所示。此时不少读者应该会很高兴，认为自己的网页制作成功了！但仔细观察红色方框处的网址 file:///C:/Users/ccy/Downloads/myga.html，是否发现跟我们常见的网址不太一样呢？确实，大家所看到的网址并非真正的网址，它只能称为文档路径。换句话说，若我们离开自己的计算机，就再也无法存取这个 myga.html 网页，因此 myga.html 只能视为文档而非网页。那么我们该如何将 myga.html 变成网页呢？关键就在于网页空间或云端空间，倘若自己拥有一个网页空间，只要将制作好的 myga.html 文档上传，就能够使它成为名副其实的网页。然而对于一般人而言，拥有网页空间的成本不低，再加上我们不可能拿自己实际工作上接触到的网站来练习谷歌分析的安装，因此我们只能退而求其次地找一个类似网页空间的场域练习。

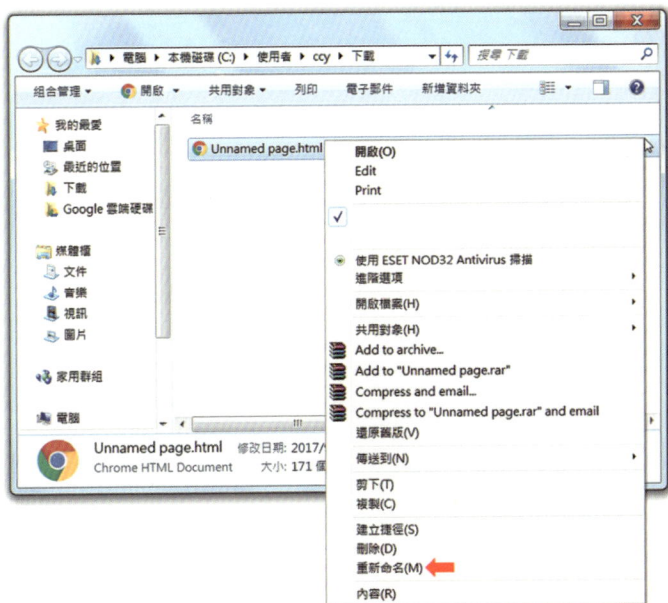

图 3-16　PageEdit 网页编辑器的使用（7）

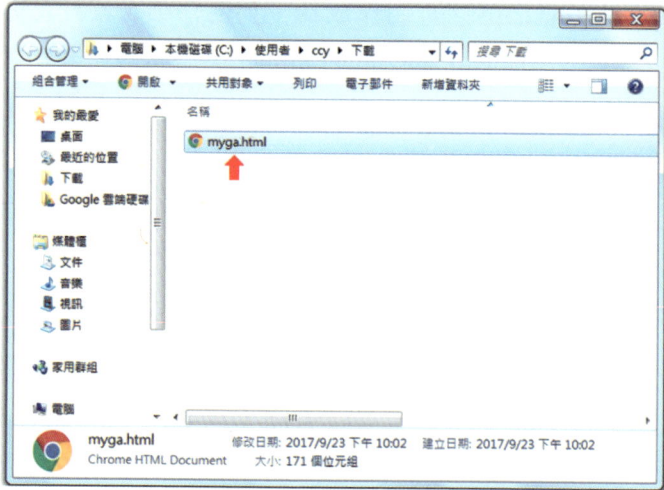

图 3-17　PageEdit 网页编辑器的使用（8）

图 3-18　PageEdit 网页编辑器的使用（9）

　　如果是经济状况允许的上班族，不妨在网络上向网络经营者租用网页空间，如中华电信，但如果是经济拮据的大学生，请不要浪费了学校提供给自己的网络资源，几乎每所大学都会给学生提供个人网页空间。在此，我们以东吴大学的学生个人网页空间[①]作为示范，通过自己的学号与密码

---

　　①　请注意！由学校电算中心所提供的学生网页空间属于个人专属，非该校注册学生无法使用。除此之外，每间学校的网页空间设定方式不尽相同，请读者在操作之前，先行查看自己学校的操作说明。

来开启自己的网页空间，开启后便能将刚刚制作完成的 myga.html 文档上传至空间内，使 myga.html 成为真正的网页，如图 3-19 所示。

图 3-19　网页上传个人网页服务器（1）

依照东吴大学电算中心的要求，笔者用学生的学号与密码来登录 FTP 主机。所谓 FTP（File Transfer Protocol）指的是文档传输协议，是我们在传送网页至网页空间上面时所需使用到的一种网络协议。这个协议与我们平常上网时在网址前端所看见的 HTTP 协议不同。HTTP 是超文本传输协议，专门用来读取存放在网页空间上的 HTML 网页。因此请记住，传输网页时使用 FTP 协议，读取网页时使用 HTTP 协议。

目前有许多免费 FTP 工具可以下载，但其实 Windows 操作系统已内置了 FTP 传输功能，我们只需要依照图 3-20 红色方框处的指示，在任意文件夹路径处输入由学校所提供的网页空间地址，即可开启 FTP 网页文件传输工具的界面。本例网页空间网址为 ftp://myweb.scu.edu.tw/。网页空间网址输入完毕后，按下 Enter 键就会看见输入账号与密码提示界面，此时请依照学校所提供的账号及密码来输入，如图 3-21 所示。输入完毕点击"登入"，就可把自己专属的网页空间文件夹开启，如图 3-22 所示。由于东吴大学电算中心规定若欲在自己网页空间内传输网页，必须先建立一个名为"www"的文件夹，因此读者须依照图 3-23 所示步骤，在网页空间的空白处点击鼠标右键，选择"新增→资料夹"，完成后即可在自己的网页空间上看见新增的 www 文件夹，如图 3-24 所示。

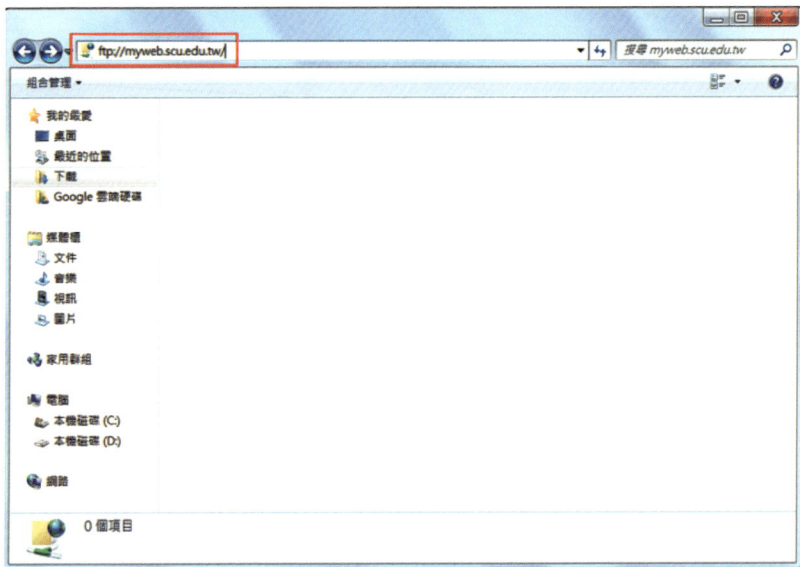

图 3-20　网页上传个人网页服务器（2）

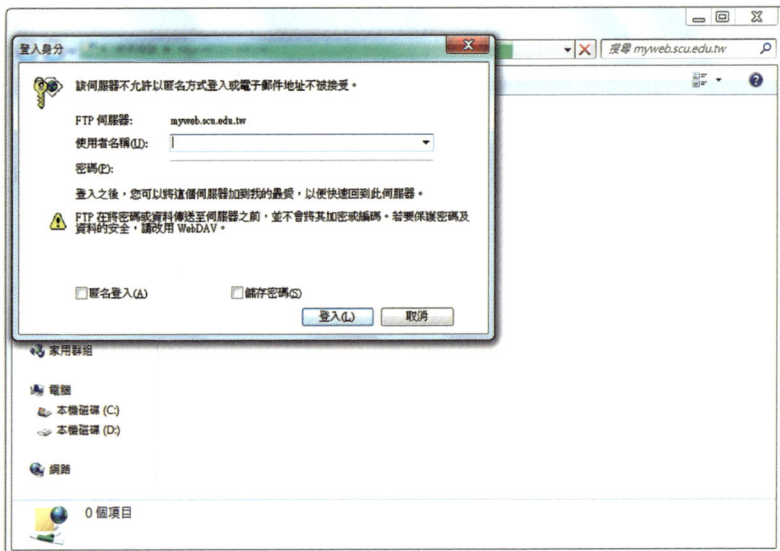

图 3-21　网页上传个人网页服务器（3）

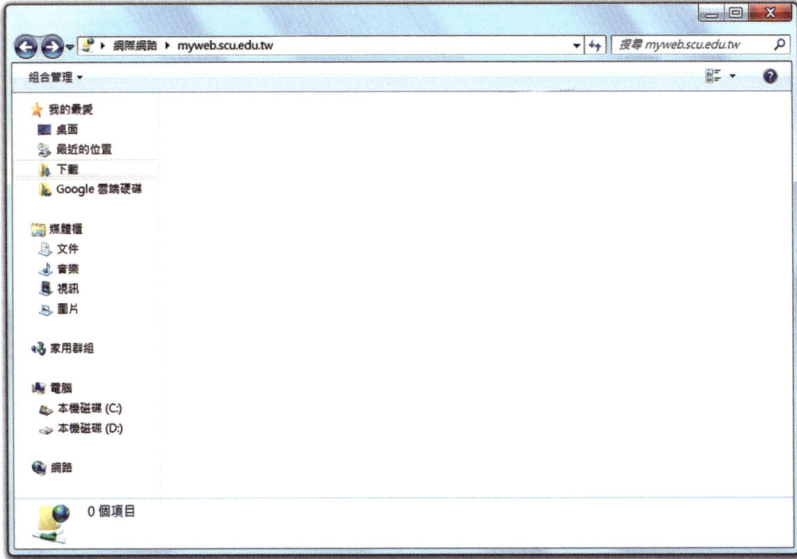

图 3-22　网页上传个人网页服务器（4）

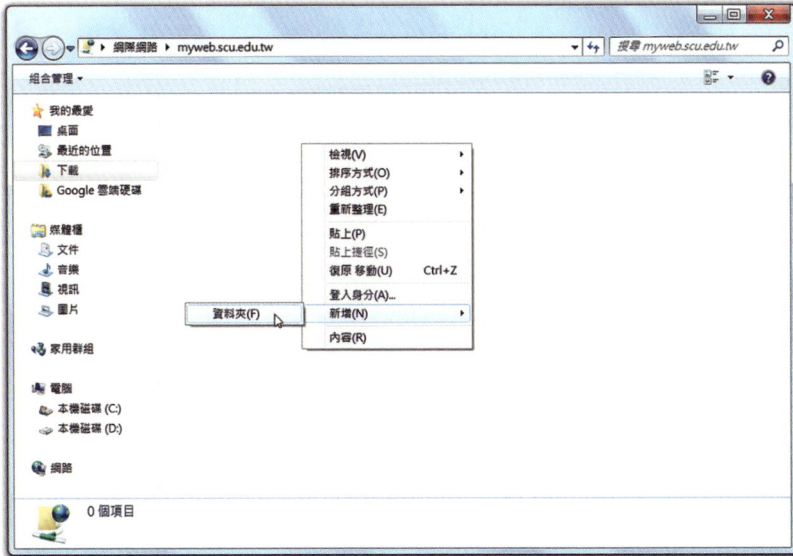

图 3-23　网页上传个人网页服务器（5）

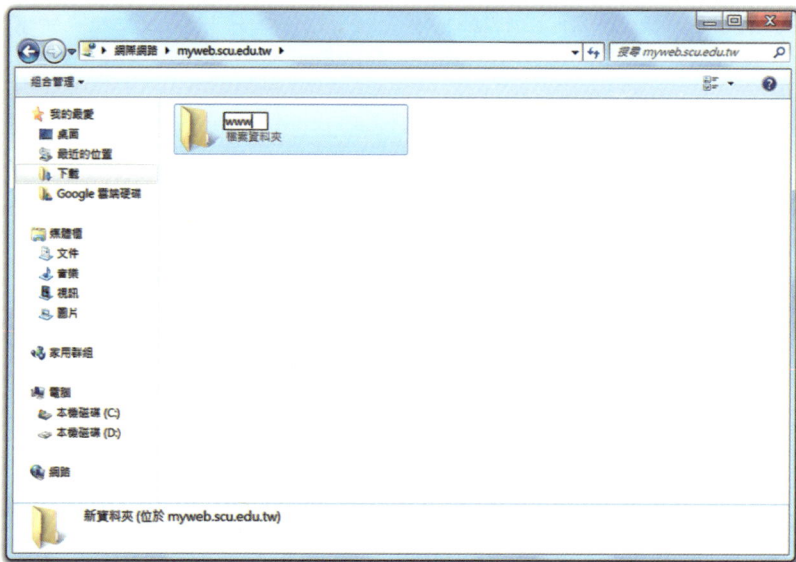

图 3-24　网页上传个人网页服务器（6）

接着点击这个 www 文件夹进入图 3-25 所示的界面，此时我们已经进入红色方框处的 myweb.scu.edu.tw/www/ 路径，只要依照图 3-26 所示的指示，将已经制作好的 myga.html 文档拖动至网页空间中即可完成 FTP 文档上传操作，至此 myga.html 也由普通文档变成了真正的网页。现在让我们再次回到 Chrome 浏览器，输入由学校所规定的网页读取网址 http://myweb.scu.edu. tw/~04170121/myga.html ，如图 3-27 红色方框处所示，查看所上传的网页是否能够顺利在浏览器中读取。如果能顺利读取，Chrome 浏览器会把 myga.html 的内容读取出来并显示在屏幕上。做到这样是不是觉得非常有成就感呢？没错，虽然我们所制作的网页非常简单，但它却是个能正常运作的网页，此时不妨拿出自己手机，打开手机内所安装的浏览器，在浏览器地址栏中输入 "http://myweb.scu. edu.tw/~04170121/myga. html"，相信大家在手机上也可以看到 myga.html 网页的内容。如果手机能够顺利读取 myga.html 网页，就表示即使我们离开自己的计算机，也能在任意地点通过手机读取自己制作的网页。

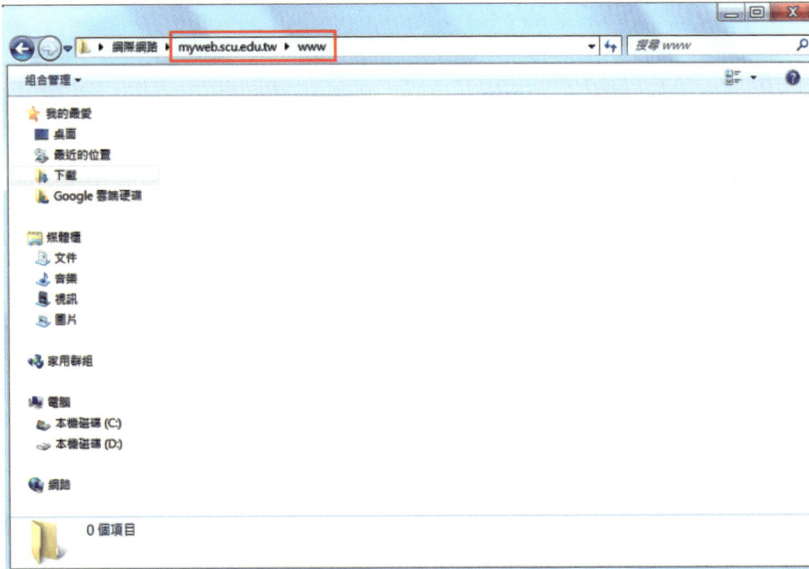

图 3-25　网页上传个人网页服务器（7）

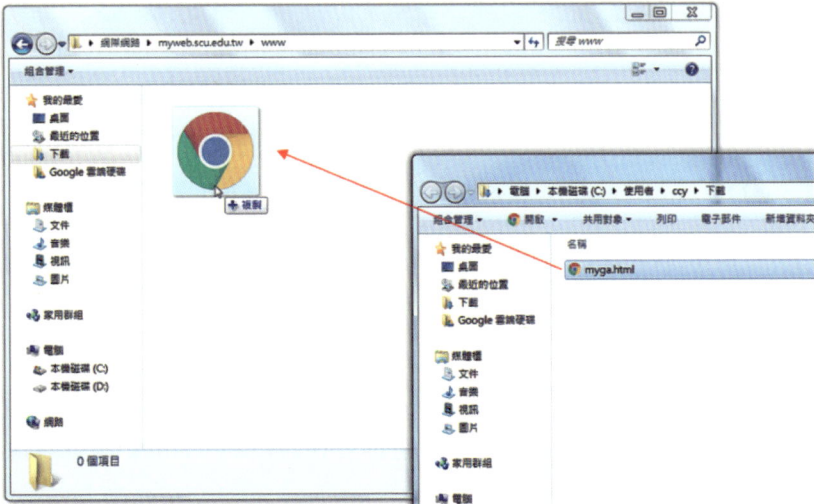

图 3-26　网页上传个人网页服务器（8）

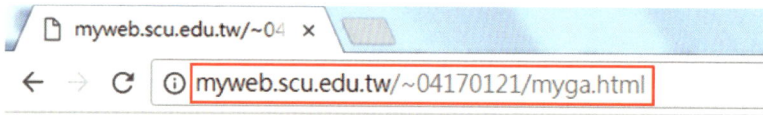

图 3-27　网页上传个人网页服务器（9）

以上为简单网页制作示范，读者若有兴趣，可不断扩增 myga.html 内容，甚至是制作其他 HTML 网页，但请记住每次新增文档或是已有文档发生改动时，都必须再次将计算机上的 HTML 文档拖动至网页空间上，如此才能将网页空间上旧的 HTML 文档更新，借以保持最新状态。由于所建的网站被我们自己账号所管理，因此接下来我们就可以把 GATC 植入到 myga.html 的 <head>……</head> 标签内。但问题是我们要到哪儿去获取 GATC 呢？让我们赶紧进入接下来的内容。

（三）谷歌分析安装

由于每个网站都有其专属的 GATC，因此在获取 GATC 之前，我们必须先完成谷歌分析的相关设定。首先，请读者在自己的 Chrome 浏览器地址栏中输入谷歌分析平台网址 https://www.google.com.tw/intl/zh-TW/analytics/，输入完毕之后便可看见如图 3-28 所示的界面。接着请点击绿色箭头处的"建立账户"按钮，此时系统会先要求登录自己的 Gmail，完成 Gmail 登录之后，系统会切换至注册界面，如图 3-29 所示，此时请点击红色方框处的"注册"按钮，以便将界面导引至图 3-30 所示的状态。

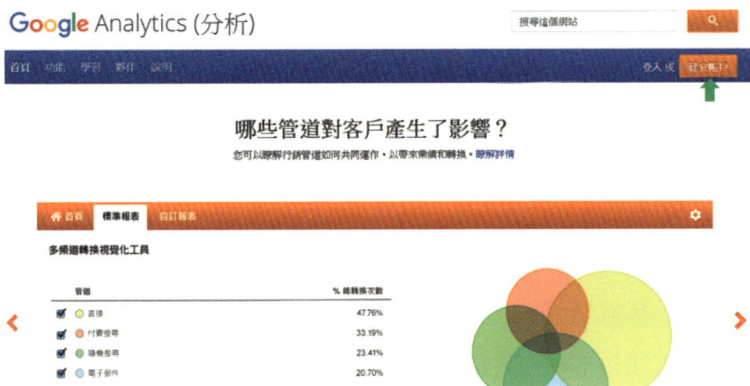

图 3-28　Google Analytics 登录界面

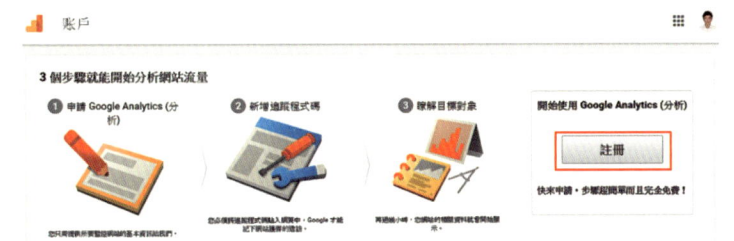

图 3-29　Google Analytics 注册（1）

图 3-30　Google Analytics 注册（2）

由于我们现在欲分析的目标是网站而非应用程序 App，因此请大家务必确认已选中了绿色箭头处的"网站"选项。接着，请大家在蓝色方框处输入任意谷歌分析账号名称，本例输入"我的 GA 练习"。请注意！Gmail账号与谷歌分析账号不同，一个 Gmail 账号下面可附挂 100 个谷歌分析账号。随后请大家在红色方框处输入自己所喜欢的资源名称（资源指的是网站），本例输入"我的第一个网站"。每个谷歌分析账号下面可以附挂 50 个资源。换句话说，目前"我的 GA 练习"账号下面可以挂附"我的第一个网站""我的第二个网站""我的第三个网站"……"我的第五十个网站"。最后，请大家在绿色方框处输入分析目标的网址，也就是指目前资源（或网站）的网址，由于我们是通过学校提供的网页空间来练习谷歌分析的安装，也已经设置好了自己的网页，因此这里需输入自制网站的网址，即 http://myweb.scu.edu.tw/~04170121/。请注意！此处网址切勿输入成"http://myweb.scu.edu.tw/~04170121/myga.html"，这样的输入方式等同于要求谷歌分析仅分析 myga.html 单一页面，因为未来可能还会有额外的页面加入，因此我们不应该指定任何特定网页名，而应该留白，也就是请谷歌分析分析 04170121 文件夹下的所有网页。

输入完毕之后，请继续将界面往下移动，此时会看见图 3-31 红色方框处的"产业类别"，若打算使用绿色箭头处的"技术支持"与"账（帐）户专家"功能，那么必须正确选择与自己网站经营形态相符的产业，如此谷歌分析官方团队才能针对正确的产业形态给予分析辅导。此外，在谷歌分析平台中会有某些站外式的使用分析对比功能，若没有选择正确的产业形态，进行不同网站之间的流量比较分析将不具意义（如分析零售业流量表现和汽车业流量表现）。

由于我们正处于谷歌分析初学与练习阶段，而且我们自制的个人网页也称不上所谓的产业，因此"产业类别"择一选取即可。接着，请大家确认绿色方框处的"报表时区"是否为"台湾"，随后将画面移动至最下方并点击"取得追踪 ID"按钮，如图 3-32 红色方框处所示。此处所称追踪ID 就是指 GATC 的编号，现在请再次点击服务条款合约中的"我接受"按钮，如图 3-33 绿色箭头处所示。

图 3-31　Google Analytics 注册（3）

图 3-32　Google Analytics 注册（4）

图 3-33　Google Analytics 注册（5）

此时系统界面会切换至图 3-34 所示的状态。从红色方框中，我们可以看见追踪 ID "UA-106890100-1"。其中，106890100 即指谷歌分析账号，而后面的 -1 则是目前的资源（或网站）编号，此编号最多可新增至 -50，也就是一个谷歌分析账号下面可以附挂 50 个分析资源。接着，请再次将界面往下移动至如图 3-35 所示的状态，展开绿色箭头处的下拉式选单，即可看见红色方框处的 GATC。

图 3-34　Google Analytics 注册（6）

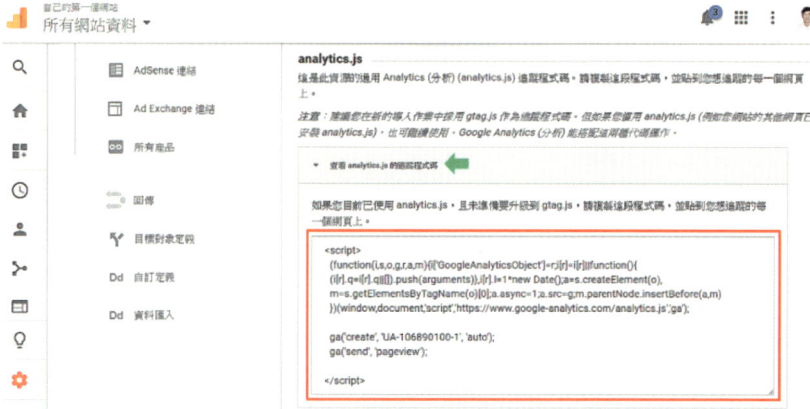

图 3-35 Google Analytics 注册（7）

接着，依照图 3-36 的指示，将红色方框处的 GATC 完整地选取，然后点击鼠标右键，选择"复制"，如此我们便能将所复制下来的 GATC 植入到网页原始码内。这时再次将 Chrome 浏览器中的 PageEdit 编辑模式开启，也就是先回到 Chrome 浏览器，并且在地址栏中输入自制网站的地址 http://myweb.scu.edu.tw/~04170121/myga.html，再点击界面右上方的 PageEdit 图标，如图 3-37 绿色箭头与红色箭头处所示。

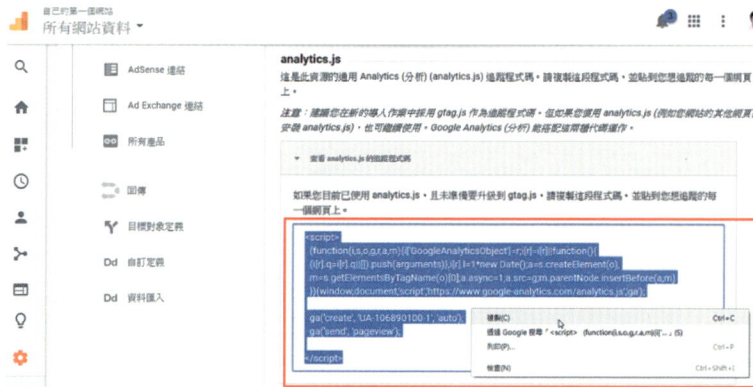

图 3-36 Google Analytics 注册（8）

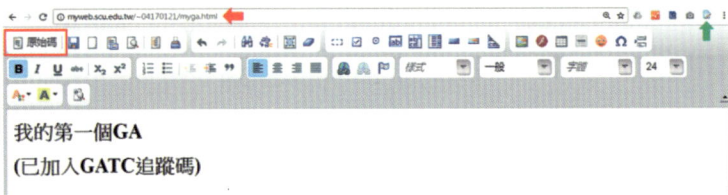

图 3-37　GATC 植入网页原始码（1）

　　为了方便识别在网页中加入 GATC 前后之差异，笔者在网页内容中新增了一句话："（已加入 GATC 追踪码）"，如图 3-37 所示。并且点击红色方框处的"原始码"，以便将"一般网页编辑模式"切换至"网页原始码编辑模式"。之后将光标停留在 </head> 标签末端，点击若干次键盘 Enter键，如此才能挪出空间给即将加入的 GATC，如图 3-38 所示。加入 GATC之后（如绿色方框处所示），不要忘了再次选中红色方框处的"原始码"，将"网页原始码编辑模式"切换至"一般网页编辑模式"，完成后点击图3-38 绿色箭头处的磁盘片存盘图标，并且依照图 3-39 的指示点击"确定"按钮，至此我们已经完成了将 GATC 植入网页原始码的操作。

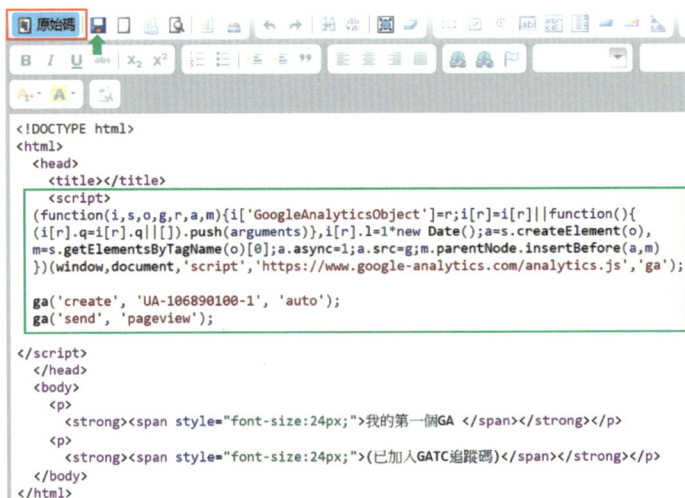

图 3-38　GATC 植入网页原始码（2）

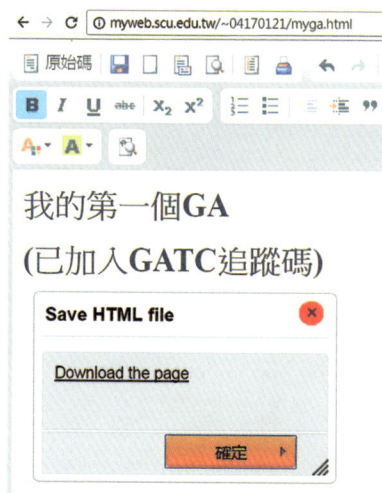

图 3-39　GATC 植入网页原始码（3）

接下来，我们必须将已植入 GATC 的网页上传至自己的网页空间，因此请再次点击绿色箭头处的磁盘片存盘图标，并且点击红色方框处的"Download the page"按钮，如图 3-40 所示。此次下载的网页与我们在图 3-17 中所下载的 myga.html 不同，而 PageEdit 也将此次下载的网页命名

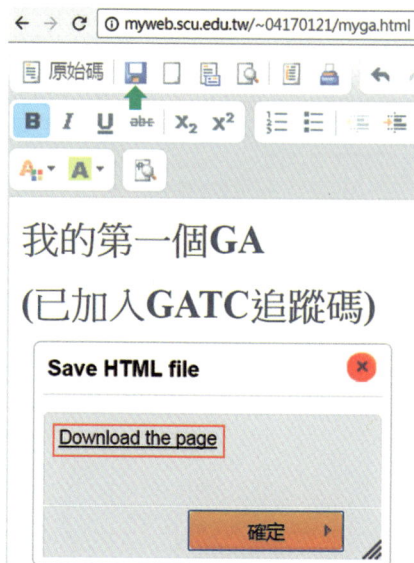

图 3-40　将植入 GATC 的网页原始码上传（1）

为 myga（1）.html，如图 3-41 红色箭头处所示。接着重复图 3-26 中的操作，将刚下载好的 myga（1）.html 拖动至网页空间内，完成后就可以在自己的网页空间中看见 myga.html 与 myga（1）.html，后者为具有 GATC 的网页，如图 3-42 所示。

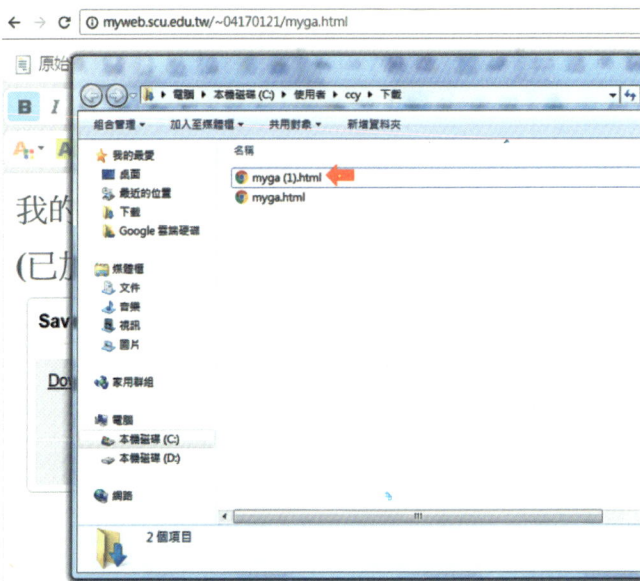

图 3-41　将植入 GATC 的网页原始码上传（2）

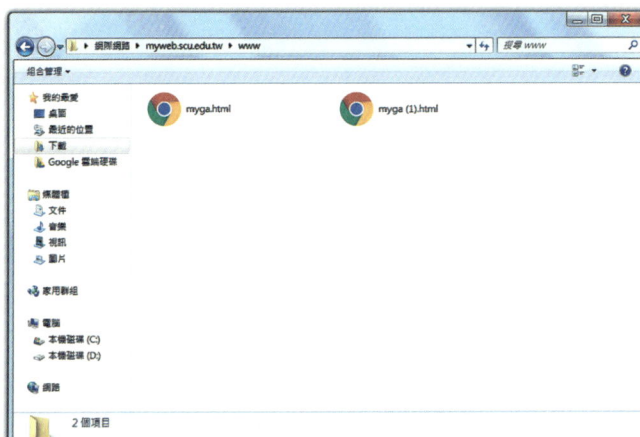

图 3-42　将植入 GATC 的网页原始码上传（3）

现在让我们回到 Chrome 浏览器，在地址栏中输入 "http://myweb.scu. edu. tw/~04170121/myga（1）.html"，尝试制造一笔流量供 GATC 捕捉，完成后我们回到谷歌分析平台中的实时报表中观看流量表现。以图 3-43 红色方框处为例，点击 "实时（即时）→总览" 即可看见目前侦测到了 1 笔流量，也就是图 3-44 红色方框处的 "目前站上有 1 位活跃使用者"，其所使用的进站装置为台式机。

图 3-43　GATC 运作检测（1）

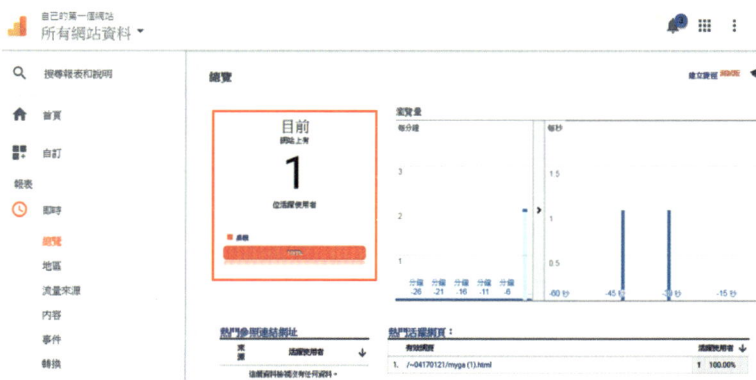

图 3-44　GATC 运作检测（2）

此时，若读者拿起自己的手机并且在手机浏览器地址栏中输入相同的网址，即 http:// myweb.scu.edu.tw/~04170121/myga （1）.html[①]，便可看见图 3-45 红色方框处新增的访问记录，因此目前网站上共计有两笔流量，一笔为桌机流量，以橘色显示，另一笔为移动装置流量，以绿色显示。

图 3-45　GATC 运作检测（3）

以上案例充其量是指引大家如何在 HTML 网页原始码环境中安装谷歌分析，然而依照目前笔者所传达的内容，读者在学习谷歌分析仍有两大困境。

第一大困境：无法获取足够的流量数据。如果读者在刚才安装完成的谷歌分析平台内点击任何功能，相信大家都会发现绝大多数的分析报表无法显示，主要原因在于我们自制的网页流量非常少，即便通过广邀好友的方式来网站上面刷新流量，也比不上那些大型网站所能获取的自然访问流量。为了提高大家的学习成效，谷歌提供了真实网站的谷歌分析分析示范账号。此处所指的示范账号使用的分析报表系来自图 3-4 谷歌官方商店上所捕捉到的流量，借由此丰富且真实的流量报表，将有助于大家对于使用分析学习的涉猎深度。有鉴于此，我们接下来将示范如何将谷歌官方的谷歌分析示范账号加入自己的 Gmail 账号之下。

首先，请大家在 Chrome 浏览器地址栏中输入 "https://support.google.

---

① "myga" 与 "（1）" 之间有空一格，即 "myga （1）.html"，若没有输入空格，将无法读取网页内容。

com/analytics/answer/6367342?hl=zh-Hant"，之后便会进入如图 3–46 所示的界面。接着请大家再次将界面向下移动，直到看到图 3–47 红色方框处的"存取示范账户"为止，点击该链接之后，谷歌便会将示范账户安装到自己的 Gmail 账号下，如图 3–48 所示。

图 3-46　谷歌分析示范账号安装（1）（资料来源：Google）

图 3-47　谷歌分析示范账号安装（2）（资料来源：Google）

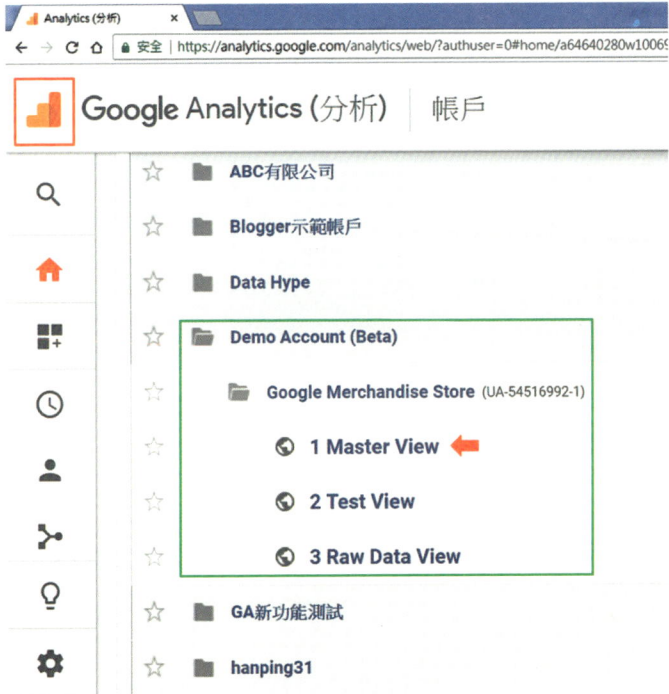

图 3-48 谷歌分析示范账号安装（3）

安装完毕后，若谷歌分析平台未自动将界面切换到示范账户报表，读者可依照图 3-48 的指示，点击界面左上方红色方框处的谷歌分析商标图标，随后从自己的 Gmail 账号下附挂的众多谷歌分析账号中找到示范账号，也就是绿色方框处的"Demo Account（Beta）"，将其展开之后便可以点击"Google Merchandise Store"下面的"1 Master View"，来查看如图 3-49 所示的报表。

从报表中，我们可以很明显地观察到，谷歌示范账户内的流量非常丰富。以过去一年内的总流量来看，谷歌示范账户网站共获得 774437 人次的访问，其中有 765805 次为第一次记录到的网站访客。是否觉得这样的流量比起自制网站要庞大得多呢？因此，若自己打算学习某些谷歌分析的功能，但发现自己所管理的网站流量不够多，不妨来到谷歌分析示范账户来进行流量观摩吧！

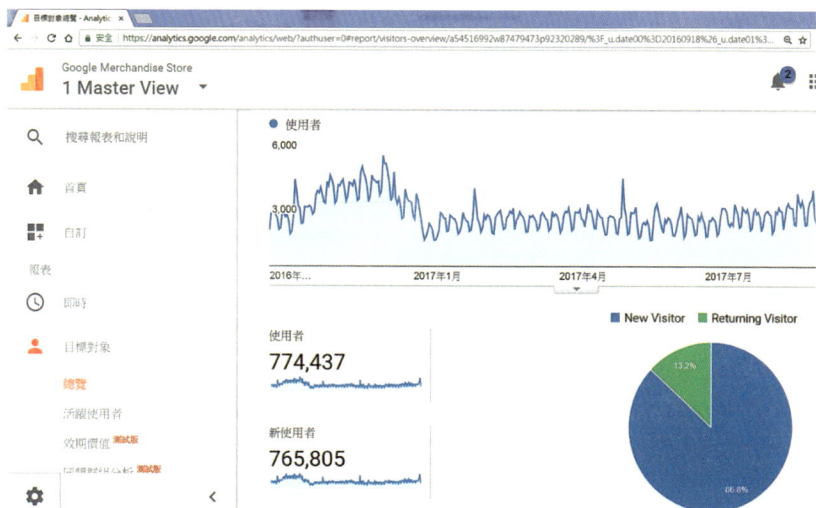

图 3-49　谷歌分析示范账号安装（4）

　　第二大困境：不知如何解读流量数据。在学习过程中，除了网站流量不足，还存在其他方面的问题。如我们在第一章中提及的数据转化力，在许多时候，即使我们获得许多流量数据，仍不知道可以着墨分析的方向。虽然这个部分较难通过教材的方式来传授，但读者仍可通过日常生活中的案例来训练使用分析能力。以刚才我们提到的"实时报表"来说，电商从业者经常偏好以"时间"为概念来推出许多促销方案，然而每当促销时段来临的那一刻，如图 3-50 处所示，消费者是否确实有响应这样的活动呢？通过"实时报表"的协助，我们便能清楚地得知类似这样以时间为基础的营销成效，而这也是电商从业者迈入大数据分析领域所不能忽略的数据分析能力。

　　截至目前，我们已经学会如何把 GATC 安装至网页原始码内，而这种网页原始码植入 GATC 的程序，属于传统且正式的谷歌分析安装方式，但是并非每个人都能够享有学校提供的个人网页空间，不享有此权限的人士学习起来相对困难。别担心！下面我们将演示更为简单的套版式网站谷歌分析安装方法，只要自己申请一个套版式网站，就可以很迅速地将谷歌分析植入。

图 3-50　谷歌分析示范账号安装（5）(资料来源：PChome)

二、套版式网站安装

所谓套版式网站是指网站的建设不以上述 HTML 网页原始码为主要工具，而是通过内容管理系统（Content Management System, CMS）以相关字段的数据输入来建立网站。这个概念类似我们将自己想售卖的商品上架至拍卖网站前所需经历的数据输入步骤一般。套版式网站的最大优点在于改动简单迅速，同样是修改一个商品图案或商品说明，在 HTML 网页原始码情境下，可能需要费许多工夫才能达成，而套版式网站则只需要将所欲修改的图片或说明，事先在内容管理系统后台中储存并上传，即可完成内容改动。

然而套版式网站有一个大缺点，它的环境弹性受到限制，也就是说，网站所有者无法随心所欲地设计网站所要呈现的样式。值得注意的是，无论是传统形式的 HTML 网站编写环境或是较新的套版式网站，两者之间并无绝对的好与坏，要看网站建设者自身的需求。

本书以 Google Site 协作平台作为套版式网站演示工具，选择 Google

Site 的原因有：其一，它是由谷歌推出的架站平台，如同谷歌分析一般，只需要使用 Gmail 账号登录，即可快速建设网站；其二，Google Site 与谷歌分析都是由谷歌推出的产品，两者在兼容性方面可以实现最大程度的兼容；其三，Google Site 维持谷歌的一贯传统，在默认功能情况下，用户不需支付任何费用，因此对于初学阶段的读者非常有利。

（一）简单网页制作

Google Site 协作平台上市至今已有 9 个年头，其间经历了许多次规模不一的改版过程。截至 2017 年 9 月，Google Site 官网上所使用的协作平台属于大改版后的最新界面，虽然 Google Site 仍容许使用者继续使用旧版操作界面，但我们仍以最新版界面作为主要演示范例，这一部分请大家格外留意。

首先，请大家事先登录自己的 Gmail，如此便能免除许多繁杂步骤。然后请大家在 Chrome 浏览器地址栏中输入 "https://sites.google.com/new?usp=jotspot_si"。请注意！谷歌新版本的协作平台仅支持 Chrome 或 Firefox 浏览器，并不支持 IE 浏览器，因此请大家在输入网址之前仔细确认所使用的浏览器。网址输入后便能看见如图 3-51 所示的界面，接着点击绿色箭头处的新增按钮，进入网页编辑模式，如图 3-52 所示。

图 3-51 Google Site 协作平台使用与设定（1）

图 3-52　Google Site 协作平台使用与设定（2）

在网页编辑模式中，读者可以在蓝色方框处输入该页面标题，在此，笔者以"GA 分析网站"作为新增标题，当然大家也能够在右侧各个组件项目中选择加入想要在网页上放置的内容，如果各个动作之间有失误，则可通过红色方框处的"返回"或"下一步"按钮来修正。在制作网页的过程中，若需要预览网页制作完成时的形态，可以通过棕色方框内的"眼睛"选项进行预览。如果自己想要邀请他人一同致力于该页面的编辑制作，则可利用棕色方框内的"人形"选项将网页编辑权限授权给第三者，而这正是"协作平台"中"协作"二字的精髓。

由于本例仅示范简易的套版式网站制作，如果自己有更为精美的图案，不妨试着从图 3-52 红色箭头处的"变更图片"与绿色箭头处的"标头类型"着手来做调整。最后，由于我们可能会制作一个以上的网站，因此大家有必要在绿色方框处给予目前的协作平台一个名称，以便日后区分不同协作平台的网站，此处笔者输入"我的第二个网站"。

当一切准备就绪之后，即可点击"发布"按钮，如图 3-53 所示，这个动作就像我们在 HTML 网页原始码编辑环境中通过 FTP 软件将所制作好的文档上传至个人网页空间一般，点击"发布"按钮之后，便可看见如图 3-54 所示的界面。

图 3-53　Google Site 协作平台使用与设定（3）

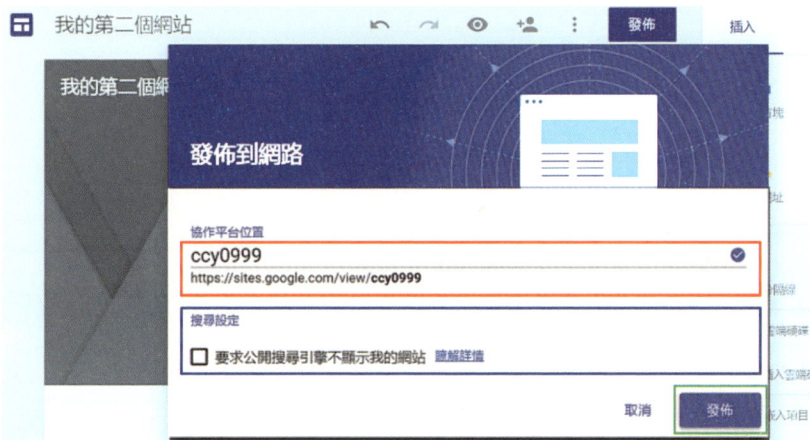

图 3-54　Google Site 协作平台使用与设定（4）

　　Google Site 平台允许使用者在图 3-54 红色方框处输入自己想要命名的网址名称，输入任意内容之后，系统会自动检查该名称是否已被其他 Google Site 使用者占用，若检查通过了，则会在右侧看见蓝色的打钩图示。接着我们就可以把下方的网址复制，点击绿色方框处的"发布"按钮之后，再将其粘贴到浏览器的地址栏中。若不打算让自己制作的网站被谷歌搜寻引擎收录，那么可以选中蓝色方框处的"要求公开搜寻引擎不显示我的网站"。图 3-55 为网页发布后将网址输入到浏览器时的界面，在此我们以 IE 浏览器来读取所发布的网站，表示由 Google Site 制作出来的网页符合标准规范，能够在许多浏览器上正常读取。

本網頁使用全新的「Google 協作平台」製作。建立精美的網站，就是這樣輕鬆簡易。

图 3-55　Google Site 协作平台使用与设定（5）

（二）谷歌分析安装

正如我们在 HTML 网页原始码中提到的一样，目前我们只是把网站或网页设置好，它可以正常运作，然而谷歌分析尚未被安装在协作平台里面，因此无论自己或好友如何浏览刚才所制作好的网页，所衍生出的相关浏览行为皆无法被谷歌分析所捕捉到。有鉴于此，我们必须在网站或网页准备就绪之后，随即安装谷歌分析。套版式网站情境下的谷歌分析安装方式便利许多，我们只要将图 3-56 红色方框处的"更多"选项展开，便可以看见图 3-57 绿色方框处的"网站分析"选项，此处所指的网站分析就是谷歌分析，点击后可看见如图 3-58 所示的界面。

细心的读者可能会发现，此处的谷歌分析安装不用像我们之前提到的将 GATC 放入 <head>……</head> 之中，而是通过追踪 ID 的方式来完成，因此我们只要在图 3-58 红色方框处输入谷歌分析账号的追踪 ID，便能够让谷歌分析识别当下的协作平台网页，也就能开始进行使用分析工作。

图 3-56　Google Site 协作平台使用与设定（6）

图 3-57　Google Site 协作平台使用与设定（7）

　　获取谷歌分析追踪 ID 的方式也非常简单，但在获取前，我们必须再次回顾谷歌分析的账号结构，即一个 Gmail 下面可以附挂 100 个谷歌分析账号，每个谷歌分析账号可以附挂 50 个网站资源。我们在 HTML 网页原始码部分所使用的是 50 个网站资源中的一项资源，因此为了让谷歌分析知道目前协作平台属于另一个资源（也就是 50 个网站资源以外的资源），我们有必要回到谷歌分析平台并新增一个资源，如此也才能获取新的追踪 ID 编号。

图 3-58　Google Site 协作平台使用与设定（8）

现在请读者依照图 3-59 的指示进入谷歌分析平台，点击红色方框处的"齿轮"图样，以便进入管理员设定界面。在管理员设定界面中，读者会看见三个层级的设定界面，请大家事先找到绿色方框处的"资源"层设定，展开之后请点击红色箭头处的"新建资源"，此时界面会切换到如图 3-60 所示的状态。

图 3-59　Google Site 协作平台使用与设定（9）

图 3-60　Google Site 协作平台使用与设定（10）

请注意！目前各位所看见的追踪 ID 专属于 HTML 网页原始码中所制作的网页，并不能将它直接复制粘贴到图 3-58 红色方框处。如果误将这组追踪 ID 输入，那么会导致谷歌分析报表将两个网站流量混为一谈，也就是不同网站不宜使用相同的追踪 ID。有鉴于此，请大家依照图 3-60 的指示来新增一项资源，并取得该新增资源的专属追踪 ID。

请大家在红色方框处输入目前所欲新增的网站资源名称，在此，笔者输入"我的第二个网站"，随后在网站地址栏中输入由协作平台所发布的网站网址，本例网址为 https://sites.google.com/view/ccy0999，接着请将界面继续往下方移动，直到看见图 3-61 所示的界面为止。请读者自行选择红色方框处的"产业类别"与"报表时区"，完成后便可点击绿色方框中的"取得追踪 ID"按钮。

此时读者会在图 3-62 的红色方框处看见另一组追踪 ID，本例编号是"UA-106890100-2"。其中，106890100 就是谷歌分析账号，此账号与 HTML 网页原始码部分中自制网站所使用的账号相同，而 -2 则表示这是该账号下面所附挂的第二个资源。因此请大家将"UA-xxxxxxxxx-2"复制，并把它粘贴到图 3-58 中的追踪 ID 字段中，点击蓝色的储存按钮，至此便完成了套版式网站的谷歌分析安装。如果大家对谷歌分析的操作已经很熟悉，相信套版式网站的谷歌分析安装比起 HTML 网页原始码环境的谷歌分析安装要容易许多，也能够从以上步骤中体会到套版式网站的便利。接着，大家不妨在自己的协作平台网页上点击"重新整理"按钮，以便制造一笔流量来让谷歌分析捕捉，并且检验追踪 ID 是否正常运作。以图 3-63 红色方框处为例，如果追踪 ID 运作正常，我们就能够在实时报表中看见当下进站的访客流量。

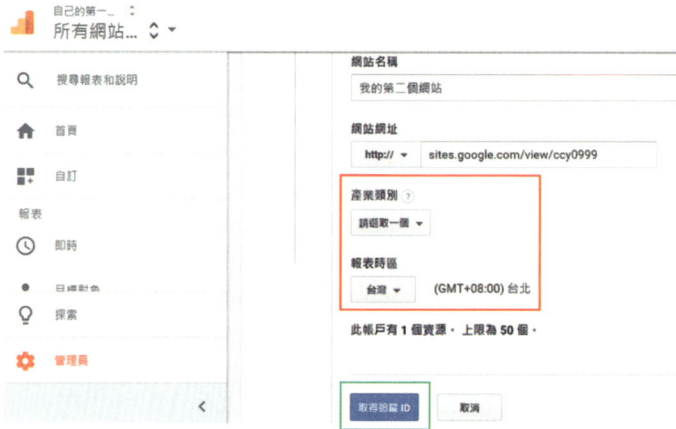

图 3-61　Google Site 协作平台使用与设定（11）

图 3-62　Google Site 协作平台使用与设定（12）

图 3-63 Google Site 协作平台使用与设定（13）

第二节
广度流量分析

到目前为止，我们所介绍的谷歌分析属于一种站内式使用分析工具，任何发生在侧录网站内的行为，都能够被谷歌分析一五一十地捕捉。然而在许多时候，我们不只会跟自己的网站比较，我们可能想要知道自己所经营的网站流量与由竞争对手所经营的网站流量之间的差异。此时，仅仰赖站内式使用分析工具无法满足此类对比需求，因此通过站外式使用分析工具能够帮我们有效地对比站内网站与站外网站之间的流量差异。

SimilarWeb 自从 2009 年上市以后受到了许多电商从业者的高度青睐，主要原因在于它的易用性与广泛性。有别于类似谷歌分析这种站内式分析工具在使用之前必须安装 GATC 或是输入追踪 ID，SimilarWeb 站外式分析工具在使用前不需要进行安装，使用者只需进入它的入口网站，便能够立即使用其所提供的站外式流量对比功能。此外，若以发展的角度来看，受惠于其站外式流量对比能力，它的分析规模其实比谷歌分析还要广阔。综合上述介绍，本节以 SimilarWeb 作为主要演示工具。

一、SimilarWeb 之自我网站绝对分析

图 3-64 为 SimilarWeb 入口界面，其网址为 https://www.similarweb.com/。在正式操作 SimilarWeb 之前，读者可事先想好两个网站的网址，由于 SimilarWeb 是站外式分析工具，因此即使自己没有其他网站的管理和

编辑权限，也能够通过输入网址的方式来进行使用分析。本例以台湾两大知名电商官方网站作为分析目标，分别是东森购物（http://www.etmall.com.tw/）与 PChome 24 在线购物（http://24h.pchome.com.tw/）。首先，我们将东森购物的网址输入绿色箭头处的查询框，点击放大镜之后便可进行分析。

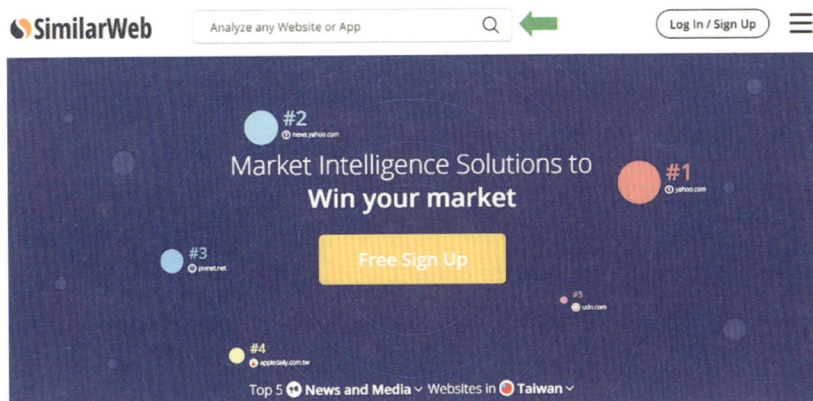

图 3-64　SimilarWeb 入口网站（资料来源：SimilarWeb）

根据查询分析结果知道，东森购物网站的全球网站排名为第 20620 名并且排名呈现上升趋势，从网站类别的角度看，该网站在购物类型网站中的排名为第 139 名，呈现下降趋势。在特定分析时段内（默认为过去的一个月），该网站表现确实不如其他前 100 名购物类型网站好。此时若把网站经营目标放在提升自家官网在同类型网站内的排名，就要继续观察其他所有会影响到网站排名的因素。

以图 3-65 为例[1]，乍看东森购物网站似乎在过去一个月之内获得了不少的访问次数（Total Visits=2.91M），但若仔细观察红色方框处的平均停留时间（Avg.Visit Duration）与每次参访浏览页数（Pages per Visit）会发现，多数访客在该网站上的停留时间不超过四分钟且平均每次参访页数

---

[1]　图 3-65 绿色方框处的开关可供分析者切换两种数据来源，左侧是指所有分析数据来自于 SimilarWeb 所搜集，右侧则是指分析数据由谷歌分析提供，本目以左侧开关为主要演示数据。

约 5 页，表示访客在网站上表现出匆忙的浏览状态，即四分钟之内浏览五张网页，等同于每张网页浏览时间不到一分钟，此现象可谓是喜忧参半。喜的是，如果这个快闪行为代表访客非常明确知道自己所欲购买的商品，而从业者也确实成功地将商品销售出去，那么快闪未必不是件好事。忧的是，若访客只是受到一些外在的促销信息吸引而来到网站，但最终并未进行交易，那么这种短期快速浏览行为对从业者的业绩没有太多的帮助。

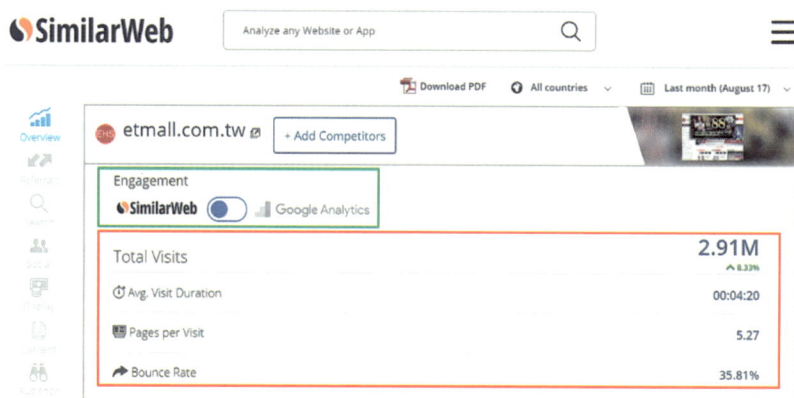

图 3-65　SimilarWeb 站外式流量自我分析（1）

再者，若我们从流量来源国家和地区的角度审视，则可以发现东森购物网站的流量多数来自中国台湾地区，这项看似理所当然的指标表现似乎没有什么值得讨论的，但若东森购物网站从业者打算经营跨境电商，又或者是正在经营跨境电商，那么当多数流量集中于特定区域时，等同于间接地宣告跨境电商的经营成效不彰。

接着，让我们来看看不同渠道之间的流量，如图 3-66 所示。在过去一个月所有台式计算机的流量中，有 34.38% 的流量是通过搜寻引擎所产生的，访客是通过搜寻引擎的引导而进入东森购物网站。排名第二位的流量渠道是以直接输入网址的方式而进入网站，直接输入网址进入网站的访客的占 31.86%。还有 20.81% 的访客系通过推荐链接的方式进入东森购物网站，所谓的推荐链接指的就是超链接，若某位访客点击东森购物放置在站外的链接而被引导进入网站，这样的流量即称为推荐链接流量。

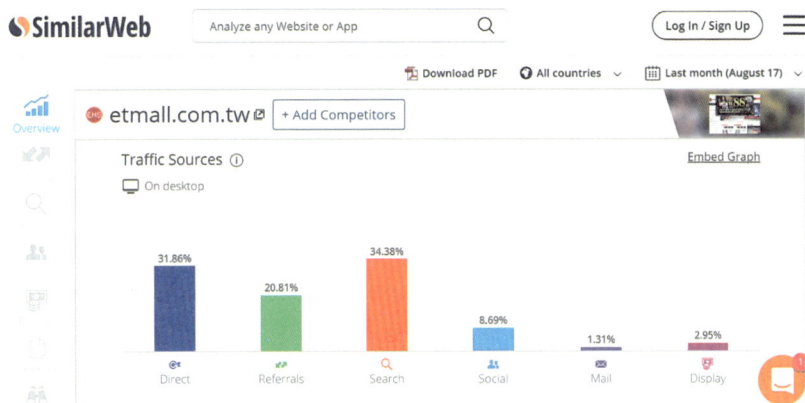

图 3-66 SimilarWeb 站外式流量自我分析（2）

超链接是我们常见的网站资源存取形态，但有的时候人们会将推荐链接变形再来使用，二维码就是一个很好例子。从图中我们能发现大约有8.69% 的流量来自社交软件，有 2.95% 的流量来自广告，有 1.31% 的流量来自电子邮件，无论是来自哪一种引流渠道，SimilarWeb 都能够替我们如实地记录，使电商从业者能够判断自己的流量究竟来自哪一个渠道，引流成效好的渠道应继续予以强化，而引流成效不佳的渠道则应该设法改善。

虽然通过流量渠道分析可以知道哪一个渠道的引流成效较好，然而网络属于开放世界，谁也无法阻止访客经过特定渠道的引导进站，最终却到竞争对手的网站，因此渠道分析可能只是延揽访客成效的初步方法，访客进站后的离站参访网站也是有必要知道的。因此若我们将 SimilarWeb 的界面再次往下移动，则可以看见访客来源渠道分析与离站参访网站分析，如图 3-67 所示，其中红色方框处为访客来源渠道分析，而绿色方框处则是访客离站参访网站分析。

从红色方框处的访客来源渠道分析结果来看，比价网站 findprice.com.tw 的引流成效最佳，其次是 feebee.com.tw，它同样属于比价网站，表示访客打算通过比价网站来找出他们心目中最便宜的商品。然而电商从业者即便可借由比价网站的协助顺利引流访客光临自家网站，但访客仍可能在缺乏黏度的情况下转而参访其他网站，这个现象可以从绿色方框处的momoshop.com.tw 中得到验证，即访客参访完东森购物网站之后转而参访momo 购物网站。

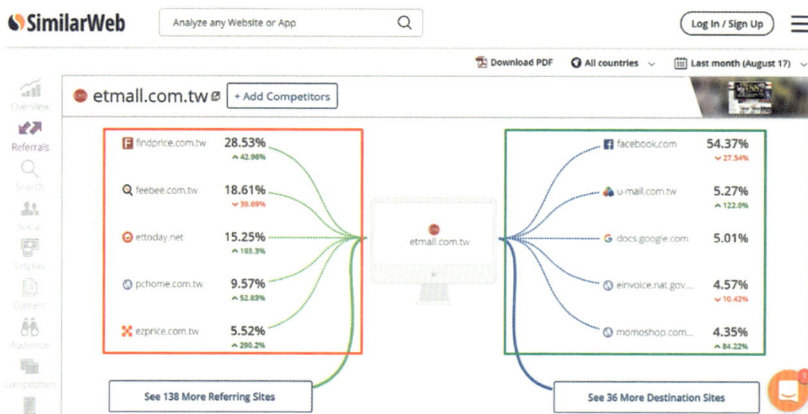

图 3-67　SimilarWeb 站外式流量自我分析（3）

由于我们曾在图 3-66 中提到搜寻引擎渠道所产生的引流效果最好，因此 SimilarWeb 很贴心地分析了访客们究竟是查询了哪些词，才被搜寻引擎查询结果引导至电商从业者的官网，如图 3-68 所示。请注意！访客点击搜寻引擎的查询结果可以分为两种，分别是红色方框的"随机搜寻"（Organic Searches）与绿色方框的"付费搜寻"（Paid Searches），前者是指未经过付费广告排序的网站查询结果，后者则是指通过付费方式刻意对应访客查询词所呈现出的查询结果，也就是关键词广告。从红色方框处我们可以看见在所有搜寻引擎的 34.38% 引导流量之中，有 81.2% 是借由随机搜寻所产生，而通过付费搜寻所产生的流量仅占所有搜寻引擎引导流量的 18.8%，此结果表示多数访客并不需要通过付费的关键词广告引导进站。然而无论是随机搜寻或是付费搜寻，两者都是一种词查询操作，因此电商从业者有必要掌握访客在这两种搜寻方式上的使用词。

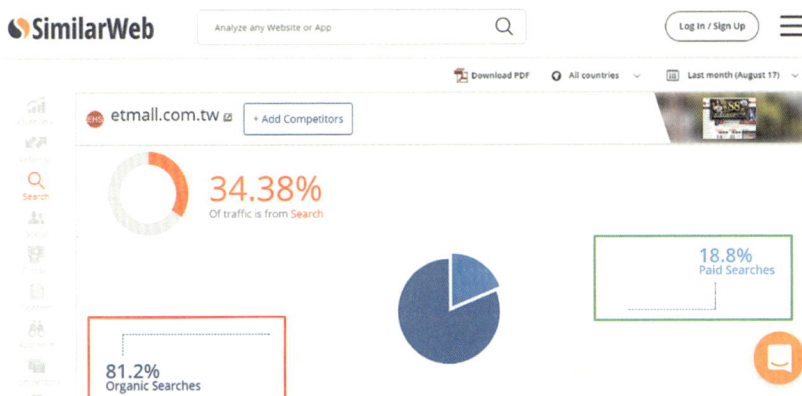

图 3-68 SimilarWeb 站外式流量自我分析（4）

以图 3-69 为例，我们可以从随机搜寻词的分析结果看出，多数访客是查询了"东森购物"这个词而进入网站，其次是"东森"一词。很明显，访客非常清楚自己当下所欲进入的网站名称。排名第三的搜寻词居然是竞争对手官网名称"momo 购物台"，也就是说访客虽然在搜寻引擎上搜寻了"momo 购物台"这个关键词，最后却未点击该网站的查询结果，也未进站，反而是浏览东森购物网站。

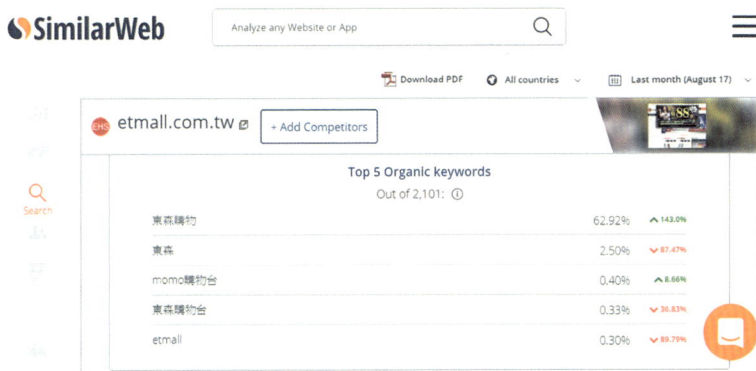

图 3-69 SimilarWeb 站外式流量自我分析（5）

为什么会出现这样的情况呢？其实这一切是可以解释的。若我们尝试在谷歌搜寻引擎搜寻"momo 购物台"一词，虽然所查询出来的结果都与该购物网站直接相关，但若将查询界面移动到最下方的"换页处"，则可以看到图 3-70 红色方框处的"东森购物"推荐链接。原来谷歌会依照访客查询字词的关联性与网站 SEO[1] 积分自动推荐相关的查询词给访客，因此在经营电子商务网站时，可千万别忽略这个点，妥善地维护自身网站在搜寻引擎上的排序评分，如此才能增加自己网站的曝光度，即便访客所查询的词看似与自家网站无关。

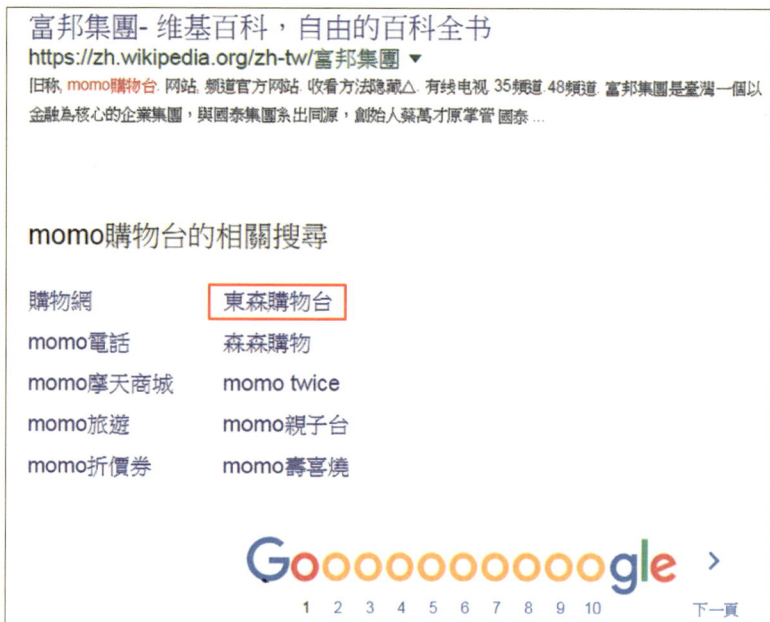

图 3-70　SimilarWeb 站外式流量自我分析（6）

图 3-71 为付费搜寻词的分析结果，其中"东森"与"东森购物"两个关键词的引流成效最佳。从"东森购物"这个词来看，它共计引流了所有付费搜寻流量中的 2.90% 流量，表示每 100 位受到关键词广告吸引而点击进站的访客中，就有 2.9 位访客是通过搜寻"东森购物"点击搜寻结果进站的，如图 3-72 红色方框处所示。

---

① SEO（Search Engine Optimization）指的是搜寻引擎优化，也就是网站经营者依照搜寻引擎从业者的期盼来维护自家网站。满足搜寻引擎从业者的期盼程度越高，就越能够在访客查询与自己网站有关的词时，优先被搜寻引擎提示在访客查询结果的列表上方。

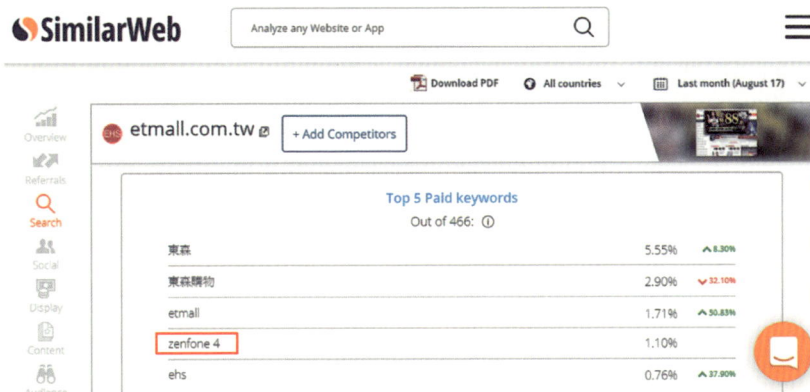

图 3-71　SimilarWeb 站外式流量自我分析（7）

图 3-72　SimilarWeb 站外式流量自我分析（8）

　　然而若将这个结果与图 3-69 提到的随机搜寻词分析进行对照，不难发现进行关键词推荐对于"东森购物"来说是多此一举的。试想，既然访客脑海中品牌名称已深刻地烙印，也能够依照记忆借由随机搜寻的方式来找到自己所欲进入的网站，何必为特定品牌再做一个广告呢？唯有类似图 3-71 红色方框处的"zenfone 4"，搜寻词才有必要将它与关键词广告做关联，毕竟访客在搜寻引擎中输入该词时所查询出来的结果势必不只有自家网站的 zenfone 4 销售信息，故通过付费搜寻机制的介入，能有效地对应访客的查询需求。综合以上说明，SimilarWeb 所提供的随机搜寻词分析与付费搜寻词分析正是电商从业者可用来掌握访客搜寻行为与其所使用的搜寻词的重要利器。

如同我们在第二章第三节所提到的，社交流量在大数据电子商务中扮演了举足轻重的角色，因此请大家再次将 SimilarWeb 界面下移，直到看见图 3-73 的 SimilarWeb 站外式流量自我分析，即社交流量来源分析界面。从图中我们可以发现在众多社交软件中，脸书的引流成效最佳，其次是 Youtube、豆瓣（Douban）与 Instagram。

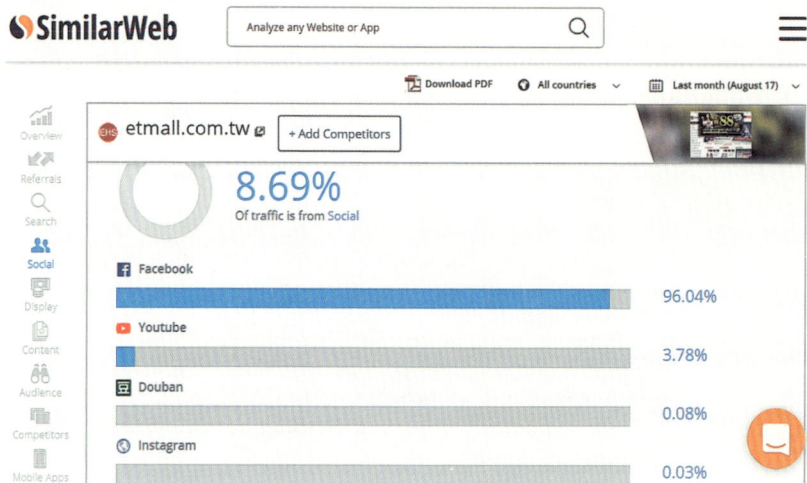

图 3-73　SimilarWeb 站外式流量自我分析（9）

看似非常合理的流量分布，却隐藏许多耐人寻味的议题。所谓合理指的是脸书确实为当下最火的社交软件之一，有鉴于此，有些电商从业者便打算加码，试图多在使用人数第二高的社交软件上着墨。然而我们从分析报表可以清楚地看出，引流能力排名第二的社交软件居然不是我们所认知的一般性社交软件，而是拥有社交功能的影音网站。此现象是否意味着受限于网络无法接触实体商品之故，消费者在购买商品前，往往会依据商品的影音介绍来了解商品？若是，那么一股脑地在使用人数第二名的社交软件上着墨实为不智。

再者，我们可以从分析结果中看出 Intagram 引流成效相对于其他社交渠道没有那么突出，这是否意味着受到 Instagram 使用者年轻化的影响，年轻人消费力道不比上班族或年长者强，故在 Instagram 上所着墨的引流做法或是商品促销广告宜以符合年轻人消费能力的角度来设计呢？

最后我们来看一下广告投放渠道的成效分析，请大家再次将 Similar Web 界面下移至如图 3-74 所示的状态。从分析结果中，我们可以看见 Display Ads 的引流成效仅占了所有流量的 2.95%，所谓 Display Ads 所指为关键词广告以外的显示形态广告。若以显示形态广告放置渠道的引流成效而论，我们可以看见成效最好的两个渠道分别是 Mobile01.com 和 udn. com。

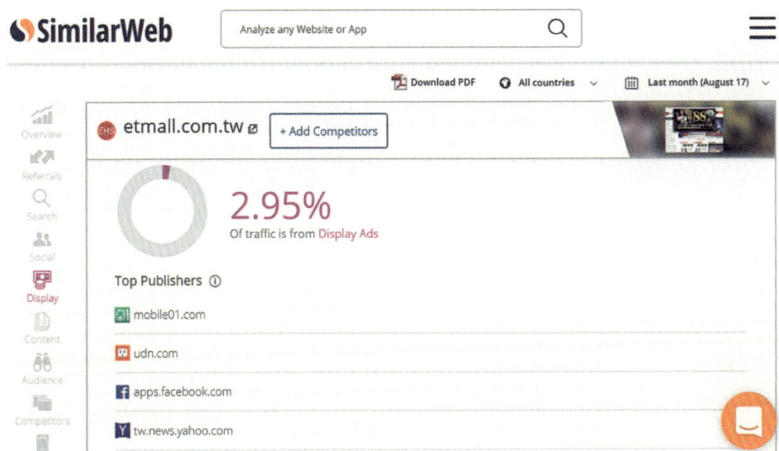

图 3-74　SimilarWeb 站外式流量自我分析（10）

大家都知道 Mobile01 属于一种论坛式网站，网站中各式主题分门别类地呈现，并且广邀网民至论坛上讨论议题或是发表心得。由于不具商品经验的用户能够从论坛上获得许多商品知识，因此将 Mobile01 视为各式商品的解惑大百科一点也不为过，如图 3-75 所示。换言之，每当电商从业者在判断广告投放渠道是否具备一定人气时，也必须一并考虑广告投放的场域是否能够对应至广告所提及的商品内容，由于 Mobile01 已被访客或消费者认定为可靠的信息来源，因此在其网站上所出现的广告较容易受到他们的青睐。

图 3-75　SimilarWeb 站外式流量自我分析（11）（资料来源：Mobile 01）

理论上，我们可以用推荐来源可信度（Source Credibility）来看待此现象，Luo 等学者在 2013 年提出一份研究报告[1]，如图 3-76 所示。从中我们可以得知推荐时的说服力道越强就越能够对推荐可信度有所帮助（Recommendation Persuasiveness → Recommendation Credibility），但这个关系式仍会受到推荐来源可信度（Recommendation Source Credibility）的影响。一旦可

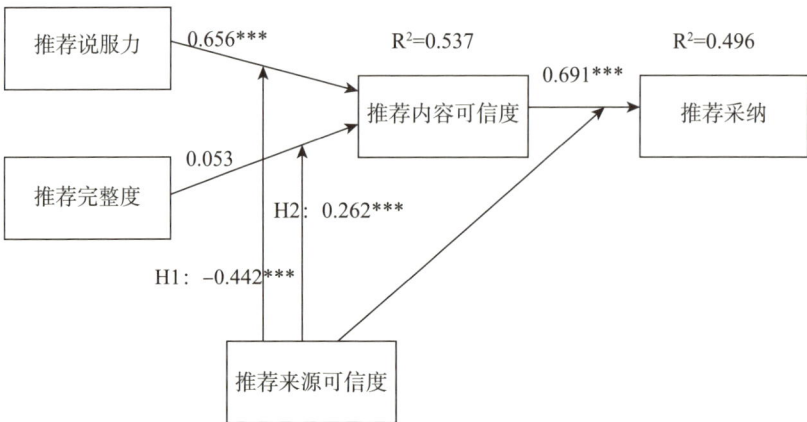

图 3-76　他人意见接纳模型（资料来源：Decision Support Systems）

---

① Luo, C., Luo, X.R., Schatzberg, L., & Sia, C.L.（2013）. Impact of informational factors on online recommendation credibility: The moderating role of source credibility. *Decision Support Systems*, 56, 92–102.

信度丧失，那么原来所建立的推荐说服力将会逐渐丢失直到完全失去。因此电商从业者若打算将广告或相关的商品介绍放置在联盟网站上时，必须要考虑该网站在访客或消费者心目中的可信度情况，否则很有可能会徒劳无功。

　　以上我们介绍了许多 SimilarWeb 的默认功能，如果觉得上述功能非常实用，而且期盼能够以更便利的方式来使用它，那么可以在 Chrome 浏览器中，以内嵌的方式来随时使用 SimilarWeb 的分析功能。具体做法为：进入 Chrome 在线应用程序商店（https://chrome.google.com/webstore?hl=zh-TW），随后在图 3-77 红色方框处输入关键词"SimilarWeb"，再点击 Enter 键进行搜寻，完成后便会在结果界面中的绿色方框处看见 SimilarWeb 插件，此时请点击红色箭头处的"加到 CHROME"按钮，即可在浏览器右上方看见 SimilarWeb 的图标，如图 3-78 红色箭头处所示。SimilarWeb 插件的使用方法非常简单，只要先进入所欲分析的网站首页（本例以 Mobile01 首页为例），接着点击浏览器右上方的 SimilarWeb 图标，SimilarWeb 便会自动导入该网址，并且将分析结果以弹出式窗口来呈现，如绿色方框处所示。

图 3-77　SimilarWeb 站外式流量自我分析（12）

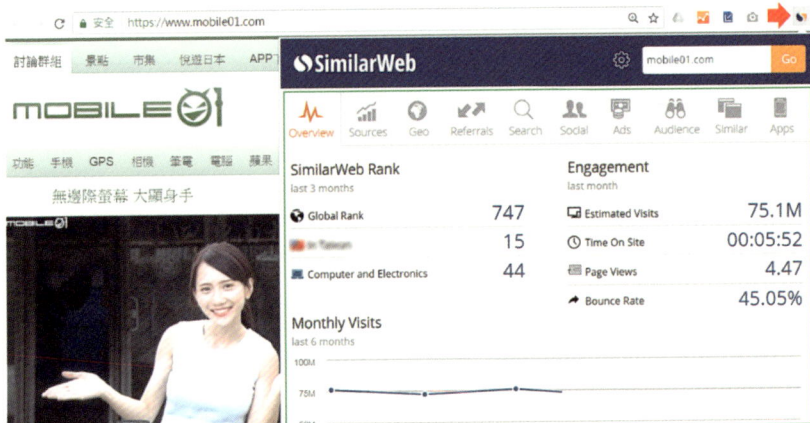

图 3-78　SimilarWeb 站外式流量自我分析（13）

二、SimilarWeb 之他人网站相对分析

截至目前，笔者所示范的 SimilarWeb 分析仅局限在自我网站的绝对分析之上，但是 SimilarWeb 属于一种站外式使用分析的工具，它真正的强大之处在于能够针对不同的网站进行流量质量的相对分析，因此仍以前文所提到的东森购物网站作为分析目标，将其网站流量与它的劲敌 PChome 购物做对比，一方面试图呈现两种同类网站的流量对比分析结果，另一方面也能体现 SimilarWeb 强大的相对分析功能。

由于 SimilarWeb 相对分析功能是其一大卖点，因此在使用时不像分析单一网站那般直接输入网址即可，我们必须在正式使用之前先进行注册才能体验其更全面的功能[①]。有鉴于此，请再次在浏览器地址栏中输入"https://www. similarweb.com/"，并且点击图 3-79 红色方框处的"Log In/Sign Up"按钮，点击后即可看见如图 3-80 所示的界面。请读者依照各个字段的指示，自行输入相对应的数据，本例为节省时间，将以红色箭头处

---

① 即使已经注册过 SimilarWeb，然而受限于试用版之故，所能使用的功能数量仍不及付费版多，读者可自行斟酌是否加入付费版的使用行列。

现成的谷歌账号作为 SimilarWeb 账号来使用，读者可自行决定是否依样画葫芦或是注册新的 SimilarWeb 账号。

图 3-79　SimilarWeb 站外式流量对比分析（1）

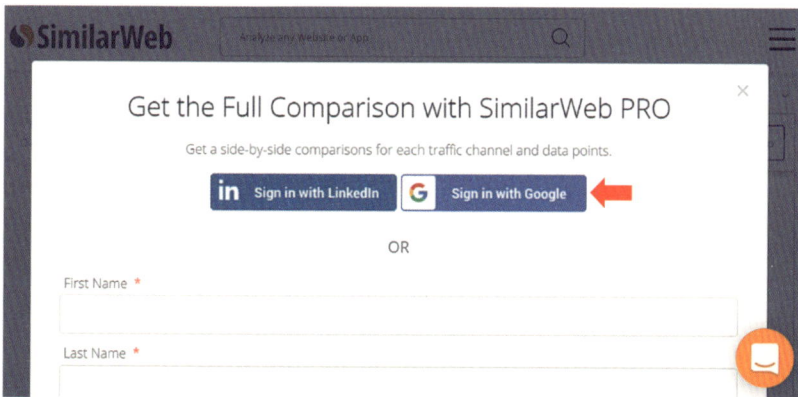

图 3-80　SimilarWeb 站外式流量对比分析（2）

　　若读者选择以谷歌账号作为 SimilarWeb 账号，系统会跳出账号授权许可界面，如图 3-81 所示，此时请读者点击蓝色的"允许"按钮，随后会来到如图 3-82 所示的界面，请接着依照字段指示输入相应的数据，输入完毕后请点击红色箭头处的"Continue"按钮，至此注册动作告一段落。

　　图 3-83 为基础网站网址，也就是在红色箭头处输入基础网站的网址，点击"放大镜"按钮才能进入对比网站以便进行流量的相对分析，因此请大家在红色箭头处输入所欲查看的基础网站网址，本例以东森购物网址

（etmall.com.tw）作为示范，输入后继续点击绿色箭头处的"Next"按钮。

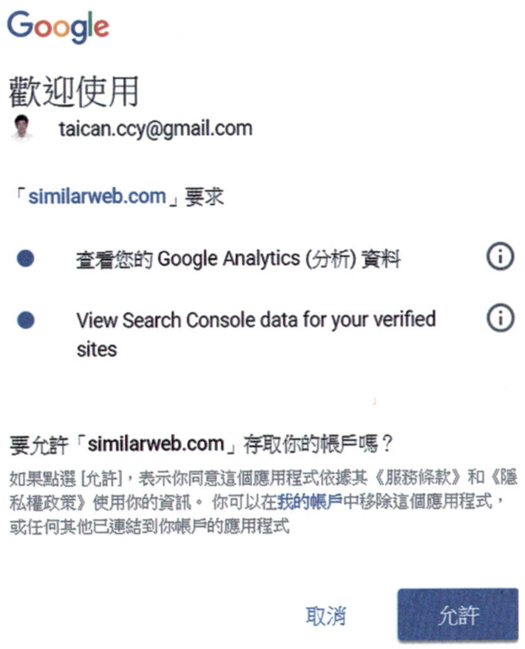

图 3-81　SimilarWeb 站外式流量对比分析（3）

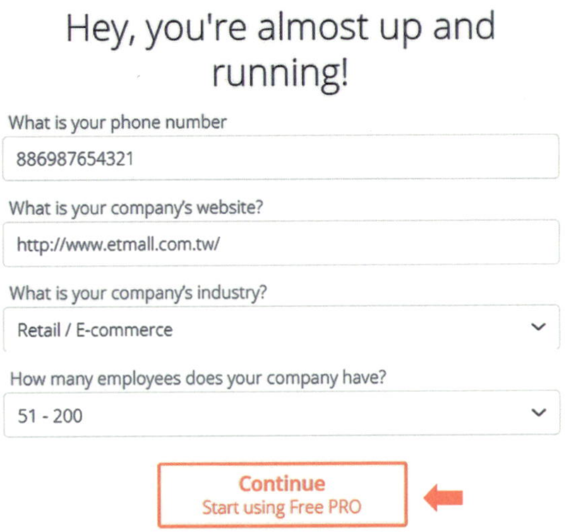

图 3-82　SimilarWeb 站外式流量对比分析（4）

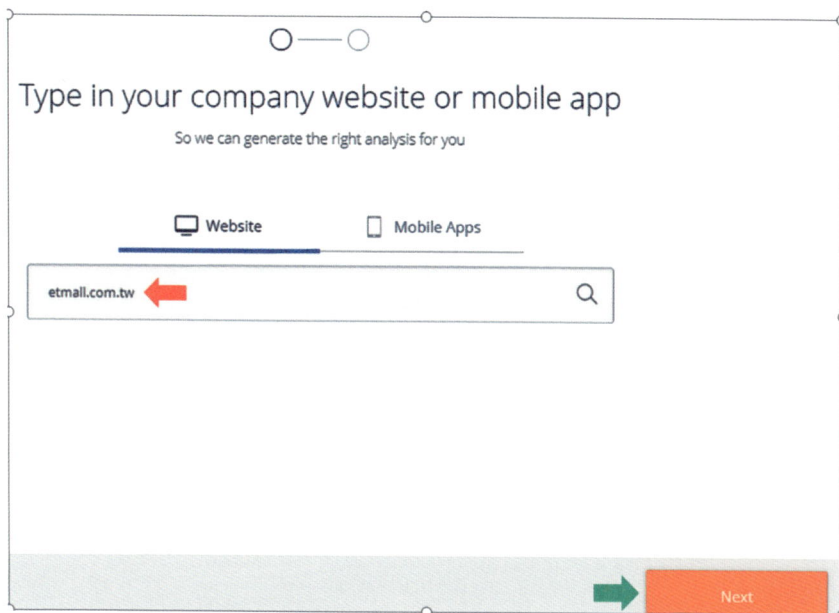

图 3-83 SimilarWeb 站外式流量对比分析（5）

点击"Next"按钮之后，系统会引导你来到如图 3-84 所示的界面。接着在红色箭头处输入对比网站的网址，本例输入"shopping.pchome.com.

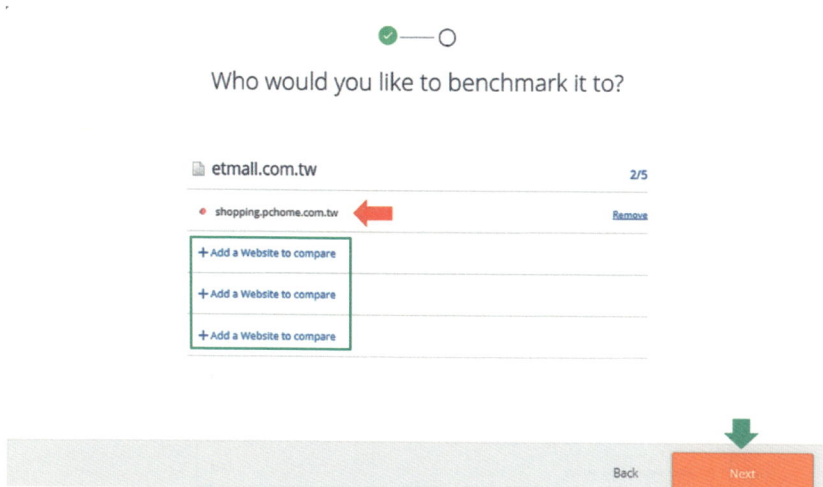

图 3-84 SimilarWeb 站外式流量对比分析（6）

tw"。值得注意的是，在绿色方框中我们还可以看见三个"Add a Website to compare"字样，表示 SimilarWeb 相对分析功能最多可容纳 5 个网站同时对比，但除非真有必要，否则同时纳入过多网站做比较会增加分析的困难度。在输入对比网站的网址之后，请读者再点击绿色箭头处的"Next"按钮，完成后，系统将引导你来到如图 3-85 所示的界面，正式进入多网站的流量相对分析页面。

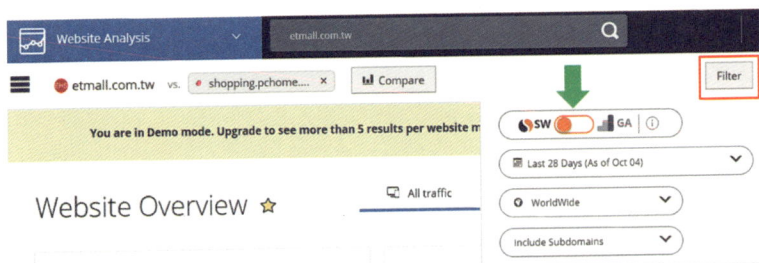

图 3-85　SimilarWeb 站外式流量对比分析（7）

　　在我们开始解读报表之前，先点击红色方框处的"Filter"按钮，并且将绿色箭头处的开关切换至"SW"而非"GA"，此举的目的在于确保所分析的流量报表数据来自 SimilarWeb，而不是分析网站本身的谷歌分析数据，否则将失去讨论站外式使用分析的意义。

　　若我们将界面往下移动到图 3-86 所示的状态，则可以在绿色方框处发现在过去的 28 天内，PChome 的总访问次数（7.6M=7600000 次）高于

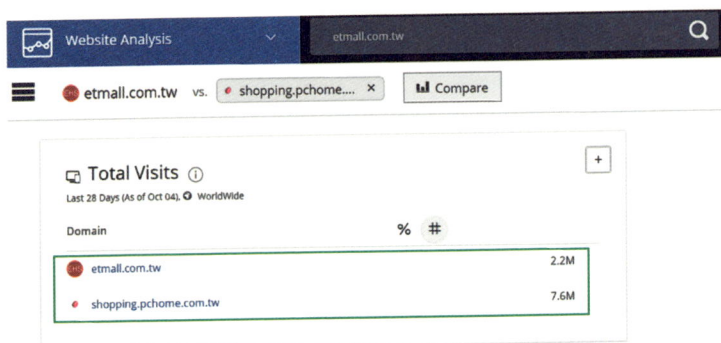

图 3-86　SimilarWeb 站外式流量对比分析（8）

东森购物的总访问次数（2.2M=2200000 次）。而从图 3-87 红色方框处可以得知，东森购物的手机流量明显高于台式机流量（36.44% vs 63.56%），PChome 则恰好相反（58.36% vs 41.64%），这也许可以间接地说明从业者在移动购物上的着墨力道。

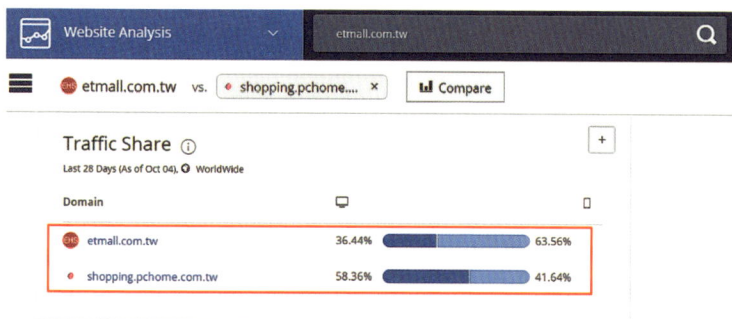

图 3-87　SimilarWeb 站外式流量对比分析（9）

至于访客互动分析方面，我们可以在图 3-88 红色方框处看到 PChome 每日的平均访问数明显高于东森购物（271113 vs 80090），然而绿色方框处的访客平均停留时间却是刚好相反，东森购物在这方面的优势更加明显（4:18 vs 2:01）。若从黏度的角度来看分析结果，东森购物网站较能够吸引访客，平均停留时间达 4 分钟以上，而 PChome 虽然每日访问数较多，但其访客却是来也匆匆去也匆匆，平均停留时间仅 2 分钟。这项指标还可以通过蓝色方框处的平均浏览页数来佐证（5.31 vs 1.56），东森购物的访客平均浏览页数达到了 5 页，而 PChome 所测得的访客平均浏览页数仅 2 页左右。

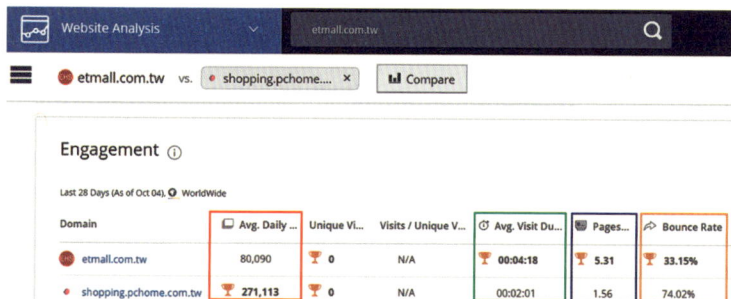

图 3-88　SimilarWeb 站外式流量对比分析（10）

在黄色方框处我们还可以看见跳出率（Bounce Rate）指标，所谓跳出率指的是访客进站后，在未点击任何链接的情况下即跳离网站的比率。这项指标通常用来判断站外的访客延揽措施是名副其实的，而非挂羊头卖狗肉。例如，某访客在 Yahoo 上看见一则有关衣服的广告，点击链接进站后却发现屏幕所显示的商品是鞋子，此时访客的感受必然不佳，因此有非常大的可能不点击任何其他链接就跳离网站，故在一般情况下跳出率越小越好。结果显示，东森购物的跳出率（33.15%）明显低于 PChome 的跳出率（74.02%），因此可以推断访客对于后者所呈现的网页内容较为失望。

紧接着我们从流量来源地区的角度来对比这两个电商网站的表现，SimilarWeb 测得 96.59% 的流量来自台湾，但在这些流量当中，多数流向了 PChome（84.4%），仅有少部分流向了东森购物（15.6%）。虽然这两大电商网站都是台湾网站，但仍发现部分流量来自美国，其中 PChome 获得了大多数来自美国的流量。其主要原因在于，PChome 早在多年前就开设了美国专属网站（www.PChomeusa.com），因此这方面较东森购物更有优势。

若将界面继续向下移动，则可以看见如图 3-89 所示的报表。此报表主要体现的是两个网站引流渠道的优劣情况。无论是东森购物或是 PChome，两者的最佳引流渠道皆是"Direct"（直接输入网址），表示两家网址都非

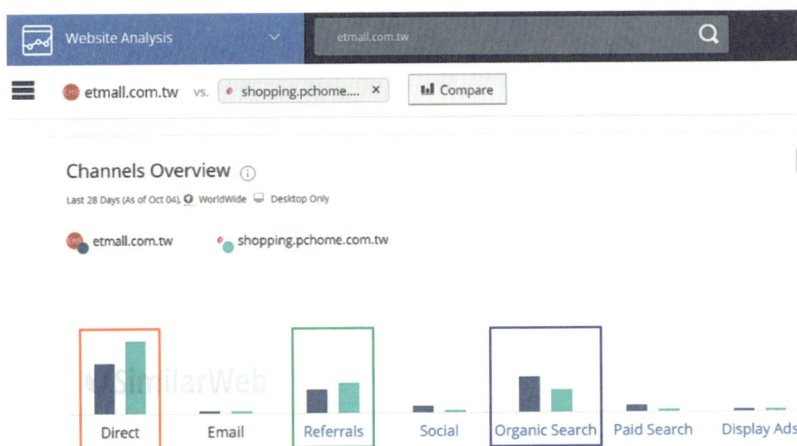

图 3-89　SimilarWeb 站外式流量对比分析（11）

常容易记忆，不需通过搜寻引擎协助，访客即可直接输入网址进站。在"Referrals"（推荐链接）渠道方面，PChome 的引流效果比东森购物更好，显见 PChome 较擅长投放站外链接来引导访客。至于在随机搜寻方面，比起 PChome，东森购物的访客较容易通过搜寻引擎查询进站，这表示东森购物的 SEO 搜寻引擎优化执行效果优于 PChome。

图 3-90 是最佳推荐链接网站分析，也就是观察哪一个网站能够有较好的引流效果。从红色方框处我们可以看见，PChome.com.tw 确实能够为 shopping.PChome.com.tw 带来不少流量（99.8%），但从图中我们还可以发现有 0.2% 的流量是由 PChome.com.tw 引导至东森购物的，这个现象似乎不太合理，怎么会有人把宝贵的流量贡献给自己的竞争对手呢？其实不然，PChome.com.tw 是一个类似 Yahoo 的入口网站，在这个入口网站上有着与 Yahoo 极为相似的功能，如搜寻引擎、广告等，据此推测东森购物曾在 PChome.com.tw 投放过推荐链接，而 PChome.com.tw 的访客也确实点击该链接而进入 etmall.com.tw，这个现象被 SimilarWeb 忠实地捕捉下来。至于排名第二名的最佳引流网站则不会有上述情况，从红色方框中我们可以看见 ettoday.net 能够将流量完全引导至东森购物，这个分析结果再合理不过了。试想，ettoday 这个英文单词是不是常常在东森新闻上看到呢？没错！ ettoday.net 就是东森集团旗下的东森新闻云网站，由于东森购物与东森新闻云属于同一个集团，因此后者将流量引导至前者是理所当然的，也就是所谓的多渠道销售策略。

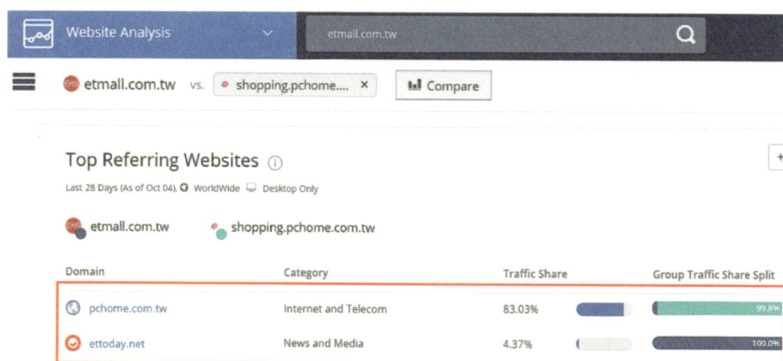

图 3-90　SimilarWeb 站外式流量对比分析（12）

至于访客在搜寻引擎中查找词方面，如图 3-91 所示，无论是东森购物还是 PChome，在红色方框处可以发现，两者的访客都能够很顺利地在搜寻引擎上输入各自网站的名称，并且点击查找结果进入网站。然而当访客在搜寻引擎上查找"PChome 购物"时，却测得部分流量进入了东森购物网站而非 PChome 网站，为什么会有这种现象呢？我们曾经在图 3-70 中描述过相同的现象，那就是访客在搜寻引擎上查找的是网站 A，最后却跑到了网站 B，相同的情况再次发生。因此 PChome 宜致力于"PChome 购物"这个词内的"购物"二字的 SEO 搜寻引擎自然排序工作。

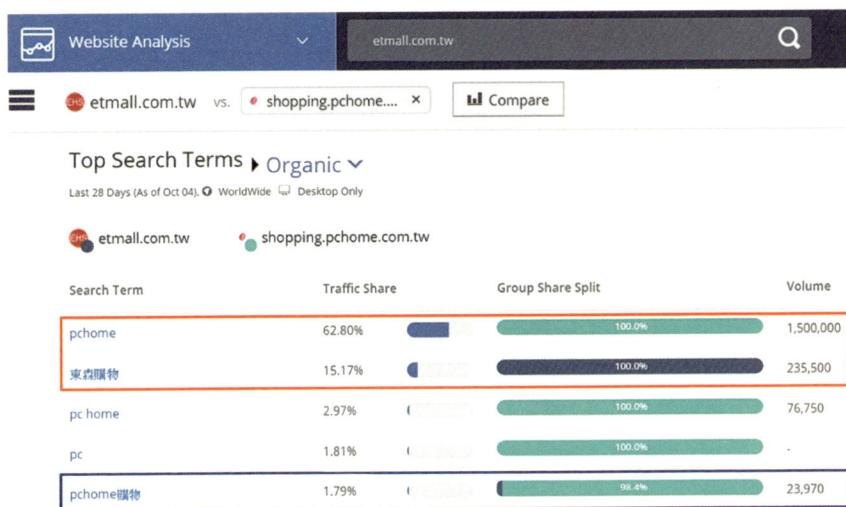

图 3-91　SimilarWeb 站外式流量对比分析（13）

最后，我们来看内容发布型网站的引流成效，如图 3-92 所示。其中，facebook.com 对于两家电商从业者而言，皆展现出不错的引流能力，但 PChome 略胜于东森购物（57.9% vs 42.1%）。但红色方框处的 mobile01.com 却好似专为东森购物量身打造的内容发布型网站，其所带来的引流效果明显高于 PChome（99.0% vs 1.0%），甚至 yahoo.com 所测得的流量全部都贡献给了东森购物（100% vs 0%）。这个现象揭示了网民的上网习惯，也就是说，虽然脸书是人们最常使用的社交软件之一，东森购物与 PChome 也善用它来引导流量至自家官网，然而仍有不少网民习惯流连于类似 mobile01.com 的论坛网站，甚至浏览器一开启即来到 Yahoo 首页，因此东森购物较 PChome 更了解网民习惯，充分利用了这样的习惯来投放自己的引流内容或超链接。

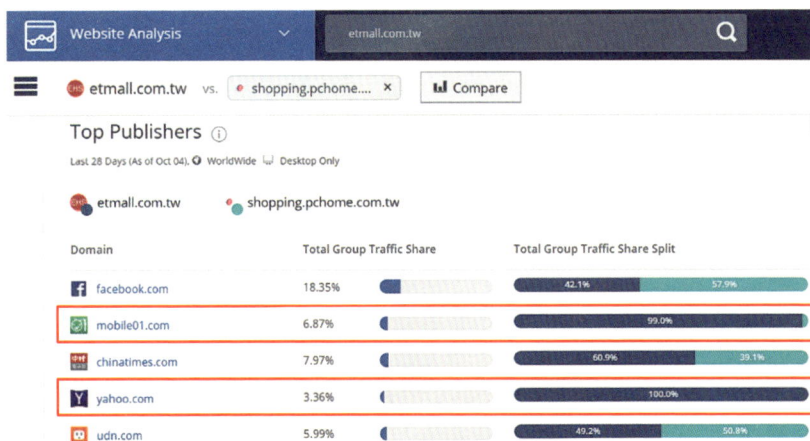

图 3-92　SimilarWeb 站外式流量对比分析（14）

本节与大家分享站外式使用分析的单一网站分析以及多网站相对分析，然而无论是站内式使用分析还是站外式使用分析，在数据解读上并无所谓的对与错，如同我们在谷歌搜寻趋势中所提到的数据解读见解一般。建议读者在解读流量时，以合理与否作为出发点，小心谨慎地进行使用分析工作。除此之外，大家不妨通过类似 SimilarWeb 站外式使用分析工具，多观察不同的电商网站，此举不但能够让自己增广见闻，更能够促进自我使用分析数据的解读力。下一节我们将向大家介绍使用分析中的另一种场域，也就是近年来日趋盛行的移动装置使用分析，期望大家能够在台式机与移动装置的使用分析任务上皆得心应手。

第三节

移动流量分析

许多市场调查机构皆不约而同地指出，预计自 2016 年起，移动上网流量将超越传统台式机上网流量，也就是说人们已经迈入移动化社会，并且在日常生活中充分享受移动上网所带来的便利。在众多移动上网活动中，移动购物是一项大家再熟悉不过的交易行为。无论身在何方，只要拿出手机，随时随地都能够上网购物，整体交易历程也因移动 App 的引入简化、加速不少。

若我们拿起自己的手机进入 iPhone 的 App Store 或是 Android 的 Google Play，在上面查询"购物"两字，都不难发现许多有电商从业者所经营的购物 App。试想，假如自己是消费者，会下载并且光顾哪一个 App 呢？又或者想象自己是购物 App 经营者，在面对这么多同类竞争对手时，一定巴不得这些对手都瞬间消失在市场上，免得与自己瓜分有限的市场资源。

无论是以上哪一种角色，其实问题的核心都在于我们能够得知使用者如何看待其所下载并且使用的 App。这个问题虽然能够从 App 上架后所得到的基础观测指标来得到一些结论（如下载次数），但由于这类型的观测指标过于简化，即下载 App 不等同于在 App 上购买商品，使得购物 App 经营者无法进行更为深度的行为探索与掌握，自然也就无法顺利地回答上述问题。

所幸目前出现了不少 App 行为分析工具，我们统称为移动使用分析（MobileApp Analytics）。移动使用分析与上两节所提到的网站使用分析有着异曲同工之妙，相同点是它们皆通过流量来对应网站访客或 App 使用者的上网行为，不同是移动使用分析专司于 App 流量侧录与分析，而网站使用分析则负责网站访客的行为跟踪。

移动 App 大致可以分为两大形式，分别是原生型 App（NativeApp）与网站型 App（Web-BasedApp），前者的配置取决于移动操作系统限定的程序开发语言（如 iPhone、Swift、Android Studio），使得非信息背景人士往往难以涉入其中，而后者则构建于传统网页程序代码，充其量只是将传统网页包装成 App 的样式，因此只要懂得网页 HTML 语言，就可以很轻松地搭建自己专属的 App。目前也有越来越多的从业者提供网站型 App 的套版 DIY 制作，以满足多数非信息背景读者需求，本文采用网站型 App 作为移动使用分析目标。

一、移动使用分析理论依据

移动使用分析为何如此重要呢？回答这个问题之前，先让我们一同来了解影响使用者采用移动上网的原因。Kim 等学者早在 2007 年的时候就已提出了移动上网采用的模型[①]，如图 3-93 所示。他们认为使用者是否接受移动上网的关键在于使用者对于移动上网所做出的价值判断（perceived value），而这个价值判断是依照人们针对特定事物的价值运算而成的结果，也就是我们在做一件事前，总是会衡量做该件事的代价与效益是否能够满足自己预期。

以图中的虚线为例，作者所称的代价是一种牺牲（sacrifice），若使用者采用移动上网的效益大于他们所必须付出的代价，那么使用者较容易产生认知价值，也就是使用移动上网是值得的。反之，若使用者认为使用移动上网所需付出的代价远高于使用移动上网所能带来的效益，此时使用者

[①]　Kim, H.W., Chan, H.C., & Gupta, S.（2007）. Value-based adoption of mobile internet:an empirical investigation. *Decision support systems*, 43（1），111–126.

将难以产生认知效益，也就不会愿意使用移动上网。

此处的代价除了包含使用者必须付出的移动上网连接的金钱成本（monetary cost）之外，还包含了许多看不见的非金钱成本（non-monetary cost）。举例来说，若使用者在移动上网的使用方面需耗费大量的学习精力，那么他们的使用代价势必不低。又或者是如果移动上网经常发生堵塞，甚至断线的现象，对使用者而言，必定造成一定程度的心理负担，也就是使用代价升高。有鉴于此，移动上网服务提供商要设法最小化"代价分母"同时最大化"效益分子"，如此才提高使用者的使用满意度。

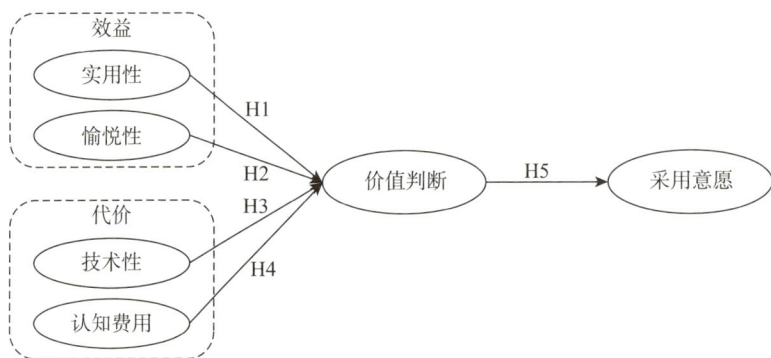

图 3-93　行动上网采用模型（资料来源：Decision Support Systems）

这个模型看似与移动商务没有关联，再加上涉足移动商务的使用者势必早已接受了移动上网，才会有后续的移动购物体验。因此当我们在讨论大数据电子商务时，似乎没有必要理会移动上网采用的模型。如果有上述想法，恐怕是大错特错了！移动上网是移动商务运作的必要条件，如果缺少使用者对于移动上网的支持，将无法让其后的移动商务蓬勃发展。

同理，我们对于移动上网所讨论的价值判断也适用于移动商务。例如，消费者在参与移动商务的同时，一定会考虑他们所欲购买的商品或所想要发生交易的平台是否符合他们的价值观，若所欲购买的商品售价或质量明显低于他们所能获得的商品使用效益，消费者们则很有可能放弃购买。而若移动商务平台无法让消费者在金钱与非金钱方面感到有价值，他们也理当会转向至其他同类的移动商务平台进行消费。

那么究竟要如何得知消费者对于移动商务平台的价值判断呢？虽然我们无法通过发放大量问卷的方式来询问消费者对于特定移动商务平台的感受，但是我们能够间接地借由移动使用分析来判断消费者们的价值衡量结果，如加载时间快的页面比加载时间慢的页面更受消费者们的青睐；消费者花了许多时间浏览的商品最后却未购买；有不少消费者已经将商品放入购物车却未结账等，诸如此类的问题，都可以通过移动使用分析来找到答案。下面我们将示范网站型 App 的制作，以便让我们顺利地将移动流量分析工具植入其中。

二、制作网站型 App

网站型 App 说穿了就是以传统网页为内在，以 App 的形式来呈现其外在的一种模型。虽然目前有不少免费的套版式网站型 App 可供大家使用，但并不是每一个套版式网站型 App 都提供对移动使用分析工具的支持。有鉴于此，本目以 iBuildApp 作为演示工具，如此我们便能以免费的方式打造自己专属的 App 且还能支持移动使用分析工具。若读者在浏览器地址栏中输入"https://ibuildapp.com/"，即可看见如图 3-94 所示的 iBuildApp 进入界面，如果第一次使用这款 App，请点击界面右上角红色方框处的"SIGN UP"按钮进行账号注册。

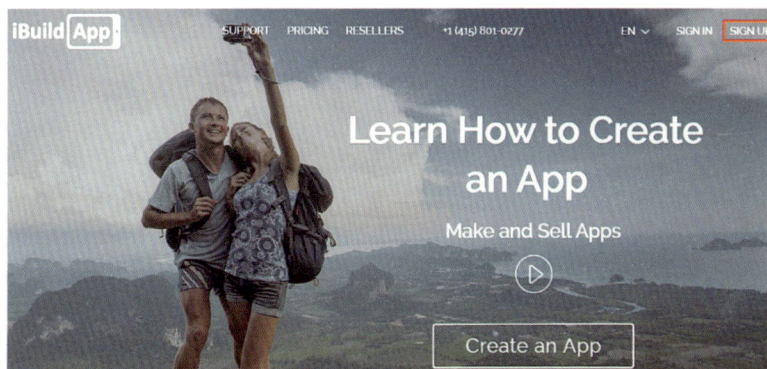

图 3-94　iBuildApp 进入界面（资料来源：ibuildapp.com）

点击后进入如图 3-95 所示的界面，读者可自行选择是否进行新账号注册或是以自己既有的脸书账号登录。由于本例选择后者，因此在点击"Sign Up with Facebook"按钮之后，便会被系统引导至如图 3-96 所示授权界面。

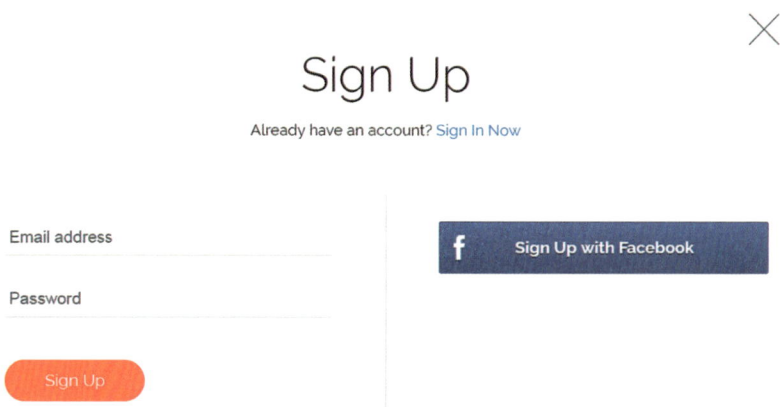

图 3-95　iBuildApp 账号注册（1）(资料来源：ibuildapp.com)

图 3-96　iBuildApp 账号注册（2）(资料来源：facebook.com)

此时若点击红色方框处的按钮，则会看见如图 3-97 所示的界面，若大家不希望因为此授权而使得 iBuildApp 在自己的脸书上发文，那么可以将红色方框处的下拉式选单调整为"只限本人"，完成后再点击红色箭头处的"确认"按钮，此时系统会将我们引导到如图 3-98 所示的界面，至此账号注册过程告一段落，现在就请大家点击红色方框处的"Create New App"按钮，一同着手规划自己专属的 App。

图 3-97　iBuildApp 账号注册（3）（资料来源：facebook.com）

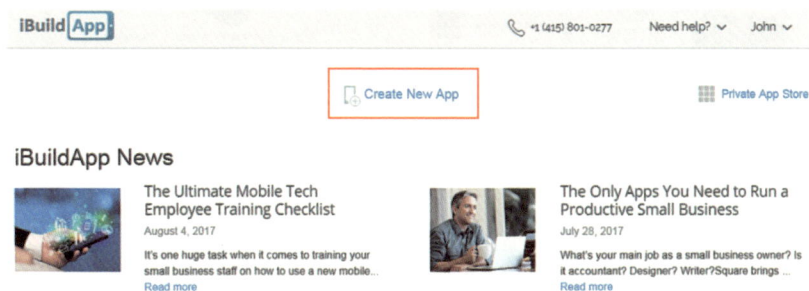

图 3-98　iBuildApp 操作与设定（1）

在图 3-99 中，我们可以看到许多各式的样版选项，由于本书以大数据电子商务为主轴，因此笔者选择红色方框中的 "commerce"（商务类），并且以绿色方框处的 "Online Shop" 作为主要演示的 App 样版，点击样版内的 "CREATE" 按钮后，系统会将我们引导至如图 3-100 所示的界面。

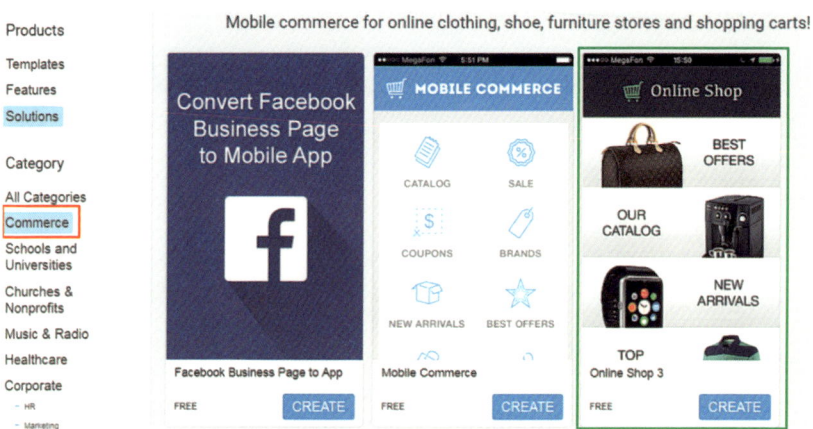

图 3-99　iBuildApp 操作与设定（2）

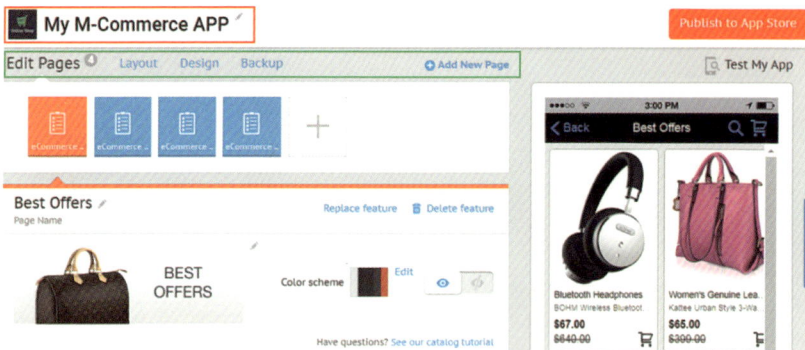

图 3-100　iBuildApp 操作与设定（3）

在 App 界面中，我们可以看见红色方框处的 App 名称编辑字段，由于 iBuildApp 是国外软件，因此目前尚不支持中文名称，请读者依自己喜好，输入自己 App 的名称。请注意！此处的 App 命名在 App 登录完成后，会以此内容作为手机 App 图标（icon）名称，本例输入 "My M-Commerce APP"。在绿色方框处我们可以看见四大分页，分别是"Edit Pages""Layout""Design""Backup"。

在 Edit Pages 页面编辑模式中，我们可以看到如图 3-101 所示的界面，从红色方框处可以得知在预设情况下，一个 App 可以有四张界面，若欲新增更多界面，则可点击"＋"按钮来实现。笔者在此仅以第一张界面作为 Edit Pages 示范，其余界面请读者自行延伸应用。首先，我们可以在绿色方框处修改界面名称，此处名称与 App 名称不同，其接受中文字输入，本例输入"低价大促销"。

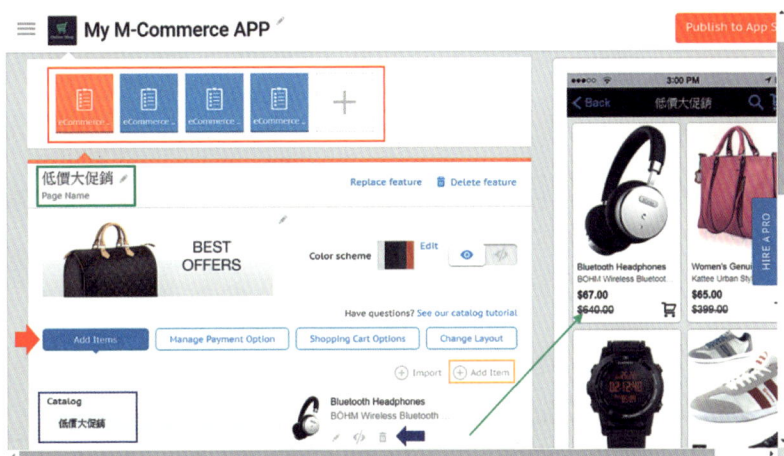

图 3-101　iBuildApp 操作与设定（4）

至于蓝色方框处，我们仍然可以看见相同的"低价大促销"字样，而此处指的是 App 内供使用者查看商品品项的目录名称，若欲修改则必须进入红色箭头处的"Add Items"（新增品项模式），并且在黄色方框处的"Add Items"来新增品项，若在商品新增过程之中想要修改品项内容或删除特定品项，则可以通过深蓝色箭头处的三个按钮来达成，其中第一个笔状的图案是修改功能、第二个 </> 图案决定是否在 App 上显示该品项、第三个垃圾桶图案则是删除品项，任何品项名称或是品项照片新增、修改、删除之后的结果都可以在绿色箭头指向的窗口中预览。

例如，笔者将预设的品项名称由原本的"Bluetooth Headphones"修改为"限量蓝牙耳机"，完成后便会在预览界面中看见方才改动的结果，如

图 3-102 绿色箭头处所示。最后如果自己所设定的目录结构以及在其中的商品只供短期促销使用，可以在促销期结束后通过红色方框处的切换开关，将它从可见模式（眼睛图案：visible model）切换成不可见模式（</>图案：invisible model），当然我们也可以在红色箭头处来调整品项陈列方框底色。

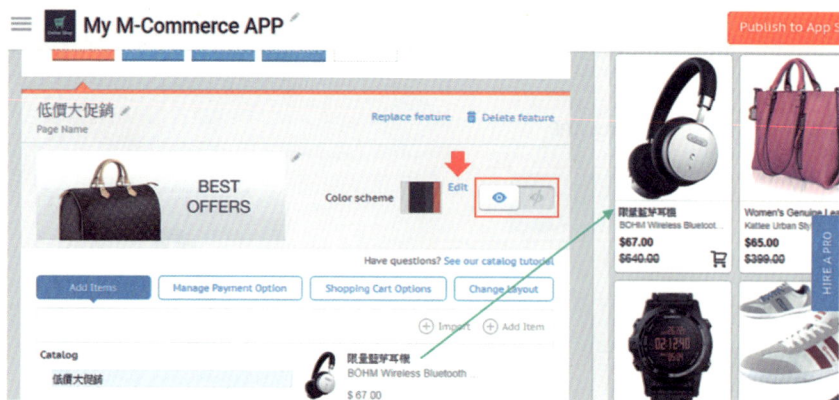

图 3-102　iBuildApp 操作与设定（5）

在 Edit Pages 编辑模式中，除了"Add Items"新增品项设定之外，还有"Manage Payment Option""Shopping Cart Options""Change Layout"等设定项目，其中，"Manage Payment Option"是电商交易中非常重要的在线结账环节，目前仅支持 PayPal 第三方金流服务；"Shopping Cart Options"所指为是否要在 App 界面上显示购物车以及结账功能；"Change Layout"则是指设定品项在 App 上的陈列方式，预设为矩阵式，也可以调整成列表式。

若我们将图 3-100 绿色方框处的模式切换为"Layout"，则可以看到如图 3-103 所示的界面，此时如果将红色方框处的"Login Screen：OFF"开关切换至"Login Screen：ON"，则系统会把大家引导至如图 3-104 所示的界面，此举用意在于要求 App 使用者在进入 App 之前事先登录。

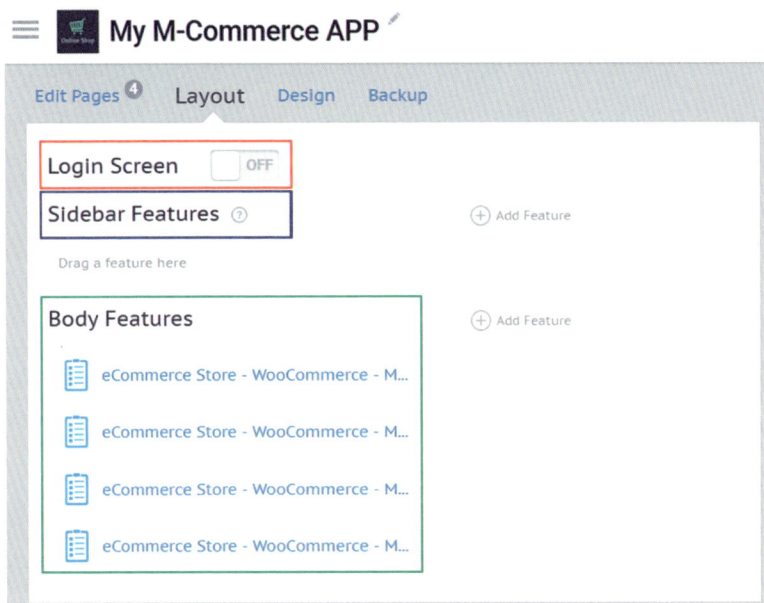

图 3-103　iBuildApp 操作与设定（6）

图 3-104 红色方框处设定的账号密码登录是指整个 App（Entire app）或是特定页面（Specific page），而蓝色方框处的选项是指用户登录 App 是否

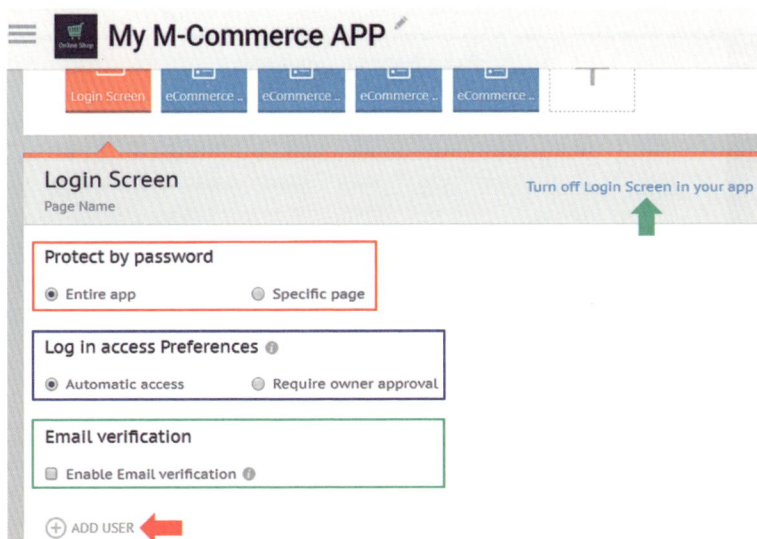

图 3-104　iBuildApp 操作与设定（7）

需经过 App 拥有者同意，若不需事先同意，请选择"Automatic access"（自动存取）；若需要经过 App 拥有者认可，请选择"Require owner approval"（请求拥有者同意），我们甚至可以通过绿色方框处的选项来要求 App 用户进行"Email verification"（电子邮件认证），若想帮他人建立登录 App 时所需的账号密码，亦可从红色箭头处的"ADD USER"着手，而若想要关闭以上的账号密码登录功能，请点击绿色箭头处的"Turn off Login Screen in your app"按钮。

从图 3-103 蓝色方框处我们还看到了"Sidebar Features"选项，作用是在 App 当中加入选单，并且设定选单内的特色功能，若有打算在 App 中加入选单请点击"Add Feature"按钮，点击后会看见如图 3-105 所示的界面。本例示范在选单中加入一个"Website"（网站），因此点击红色方框处的图示后即可看见如图 3-105 所示的界面。此时请在红色方框处编辑界面名称，本例输入"友站链接"，接着在绿色方框处输入所欲链接的友站网址，本例输入"https://www.rakuten.com. tw/"（乐天市场），按下蓝色的"Save"按钮之后，即可在右侧蓝色箭头处看见 Sidebar 选单的预览界面。

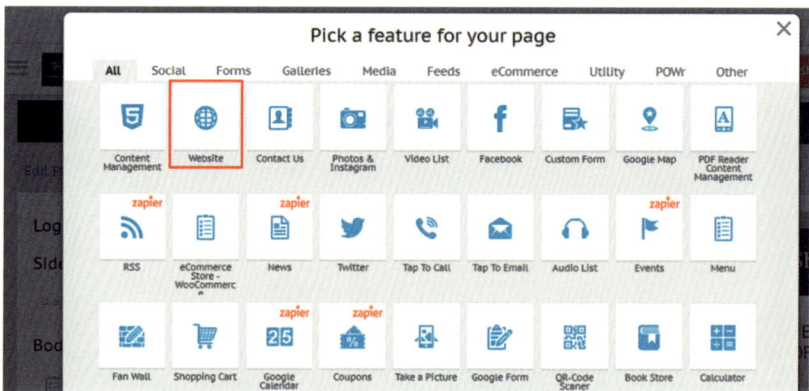

图 3-105　iBuildApp 操作与设定（8）

接着我们来说明图 3-103 绿色方框处的"Body Features"选项。所谓"Body Features"就是指 App 的界面主体，也就是预设的四张界面，读者可通过拖动此四张界面中的任一张，调整其在 App 上呈现之顺序，而且如同在"Sidebar Features"步骤中所看到的"Add Feature"一样，在"Body Features"中同样可以加入不同的特征功能。例如，我们可以把其中一张界面替换成"Video List"影片式的界面，每当使用者进入到该界面时，都会看见影音播放选项。在此要提醒大家，从图 3–105 中即可观察到 iBuildApp 提供的特色功能非常多元，读者可自行尝试不同的功能，如此便能让自己的 App 内容更加丰富。

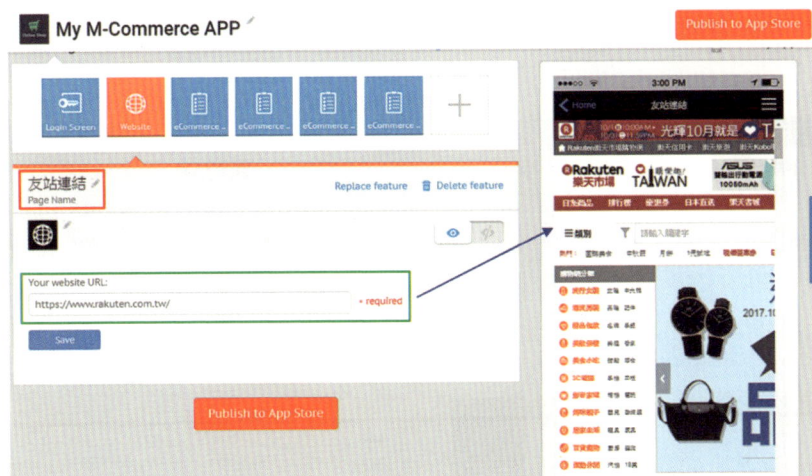

图 3–106　iBuildApp 操作与设定（9）

让我们将讨论焦点回到图 3–100 绿色方框处的"Design"，点击该按钮后会看见如图 3–107、图 3–108 所示的界面。这个部分功能包含改变样版形式（Change Template）、上传 App 图标（Upload Logo）、选择背景样式（Select Background）、选择 App 加载时的等待界面（Select Splash Screen），以及选择颜色机制（Select Color Scheme）等。由于这些设定的技术成分不多且属于个人偏好，因此读者可自行选择喜好进行设定。请注意！除非必要，否则我们通常不会轻易更改样版形式，若更改了样版形式，不但失去了电子商务的探讨主轴，也有可能会导致上述所有设定必须重新执行。

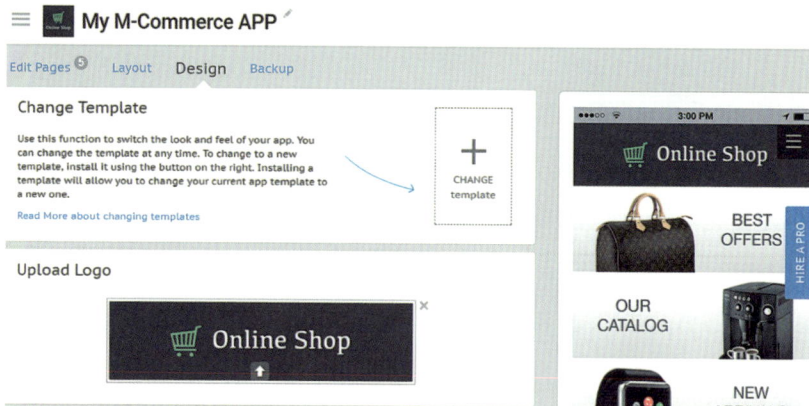

图 3-107　iBuildApp 操作与设定（10）

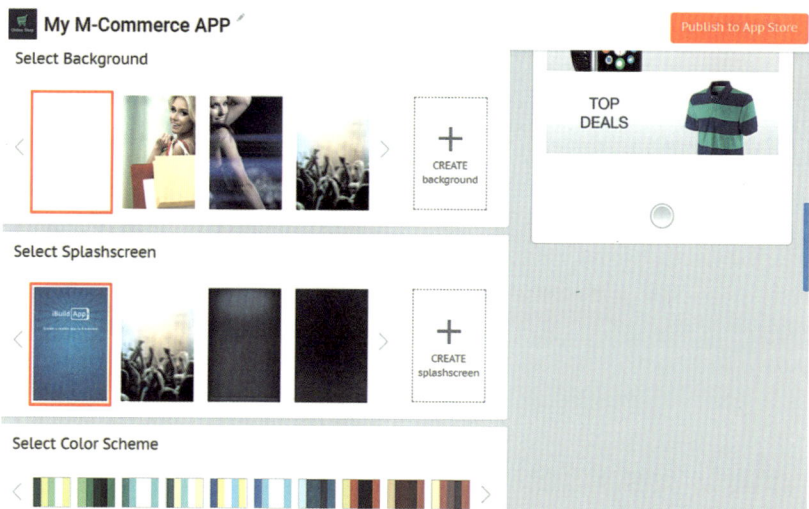

图 3-108　iBuildApp 操作与设定（11）

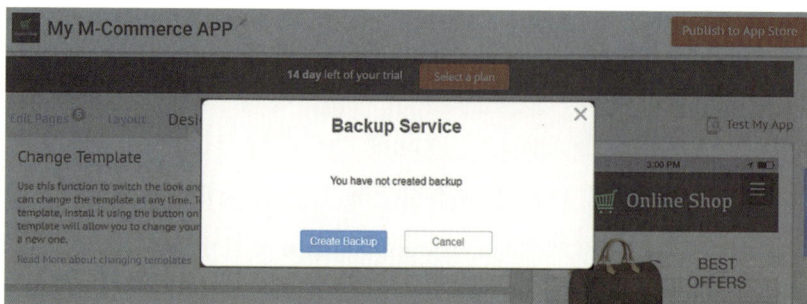

图 3-109　iBuildApp 操作与设定（12）

最后，在图 3-100 绿色方框处还有一个"Backup"选项，由于 iBuildApp 属于一种云端工具，因此自己账号下相关的 App 制作与设定成果都可以储存在云端，再次登录时不需要重新输入所需数据。为了日后修改方便，读者可选择 Backup 选项之后再点击图 3-109 中的"Create Backup"按钮，其后视自己的需要可在图 3-110 字段中加入备份叙述（Backup Description），完成后点击"Create"按钮，即可完成备份工作。

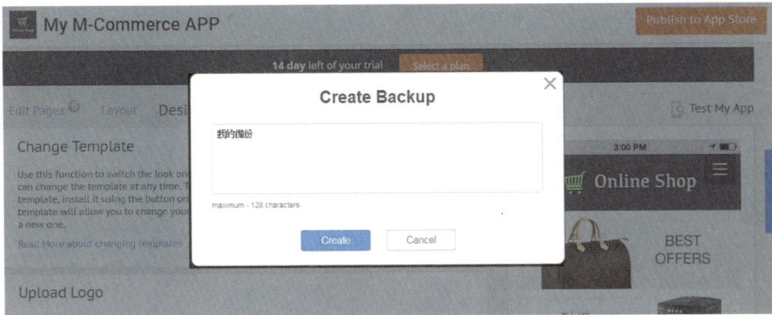

图 3-110　iBuildApp 操作与设定（13）

经过上述各项设定之后，接下来我们就可以把制作完成的 App 发布。不管在哪一种设定模式中，我们都可以不时地看见如图 3-111 深蓝色箭头处所示的"Publish to App Store"，其作用是将自己制作的 App 上架到 iBuild 专属平台，点击后会看见如图 3-112 所示的界面，此时可将红色方框处的网址保存起来，以便日后有需要时再次来到自己的 App 上架专区。

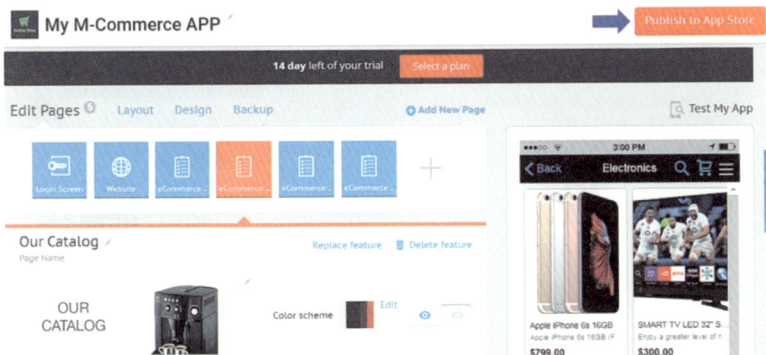

图 3-111　iBuildApp 操作与设定（14）

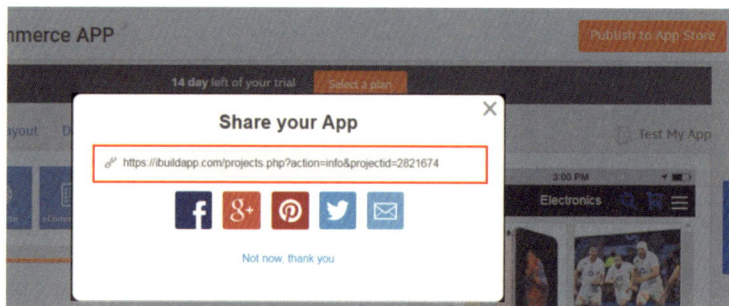

图 3-112　iBuildApp 操作与设定（15）

大家或许会觉得纳闷，即使已经将自己的 App 上架到 iBuildApp 平台，但仍然没有发现我们平常在 APPle iTune 或 Google Play 上所惯见的 App 下载按钮。实际原因我们不得而知，可能是 iBuildApp 内部经营策略所致。即便如此，我们仍然有变通方案。以图 3-113 红色方框处为例，点击"Test My App"按钮之后，会看见如图 3-114 所示的界面。

红色方框中有一个二维码，通过手机中的扫描程序便可获得 App 的安装包。换句话说，自己可将这个二维码发布出去，如此他人便有了获取自己制作 App 的渠道。以图 3-115 安卓手机安装过程为例，扫描二维码之后，手机扫描程序会读取二维码中的网址，此时点击红色方框处的"造访网址"按钮，即可进入图 3-116 的 App 下载界面[1]。

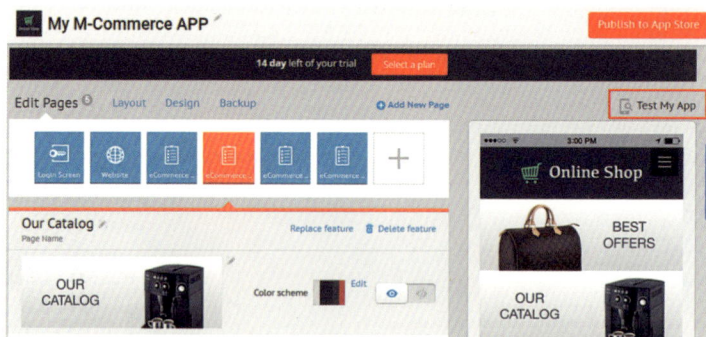

图 3-113　iBuildApp 操作与设定（16）

---

[1]　除了 iPhone 手机外，任何 Android 手机系统界面都不尽相同，因此请读者依照自身手机接口进行操作，本段内容以小米 6s plus 作为示范。

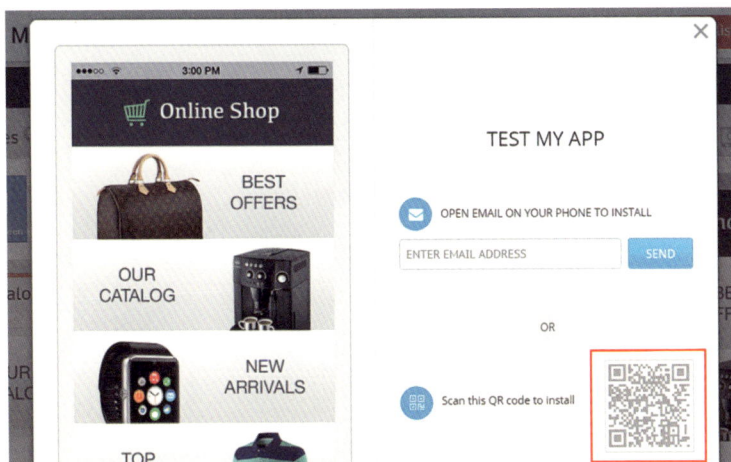

图 3-114　iBuildApp 操作与设定（17）

　　待 App 下载完毕后，便可点击图 3-117 红色方框处的"安装"按钮，完成后再点击图 3-118 红色方框处的"开启"按钮，如此便能在手机上看见自己制作的 App，至此，自己制作的 App 已经顺利地安装到了手机上，跳离自制 App 的界面后，亦可在手机桌面上看见所安装的 App 图标，如图 3-119 红色方框处所示。

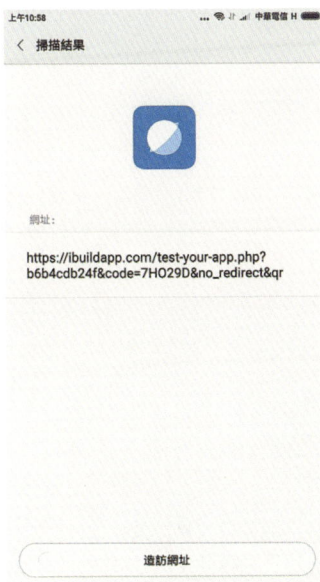

图 3-115　iBuildApp 操作与设定（18）

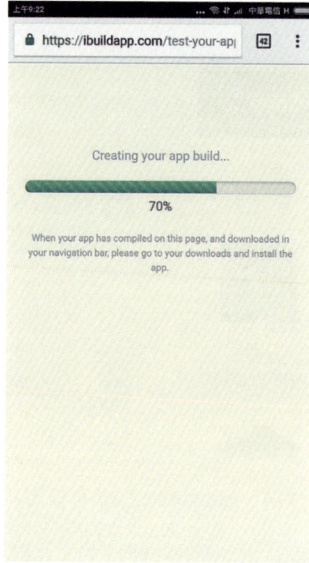

图 3-116　iBuildApp 操作与设定（19）

图 3-117　iBuildApp 操作与设定（20）

图 3-118　iBuildApp 操作与设定（21）

图 3-119　iBuildApp 操作与设定（22）

三、iBuildApp 之谷歌分析嵌入

iBuildApp 之所以简单好用，在于它的使用过程是零程序代码的，因此使用分析工具嵌入的过程也保持着相同初衷。由于 iBuildApp 仅支持谷歌分析，再加上我们在前面已经示范过谷歌分析的安装，因此以下 iBuildApp 使用分析工具嵌入部分的内容仍以谷歌分析为主。

首先，请大家点击图 3-120 红色方框处的下拉式选单，并且将模式切换到深蓝色箭头处的"Dashboard"（仪表板）。接着，请点击绿色方框处的"Settings"，此时界面中会展开若干选项，请在红色箭头处输入自己的谷歌分析追踪 ID，若忘记谷歌分析追踪 ID 如何获取，可回顾本章第一节的内容。这样即可轻松地完成谷歌分析嵌入 iBuildApp 的操作。接下来我们就可以刻意制造一些流量来让谷歌分析捕捉，并且呈现在 iBuildApp 管理员模式中。

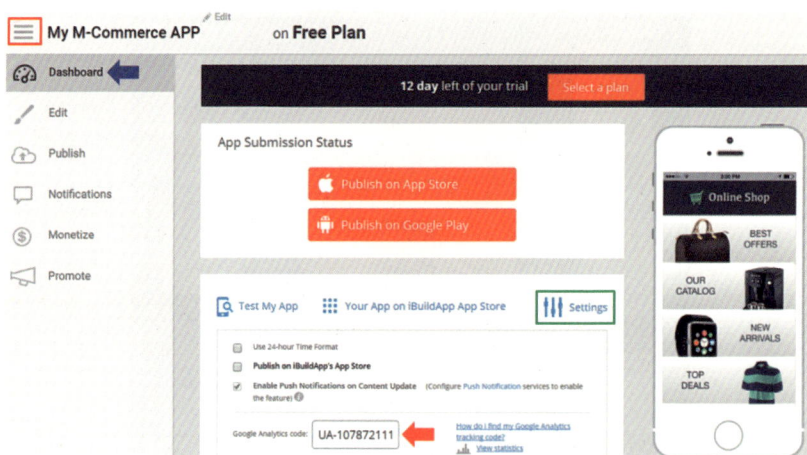

图 3-120　iBuildApp 操作与设定（23）

以图 3-121 红色方框处为例，我们可以看见三种使用分析指标，分别是开启次数（Launches）、App 下载次数（App Downloads）以及移动网站参访次数（Mobile Site Visits）。其中，开启次数是指每当使用者开启 App 之后所观测到的次数，一般情况下，开启次数越多，表示该 App

越受到使用者青睐。App 下载次数是指 App 在各个平台中被使用者下载的总次数，通常开启次数观测值会比下载次数观测值高出许多，毕竟一个使用者不会多次下载同一个 App，但却可以多次开启一个 App。至于移动网站参访指标，则是指使用者通过手机浏览器进入自己 App 的次数。

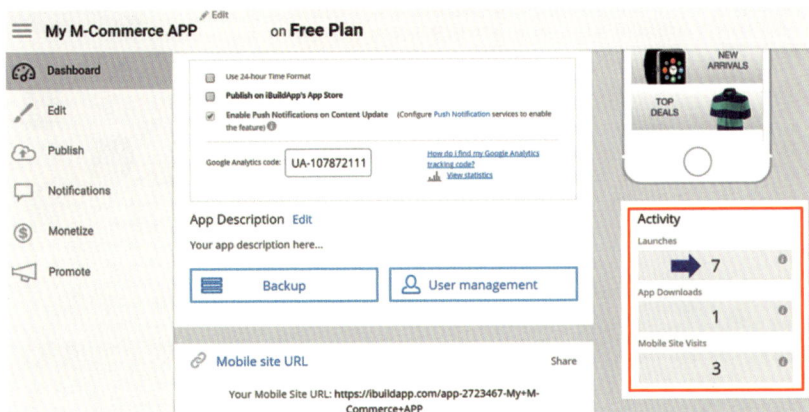

图 3-121　iBuildApp 操作与设定（24）

值得注意的是，由于 iBuildApp 是用 HTML 5 语言设计而成的，能够支持原生态的（native）App 开启方式，也能支持通过浏览器开启 App，因此移动网站参访指标指的是后者，这与第一项开启次数的观测基准有所不同。当我们完成上述谷歌分析嵌入动作之后，若读者试着制造这三大项衡量指标所观测的行为，iBuildApp 就会与谷歌分析协力合作，将使用分析结果显示在图 3-121 中的红色方框处。

要提醒大家的是，虽然 iBuildApp 零程序代码建构 App 的做法受到了不少使用者青睐，但在预设情况下，仅提供 14 天的试用期，如图 3-121 绿色方框处显示当前试用期仅剩余 12 天。试用期结束后将无法针对自己的 App 进行新增、删除、修改等操作，但原来设置好的 App 仍会保留在云端空间且功能运作亦会一切正常，因此读者可自行考虑是否付费，以便继续使用。

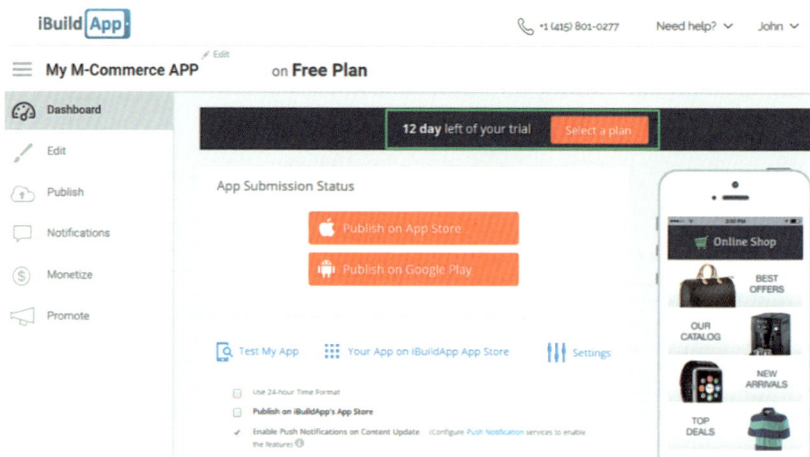

图 3-122　iBuildApp 操作与设定（25）

最后，我们从大数据电子商务的数据分析角度来谈谈下载成效，我们都知道下载是 App 能否永续生存的必要条件，如果没有使用者下载 App，那就遑论下载之后所衍生出的后续使用行为及商机。依照目前全球的情况而言，App 下载渠道大致分两种，分别是苹果阵营 App Store 以及谷歌阵营 Google Play。此两大阵营对于 App 的上架管理或约束各有不同，原因不外乎是想好好地维护 App 应用程序平台，如此才能够获得 App 使用者青睐。

除此之外，市面上仍有许多非主流的 App 应用程序平台正逐渐瓜分 App Store 与 Google Play 的市场收益，如 1mobile、"中华电信" Hami Apps、亚马逊 App Store、安卓网、掌上应用汇、安智网等。因此如果自己是经营 App 的人，电商形态 App 也好，非电商形态 App 也罢，总是会希望自己的 App 能够多被使用者发现并下载使用，也就会努力地试着将自己精心制作的 App 上架到所有可能应用程序平台。然而这样做真的可以提高 App 的下载次数吗？这个问题正是大数据电子商务的数据分析所能着墨之处。

学者 Taylor 与 Levin 于 2014 年提出消费者 App 使用之购买与信息分享模式，如图 3-123 所示。两位学者认为消费者之所以会下载 App 的一个很大前提是，他们要对特定 App 产生基本的兴趣，其后再以自己所维持的兴趣来决定是否要在特定的 App 上进行购买活动以及信息分享活动，而购买活动除了会直接受到消费者本身对于 App 兴趣有无之影响外，还会间接受到"信息分享活动"的影响。

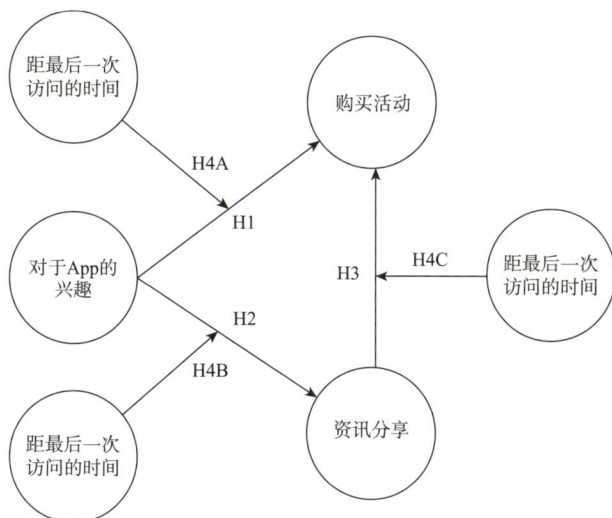

图 3-123　App 用于购买与信息分享模式（资料来源：International Journal of Retai l&Distribution Management）

　　换句话说，只要消费者对 App 产生初步的使用兴趣，那么他们就很有可能在 App 上面进行交易行为，甚至是把自己在 App 上的所见所闻分享给他人，邀请他人一同来响应 App 在线购买活动。然而这一切只是理想状况，上述提到的各种关联性还会受到"最近一次开启或访问 App 后所经过的时间"（Time Since Last Visit）的影响，即消费者们的当次与前次访问间距越长，越有可能离此 App 而去。

　　通过使用分析工具能够正确地捕捉消费者近期下载、开启或是访问 App 的情况。以图 3-121 中的三项使用分析指标为例，若我们在蓝色箭头处点击观测数据，则 iBuildApp 会展开详细的使用分析界面，如图 3-124 所示。从蓝色方框处我们可以观察到在 2017 年 10 月 9 日，Android 手机用户开启了此 App 一次，次日也就是 2017 年 10 月 10 日，Android 手机用户开启了此 App 两次、以浏览器方式访问此 App 四次，然而所有观测数据却在 2017 年 10 月 11 日骤降为零，如果日后观测到此零互动现象持续了一段时间，那就等同于发生了上述"当次与前次访问间距过长"现象。对于电商从业者而言实非好事。虽然对这些数据的诠释建构在非真实数据之上，但倘若读者获取到真实数据之后，势必要以类似的方式观察 App 经营成效，因此通过本文所传达的移动使用分析技巧，对于大数据电子商务从业人士或是未来打算涉足此领域的莘莘学子来说，都能够以"数据思维"来审视 App 的运营状况，进而扮演称职的大数据电子商务诊断师。

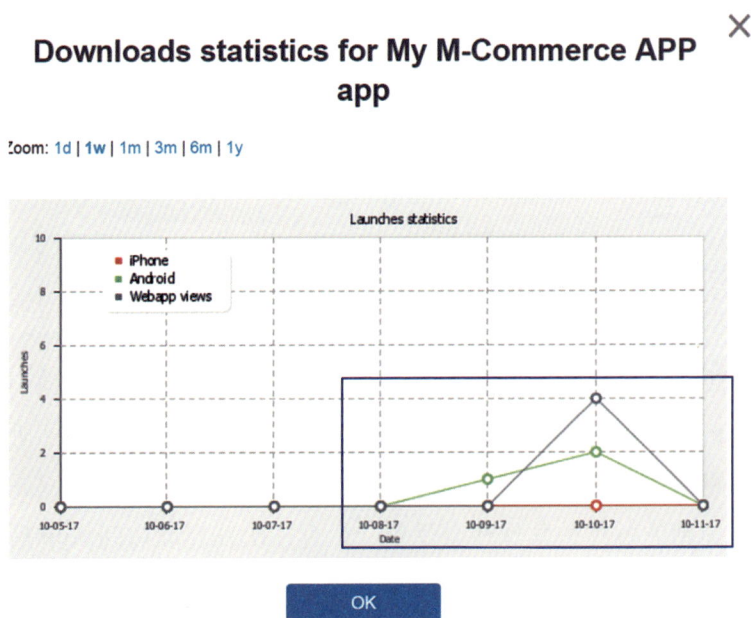

图 3-124　iBuildApp 使用分析结果示意（App 开启次数）

最后，我们从图 3-114 的平台下载二维码中可以感受到此种下载方式的便利，亦可以从自己日常生活观察到许多由各机构从业者所投放的二维码。此现象其实是宣告人手一机的全民移动生活已经来临，电子商务已不再局限于传统的网站交易形式，因此二维码的设计、部署、扫描行为观测等，可说是在消费者延揽阶段所不能忽略的重要事项。除了二维码之外，近期也有越来越多从业者推出更具消费者互动性的扫描互动，也就是颇为热门的扩增实境（Augmented Reality, AR），这些都是大数据电子商务人员所必备的技能，因此我们将在下一章与大家分享隐藏在扫描目标物中的浓缩信息及其获取方式。

第四章

大数据电子商务之信息浓缩与获取

从智能手机逐渐进入人们生活的那一刻起，扫描动作每天都在上演着，也正因为如此，造就了所谓的感应经济。感应经济指的是人们借由移动装置进行许多互动行为（如交易付费、资料检索、娱乐），同时也让各行各业的经营者得以在与消费者互动的过程中融入许多商业意图。此处所谓的感应式互动行为又可细分为主动式感应（active sensing）与非主动式感应（inactive sensing）。前者是指使用者主动通过移动装置来进行感应动作，常见的例子有购物结账时使用 Apple Pay、统一发票扫描兑奖、搭乘大众运输工具、使用充值卡等。后者是指使用者不需要主动拿出移动装置，即可在装置上接收到互动信息。

无论是主动式感应或是被动式感应，虽然各自所使用的技术不尽相同，但共同点皆在于如何将使用者所需要的信息经过浓缩处理后传送到使用者的移动装置。本章的重点在于让读者自日常生活中体会各种信息的浓缩与获取作为，特别是与大数据电子商务息息相关的主动式扫码互动、主动式扩增实境以及非主动式超声波互动。学习完本章内容后可以使自己具备大数据思维，进而思考上述新兴技术在电子商务中可着墨之处。

第一节
主动式扫码互动

一、一维条形码

在手机还没有普及的时候，条形码扫描这件事往往只发生在特定的场域，如超级市场结账柜台、录像带出租店、政府公共账单收费等。然而无论是哪种应用场域，它们所使用的条形码都属于一维条形码。一维条形码是指仅能以横向打印的方式来呈现的条形码，其缺点在于如果数据量越大，条形码的长度就会越长，导致某些性能不足的扫描器无法完成整体条形码的扫描或是需要分段扫描。我们在市面上较为常见的条形码符合 EAN13 标准格式，其中，EAN 指的是欧洲商品编码（European Article Number，EAN），13 指条形码上有 13 位数字，如图 4-1 所示，其中最后一位数字"2"为检核码。

图 4-1　一维条形码

二、二维条形码

QR-Code（Quick-Response Code）是一种二维条形码，由日本 Denso Wave 公司于 1994 年发明，如图 4-2 所示。相较于一维条形码，二维条形码在扫描时需要扫描器非常精准地定位，但二维条形码可借由蓝色箭头处的图案来协助定位，因此有时在扫描过程中不需要非常精准地定位也能够快速获取条形码对应的内容。除此之外，QR-Code 的最大特点在于能够借由红色箭头处的校正区域来实现条形码破损的还原功能。换句话说，所有在市面上能看到的 QR-Code 皆具备了上述的定位点与校正点，使得 QR-Code 使用率节节升高。

图 4-2　二维条形码

根据市场调查公司 2013 年的调查结果得知[①]，许多欧美国家的青年（18—34 岁）已经能够接受从各种媒体渠道上的 QR-Code 来获得对应的内容，杂志是他们最常扫描 QR-Code 的媒体，其次是海报、实体信件、外

[①] 参见：US Ahead of Western Europe in QR Code Usage. https://www.emarketer.com/Article/US-Ahead-of-Western-Europe-QR-Code-Usage/1009631。

包装箱、网站、电子邮件以及电视。这些扫描族正是大数据电子商务盈利的潜在贡献者。QR-Code 究竟为何可以如此深入地渗透至日常生活之中呢？它与大数据电子商务又存在着什么样的关联呢？要回答这些问题要先理解 QR-Code 应用范围，主要有以下四种。

文字传输。过去，人们进入网站前总是需要在浏览器地址栏中输入一长串的网址，一旦不小心输错，不但无法顺利进站还要重新输入，直到输入正确才能访问目标网站。这是以使用者的观点而论，若以从业者立场而论，在各个传播渠道上印刷一长串网址不但不美观且占用了许多空间，甚至还要使用者或访客可以耐心地将网址输入完毕，但往往事与愿违！受惠于移动装置的普及与 QR-Code 的高接受率，如今人们只要拿起手机对着 QR-Code 一扫，瞬间就能够获得冗长的网址，不需要花费输入网址的时间就能进入目标网站。因此，从业者在各式渠道上投放 QR-Code，不但能够节省印刷空间，也能增加使用者或访客的扫描意愿。

数字内容获取。由于 QR-Code 相较于一维条形码能够承载更多元的信息，所以通过对它的扫描能够得到更丰富的内容。举例来说，如果饮品在外包装上印刷了 QR-Code，如图 4-3 所示。消费者只要扫描该条形码就能够看见该饮品的原料来源与营养成分，借以增加消费者对于该饮品的信任度。试想，若不是依靠 QR-Code 的卓越性能，饮品从业者如何能够把庞大的数据传递给消费者呢？在过去或许可以通过网站的方式来展示上述数据，但现今非要依赖 QR-Code 的协助，因为消费者不太可能在购买饮品时站在商品陈列架前开启他们的计算机来查询饮品的生产信息。因此 QR-Code 能够帮助从业者传递丰富的内容，而消费者也能够很便利地获取对应的内容。

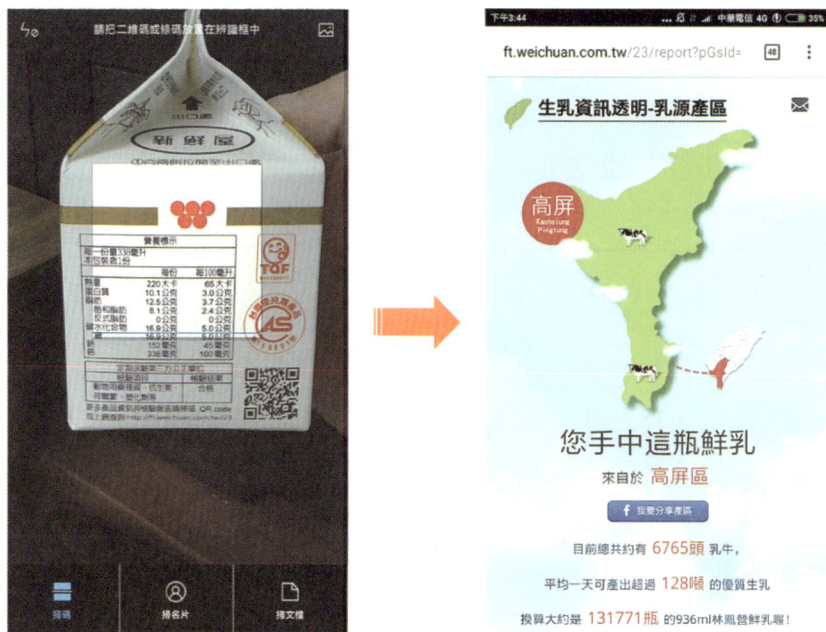

图 4-3　QR-Code 数字内容获取

　　身份识别。QR-Code 除了具有上述的内容获取功能之外，还具备了身份识别功能。过去，我们搭乘大众运输工具的时候总是需要购买票券，并且在搭乘前要出示票券，否则将无法顺利地享受运输服务。然而一不小心就会把票券丢失或是弄破，所幸 QR-Code 能够帮我们解决这样的困扰。以高铁为例，若在高铁 App 上完成在线订票并付款，则高铁官方就会发送一则含有 QR-Code 的电子票券的信息到手机上。乘客只要在通过验票闸门时将手机上的 QR-Code 电子票券对准闸口扫描器，立刻就能确认自己是否具备乘车资格，如图 4-4 所示。此举不但节省了高铁验票的人力成本，也能够避免纸质票券发生破损或遗失问题。

　　交易活动。QR-Code 还具备了电子交易功能。以知名的电子支付平台支付宝为例，无论消费者还是商家，都能够将自己的实体银行账户与支付宝绑定。其后每次发生交易时，只需要出示手机上的 QR-Code 供商家扫描，或是自己扫描由商家提供的付款 QR-Code，经过双方安全账户的验证，即可快速实现收付款操作，如图 4-5 所示。此举同样能够带来诸多便利，如避免了金额计算错误、省去了携带大量货币、减少货币传播细菌的机会等。

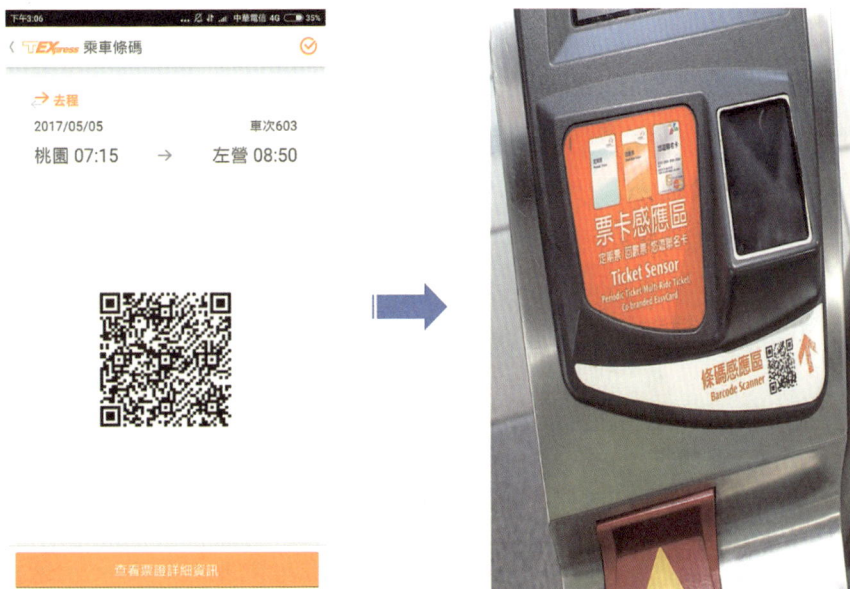

图 4-4　QR-Code 身份识别

图 4-5　QR-Code 交易活动

综合以上应用案例，我们不难体会为何 QR-Code 的普及率如此之高且快速，也不难理解它对大数据电子商务的助益。也就是说，通过 QR-Code 的投放，大数据电子商务从业者能够提供给消费者更为优质的服务，但也不会因提供 QR-Code 服务而导致经营成本激增或是带来其他困扰，因此称扫描是一种全民运动，成为当代新经济的动能一点也不为过。

然而再好的事物总是有其发展的阻碍，笔者发现 QR-Code 的发展阻碍在于，扫描需求者能不能在需要时找到对应的 QR-Code 并获取信息；或者在用户不需要的时候，大数据电子商务从业者能否有效地吸引用户扫描 QR-Code，毕竟 QR-Code 的存在建立于"它能够被扫描"之上，若自己精心制作的 QR-Code 乏人问津，那么岂不就像不起眼的图形一般。有鉴于此，接下来我们将与大家分享个性化 QR-Code 制作以及 QR-Code 扫码行为分析，前者能够让我们制作的 QR-Code 富有创意、提高消费者扫描意愿，后者则能够让我们有效地观测 QR-Code 投放成效。

三、个性化 QR-Code 制作

个性化 QR-Code 一般可以分为嵌图式 QR-Code 与柔化变色式 QR-Code 两种形式。接下来，我们将依序示范这两种 QR-Code 的制作过程。首先，请大家在浏览器地址栏中输入"http://qr.calm9.com/tw"，完成后可以看见如图 4–6 所示的 QR-Code 条形码产生器的界面。接着我们便可以在红色方框处输入 QR-Code 所欲对应的网址，本例输入的是笔者任职的学校教师简介网址（http://bigdata.scu.edu.tw/zh-hant/people/ 郑江宇），其后大家可依照自己的需求调整绿色方框处的"尺寸"与"文件格式"，请注意，为了防止制作好的 QR-Code 受到嵌入图形的影响而使辨识率降低，请务必将蓝色方框处的"容错率"设定为 30%，这也间接地凸显了 QR-Code 遭破损时的还原辨识能力。

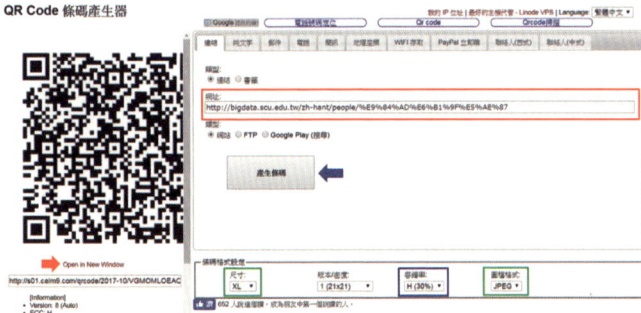

图 4-6　嵌图式 QR-Code 制作（1）

一切设定就绪后，请读者点击图 4-6 蓝色箭头处的"产生条码"按钮，完成后会在界面左侧看见依照自己设定条件所制作完成的 QR-Code。接着点击红色箭头处的"Open in New Window"，窗口开启后，请将鼠标光标移动至 QR-Code 图案上方并点击鼠标右键选择"另存图档"，以便将所制作完成的 QR-Code 妥善保存。以上这些步骤属于 QR-Code 的主体制作过程，接下来请大家开启自己计算机中的 PowerPoint 软件。从图 4-7 中可以看出，我们已经将制作好的 QR-Code 置入 PowerPoint 文件中，此时请读者将自己所欲嵌入 QR-Code 中的另一个图形准备好，并且粘贴到 QR-Code 中，本例以读者任职单位（东吴大学巨量资料管理学院）logo 作为示范。

图 4-7　嵌图式 QR-Code 制作（2）

在正式将两个图形合并为一个 QR-Code 之前，请读者务必先用手机上的 QR-Code 扫一扫功能确认自己所制作的 QR-Code 不会发生无法扫描的情况。若确认扫描动作可以顺利进行并且可链接到 QR-Code 所对应的网址，即可返回 PowerPoint，并且在 QR-Code 上点击鼠标右键，选择"另存成图片"（如图 4–8 所示），以便完成文件储存操作。至此，嵌图式 QR-Code 的制作告一段落，读者已可将制作好的 QR-Code 投放到合适的地方。

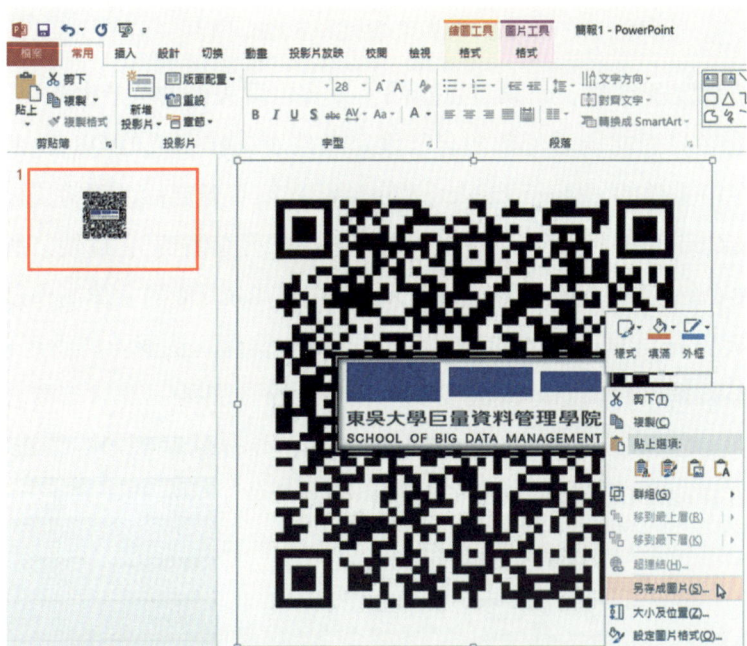

图 4-8　嵌图式 QR-Code 制作（3）

接下来，我们示范柔化变色式 QR-Code 的制作技巧。首先，请大家在自己浏览器地址栏中输入"http://www.adobe.com/hk_zh/products/photoshop/free-trial-download.html"，以便下载 Adobe Photoshop CC 图像处理软件，完成后可看见如图 4–9 所示的界面，接着请点击红色方框处的"下载免费试用版"。其后系统会将大家引导至如图 4–10 所示的账号授权界面，本例以笔者既有的脸书账号作为主要授权账号，若读者也打算使用脸书账号，则可点击红色方框处的脸书按钮，或是自行选择其他账号。

图 4-9　Adobe Photoshop CC 安装（1）

图 4-10　Adobe Photoshop CC 安装（2）

　　点击后，系统会弹出如图 4-11 所示授权确认界面，点击红色方框处的"身份继续"按钮后，系统会要求你填答问卷，如图 4-12 所示。填答完毕即可点击红色方框处的"继续"按钮，完成之后会看见如图 4-13 所示的界面。最后点击红色方框处的"开始安装"按钮，以便进入如图 4-14 所示的正式安装界面。

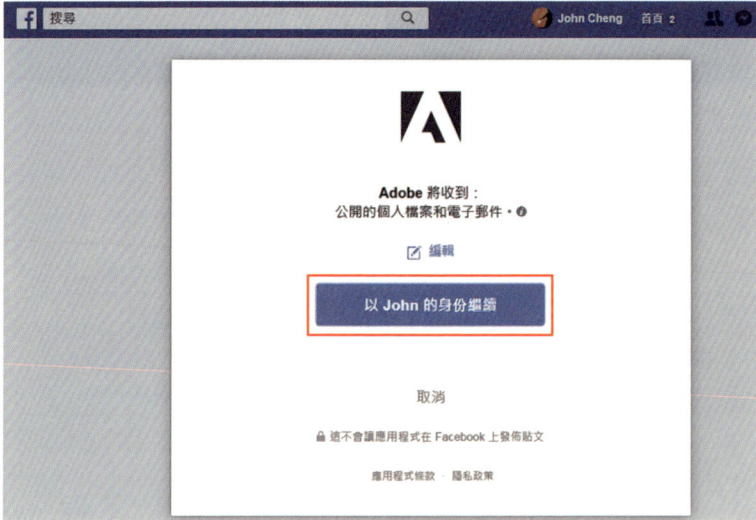

图 4-11　Adobe Photoshop CC 安装（3）

图 4-12　Adobe Photoshop CC 安装（4）

图 4-13　Adobe Photoshop CC 安装（5）

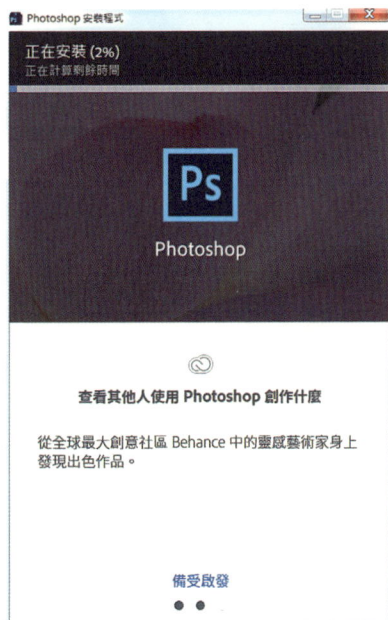

图 4-14　Adobe Photoshop CC 安装（6）

安装完成之后，系统会自动开启 Adobe Photoshop CC-的处理界面，如图 4-15 所示，此时点击红色箭头处的"新建"按钮，并且将蓝色方框处的选项选为"预设 Photoshop 大小"，最后点击绿色箭头处的"建立"按钮。

图 4-15　Adobe Photoshop CC 使用与调色（1）

接着，将刚刚制作好的 QR-Code 原图（不包含内嵌图形）复制，粘贴到 Photoshop 的背景画布中，并且将 QR-Code 图案的比例稍做调整，最后如图 4-16 所示。点击红色箭头处的"套用变更"图标，由于柔化变色式 QR-Code 中的"柔化"必须经过 Photoshop 的模糊处理才能达成，因此请大家依照图 4-17 的指示，在上方任务栏选单中依序点击"滤镜→模糊→高斯模糊"等选项，直到看到如图 4-18 所示的界面。此时请调整红色方框处的模糊强度至 3.5 左右，完成后点击界面右上方的"确定"按钮。接着我们要为 QR-Code 进行色阶着色处理，如此才能达到真正的柔化效果。

请大家点击图 4-19 绿色箭头处的"调整"分页，并且点击红色箭头处的"色阶"图标，此时会在红色方框处看到色阶分布图，请将图下方的三个数字由左至右分别调整为 83、0.20、160。此时大家不妨观察一下目前 QR-Code 的变化，是否会发现原本锐利的图案已变成了柔和的图案，与一般的 QR-Code 相比，具有明显的差异。

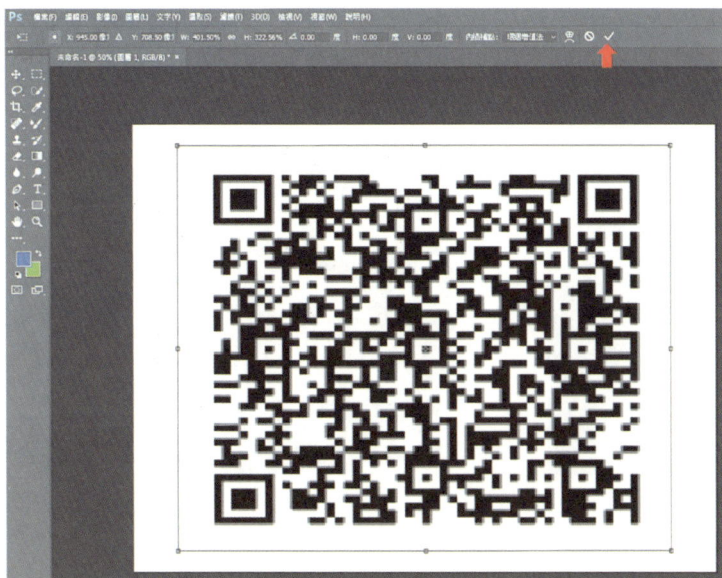

图 4-16　Adobe Photoshop CC 使用与调色（2）

图 4-17　Adobe Photoshop CC 使用与调色（3）

图 4-18　Adobe Photoshop CC 使用与调色（4）

图 4-19　Adobe Photoshop CC 使用与调色（5）

接着我们开始为 QR-Code 进行调色，请大家点击图 4-20 绿色箭头处的"调整"分页，随后点击红色箭头处的"色相／饱和度"图标，此时绿色方框处会出现色相、饱和度、明亮等选项，在调整这三个选项之前，需要先将"上色"选项选中，然后在色相、饱和度、明亮等选项中依序输入 252、95、＋40。请注意！只要将饱和度设定在 90 以上，并且将明亮保持在＋40，那么就可以任意调整色相，也就是可以将 QR-Code 调整成自己喜欢的颜色，本例将 QR-Code 调整成亮蓝色。完成上述调色步骤之后，就可以将成果另存新档，如图 4-21 所示，点击"文档→另存新档"，日后即可在各处投放这个有色的 QR-Code。

图 4-20　Adobe Photoshop CC 使用与调色（6）

图 4-21　Adobe Photoshop CC 使用与调色（7）

截至目前，我们介绍了 QR-Code 的结构、嵌图式 QR-Code、柔化变色式 QR-Code，接下来我们要从理论的角度来说明究竟在什么样的情况下，使用者愿意拿起移动装置来扫描 QR-Code，也就是厘清扫描意图。学者 Ryu 与 Murdock 于 2013 年提出了 QR-Code 扫描意图模式 [①]，如图 4-22 所示。他们指出消费者的 QR-Code 扫描意图（Intention to use QR-Codes）会受到四项因素的直接影响，以及两项因素之间接影响，直接影响因素包含消费者创新性（Consumer innovativeness）、市场新知吸收主义（Market mavenism）、QR-Code 扫描态度（Attitude toward QR-Codes）以及认知有用性（Perceived usefulness），而间接影响因素包含认知易用性（Perceived ease of use）与认知愉悦性（Perceived enjoyment）。

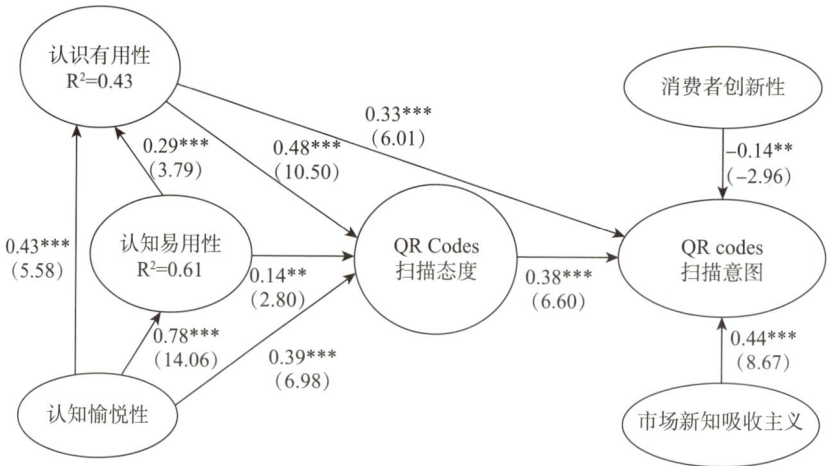

图 4-22　QR-Code 扫描意图模式（资料来源：Journal of Direct, Data, and Digital Marketing Practice）

由此可知，消费者自身的创新信息获取行为扮演了消费者扫描 QR-Code 意图的关键角色。毕竟对于具有创新思维的消费者来说，他们会认为以扫描 QR-Code 的方式来获得自己所需的信息非常实用。由于该研究结果

---

① Ryu, J.S., & Murdock, K.（2013）. Consumer acceptance of mobile marketing communications using the QR code. *Journal of Direct, Data and Digital Marketing Practice*, 15（2），111–124.

是在 2013 年发表的，时至今日，QR-Code 扫描早已蔚为风潮，因此探讨消费者扫描 QR-Code 意图的焦点应该移转至他们对于 QR-Code 扫描的态度上。也就是说，除了认知有用性之外，认知易用性与认知愉悦性更是扮演 QR-Code 普遍存在后的扫描激励角色。试想，QR-Code 扫描的易用性与有用性是否已经毋庸置疑呢？如果是这样那么接下来更重要的是如何让 QR-Code 扫描充满趣味性，如此才能让消费者们愿意进行扫描，进而强化他们的扫描意图。上述 QR-Code 实战内容即是在介绍如何将传统的 QR-Code 样式赋予变化，让 QR-Code 不再是千篇一律的制式形态。其实提升 QR-Code 扫描的认知愉悦性方法有很多，一切有赖于读者发挥自己的想象力，只要用心相信大家投放的 QR-Code 会获得不少使用者的青睐。

　　介绍完 QR-Code 扫描意图的理论之后，接下来，我们不禁想问的是假如 QR-Code 制作精美且富有愉悦性，那么 QR-Code 投放者是否有办法得知使用者扫描的数据呢？这个答案是肯定的！如果不知道自己所投放的每张 QR-Code 扫描数据，就会沦为乱枪打鸟般，自认 QR-Code 投放出去一定会吸引若干消费者对它进行扫描，往往事与愿违。此外，若仅将 QR-Code 设计好就投放出去，而缺少了后续行为分析，亦是违背了大数据电子商务的精髓。有鉴于此，下面将与大家分享 QR-Code 扫描行为的追踪与分析方式。

四、扫码行为分析

　　让我们回顾一下，每当自己通过移动装置扫描 QR-Code 之后，移动装置上是否总是跳出一串网址，并且询问是否开启该链接呢？没错！QR-Code 其实就是一种特殊形态的网址，通过简易的扫描，让我们省去了在移动装置上输入冗长网址的过程。既然 QR-Code 是一种特殊的网址，我们也就可以在 QR-Code 制作完毕前在网址中嵌入若干追踪参数，以求有效地记录使用者的扫描行为，接下来笔者将分享如何落实 QR-Code 扫描行为分析的步骤。

首先，请回想第三章提到的站内式与站外式使用分析工具，其中谷歌分析就是一种可以被用来监测 QR-Code 扫描成效的利器。为什么这样说呢？试想若自己制作好一个 QR-Code 之后，并且使用者也确实扫描了该图形，使用者会被引导至什么地方呢？在多数情况下，使用者会被引导至自己所经营的网站，而引导行为就是使用分析的监测范畴。在此，我们以第三章中制作的网址 http://myweb.scu.edu.tw/~04170121/myga（1）.html 作为 QR-Code 被扫描后的导引网页，并且用第三章中的 GATC 作为 QR-Code 扫描行为的监测工具。

接着，请读者通过 Google 提供的网址产生器（https://ga-dev-tools. appspot. com/campaign-url-builder）将上述引导网页嵌入追踪参数，如图 4-23 所示。

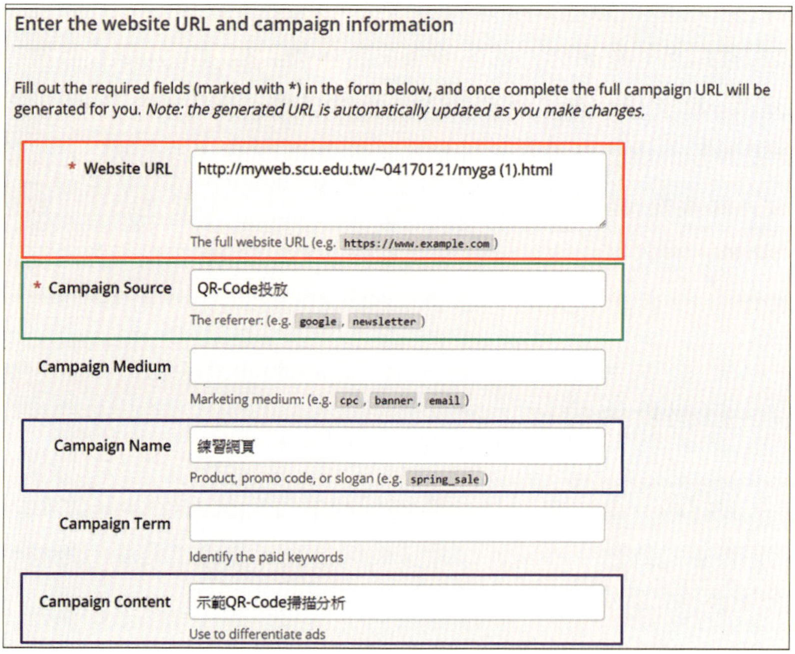

图 4-23　Google 网址产生器（1）

其中，红色方框处的"Website URL"（网站网址）为必选的输入字段，指的是 QR-Code 一经扫描后所引导使用者抵达的网页，本例输入"http://myweb.scu. edu.tw/~04170121/myga（1）.html"。绿色方框处的"Campaign Source"（活动来源）同样是必选输入字段，所指为 QR-Code 投放或张贴的场域，由于本例并非真实投放 QR-Code，故仅输入"QR-Code 投放"字样。蓝色方框与紫色方框都属于非必要输入字段，其字段意义分别是"Campaign Name"（活动名称）与"Campaign Content"（活动内容），本例分别输入"练习网页"以及"示范 QR-Code 扫描分析"。

完成以上字段的输入之后，将界面往下移动，可以看见如图 4-24 红色方框处生成的网址，虽然如同乱码一般，但其实该网址已经附带了追踪参数。现在请大家点击蓝色方框处的"Copy URL"（复制网址）按钮，在网络上任意选择一个 QR-Code 产生器，如 http://qr.calm9.com/tw/，并且将刚才所复制的网址粘贴至图 4-25 深蓝色箭头处的字段后，再点击红色方框处的"产生条码"按钮，如此便能够在绿色方框处看见制作好的 QR-Code。

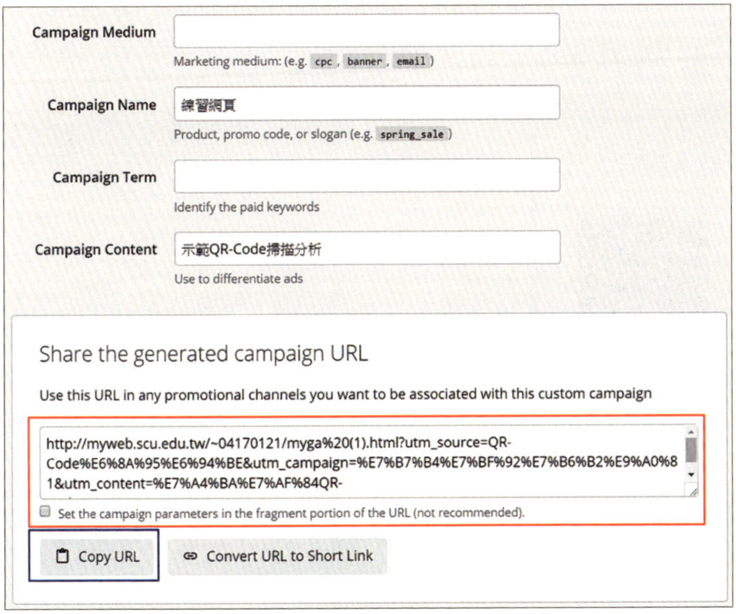

图 4-24　Google 网址产生器（2）

图 4-25　QR-Code 产生器

现在，让我们来验证 QR-Code 扫描行为分析，请大家再一次将自己在第三章完成的谷歌分析实时报表开启。观察扫描之前的 QR-Code，大家会发现当下实时报表所显示的"活跃用户"人数为 0，一旦自己拿起手机扫描图 4-25 绿色方框处的 QR-Code，并且开启页面后，即可在图 4-26 红色箭头处发现侦测到一笔以移动装置进入网页的流量。除此之外，读者还可以如图 4-27 红色方框处所示，将报表切换至"客户开发→广告活动→所有广告活动"，观看更多详细的 QR-Code 扫描行为报表。请注意！务必确认蓝色方框处的日期包含自己扫描 QR-Code 所发生之日期，谷歌分析会将预设日期保持在昨天的前推一周，因此若未事先调整好日期，将导致谷歌分析无法检测到今天发生的网络行为。一切就绪之后，将界面往下移

图 4-26　QR-Code 扫描行为流量侦测（1）

动，即可在图 4-28 处看到刚才我们在网址产生器中所输入的字段数据，当然读者也可以自行在红色方框处切换不同的主要维度，以便观看网址产生器中所输入的不同字段数据。

图 4-27　QR-Code 扫描行为流量侦测（2）

图 4-28　QR-Code 扫描行为流量侦测（3）

至此，整个 QR-Code 扫描行为分析告一段落。大家现在是否已经具备 QR-Code 扫描行为的分析能力呢？从此之后，大家不仅能够以大数据电子商务的思维来规划在各处投放的 QR-Code 所应置入的追踪参数，也能有效地辨别该次 QR-Code 扫描是来自哪一个投放场域。

第二节
主动式扩增实境

通过扫描动作获取所需的信息，除了 QR-Code 扫码方式之外，还有许多相似的方法。在这一节中，笔者要与大家分享近期颇为流行的物体式扫描（object scanning），也就是扩增实境。所谓扩增实境指的是能够将实体世界的事物与屏幕上的虚拟世界的事物相结合，让使用者即使处于虚拟环境，也能够有身临其境的感觉。自 2016 年起，许多市场调查机构皆不约而同地预测在未来几年内，扩增实境市场规模及其应用层面将会呈指数性成长，这也是为何笔者在介绍完 QR-Code 扫描后，紧接着介绍扩增实境的主要原因，期盼大家所学皆能够符合最新趋势。

本例以安卓手机作为示范（iPhone 手机的操作方式也大同小异）。首先，请大家在 Google Play 中下载 Aurasma[①] App，如图 4-29 所示，并且安装它。安装完毕之后，读者点击绿色的"开启"按钮，便可在手机界面中看见如图 4-30 所示的界面，此时请大家依照红色方框处的分页提示，一直将界面往左滑动，直到看见如图 4-31 所示的登入界面为止。由于我们是第一次使用这个 App，因此请大家先点击蓝色箭头处的"SIGN UP"（注册）按钮，如此才能将手机界面切换至如图 4-32 所示的注册数据输入界面。接着在红色方框处输入自己所欲注册的账号密码，至于 Email 则是

[①] Aurasma 是由一家国外专门从事影像制作公司所研发的产品，该产品具备自制扩增实境影像的功能。

非必要的输入选项，一切完成后请点击紫色的"JOIN"按钮，日后再次登录时，即可以用刚刚注册的账号与密码。

图 4-29 Aurasma 扩增实境（1）

图 4-30　Aurasma 扩增实境（2）

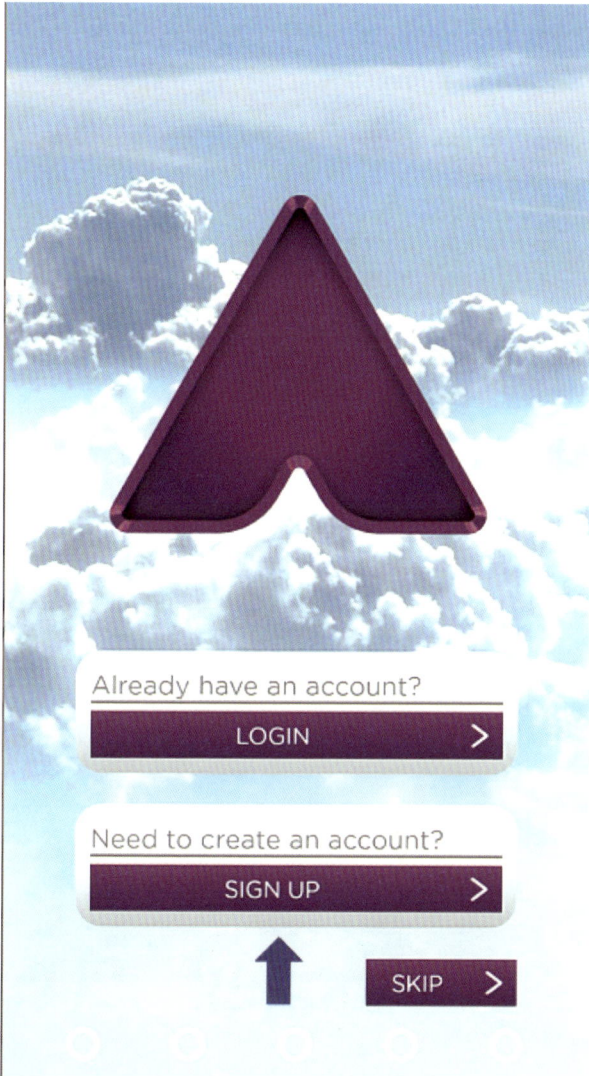

图 4-31　Aurasma 扩增实境（3）

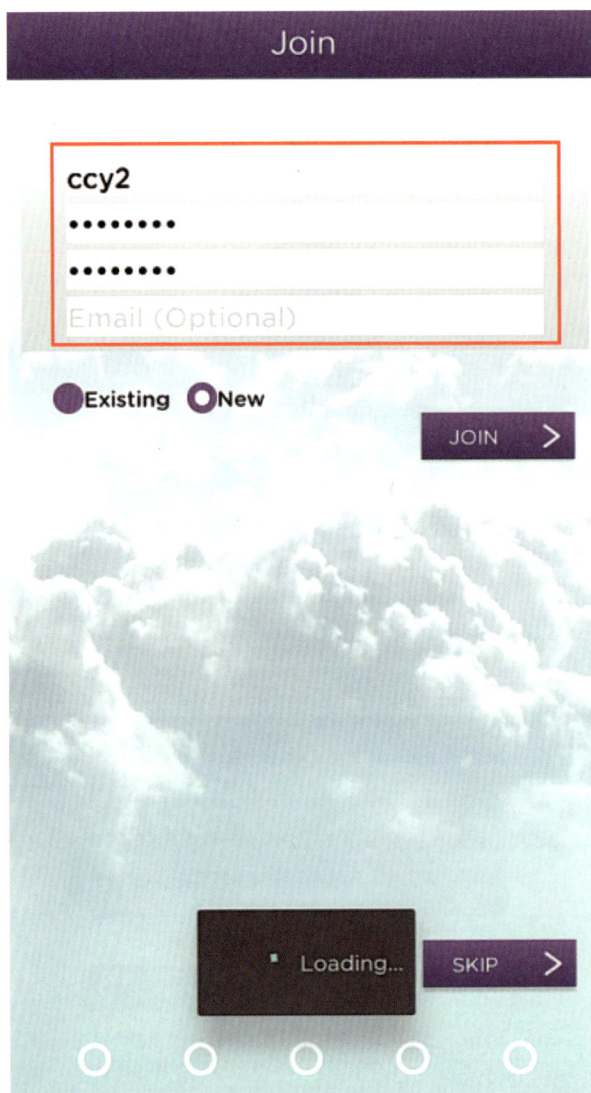

图 4-32　Aurasma 扩增实境（4）

完成上述注册步骤后，读者会在自己手机上看见如图 4-33 所示的界面，这个包含众多动态飞球的界面即为当我们制作好扩增实境扫描目标物之后的扫描界面，类似我们用扫描软件来扫描 QR-Code 一般。现在请

图 4-33　Aurasma 扩增实境（5）

点击红色箭头处的图标以便将手机界面切换至如图4-34所示的探索功能界面。在此界面中，大家可以看见由各行各业经营者或是独立使用者所制作完成的扩增实境图案，只要能够通过自己手机扫描相同图案，就可以发送

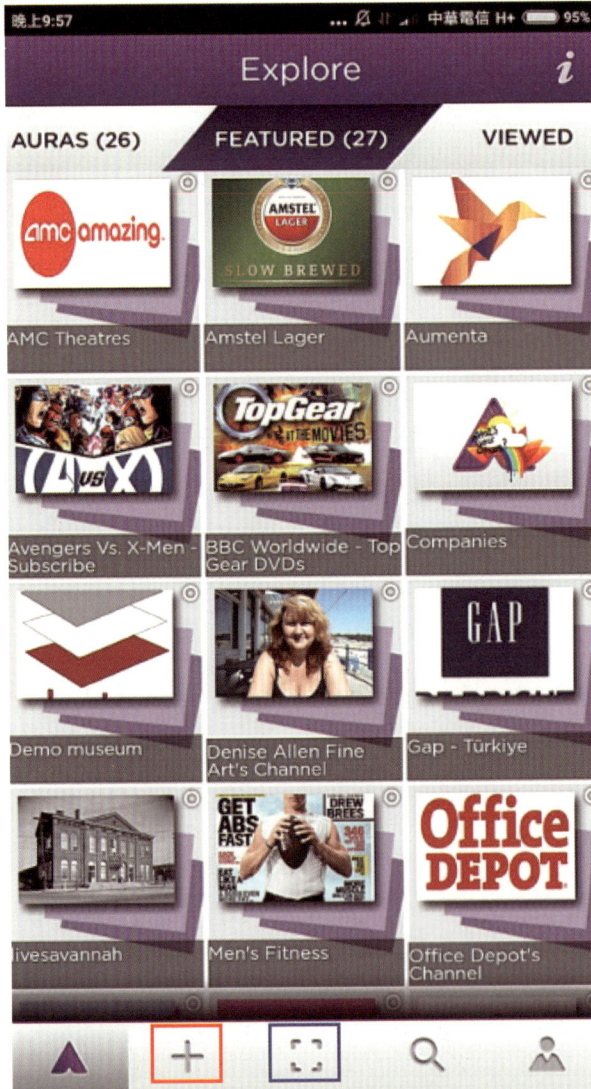

图 4-34　Aurasma 扩增实境（6）

嵌入在图案内的扩增实境动画。不过，我们的目的是制作自己专属的扩增实境图案，因此请大家点击红色方框处的"＋"按钮，点击完成后，会被引导至如图4-35所示的界面。为了能够新增自己专属的扩增实境动画，请大家点击界面右上角的"＋"按钮，并且接着点击蓝色方框中的"Camera"按钮。此时该App会将手机的摄影模式开启，大家在随意拍摄任意场景之前，应事先构思所欲拍摄的动画内容与扫描目标物的关联性。本例笔者以现任东吴大学巨量资料管理学院荣誉院长主讲的大数据简介影片作为拍摄目标。请注意！由于Aurasma是免费App，因此在影片拍摄长度上有所限制，请尽可能缩短影片拍摄时长。拍摄完毕之后，可在图4-36字段中给出影片名称并且点击"FINISH"按钮，如此App就会将自己拍摄好的影片上传，此时需等待一定时间才能完成上传动作。

完成拍摄影片的上传之后，会看见如图4-37所示的界面，这个界面中会显示所有拍摄的视频列表（如红色方框处所示），每当完成影片上传后，App皆会询问是否制作拍摄目标，如蓝色方框处所示，此时请大家点击"Yes"按钮，以便将手机界面切换至如图4-38所示的状态。此界面的用意在于让我们拍摄扫描目标物，而此扫描目标物必须是恒常不变的物体，若物体形态改变，将会导致日后扫描辨识率不佳，甚至无法成功扫描。

本例笔者以自己任职单位的名片作为扫描目标物拍摄，拍摄时请大家依照红色方框范围对准拍摄对象，同时也请注意蓝色方框处的色谱。色谱越向绿色区域靠近，表示摄影成像效果佳，且有助于日后扫描辨识率的提升，反之则表示成像效果不佳，若以不佳的效果制作扫描目标物，将会严重影响日后AR运作时的扫描辨识率。一切就绪之后，请大家点击相机图标以完成拍摄。

完成拍摄之后，手机界面会呈现如图4-39所示的状态。此状态表示App正在协助大家把扫描目标物与影片进行合成，合成完毕后即可看见如图4-40所示的界面，此时可以依照自身需求来调整迭合在扫描目标物上的影片大小与方向，如红色方框处所示。完成后即可点击蓝色方框处的箭头图标，此时手机界面会切换至如图4-41所示的状态。

图 4-35 Aurasma 扩增实境（7）

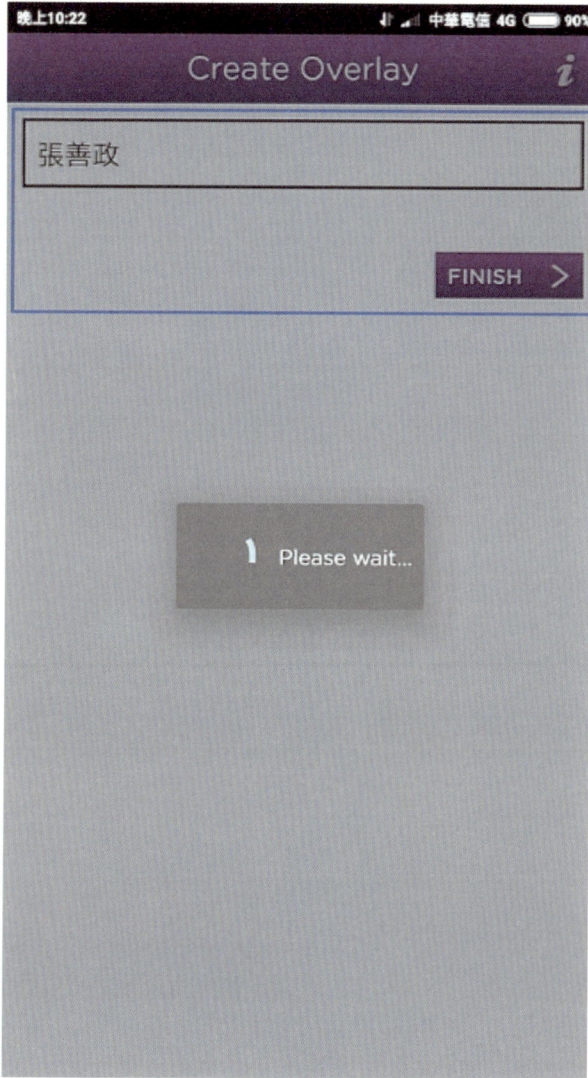

图 4-36　Aurasma 扩增实境（8）

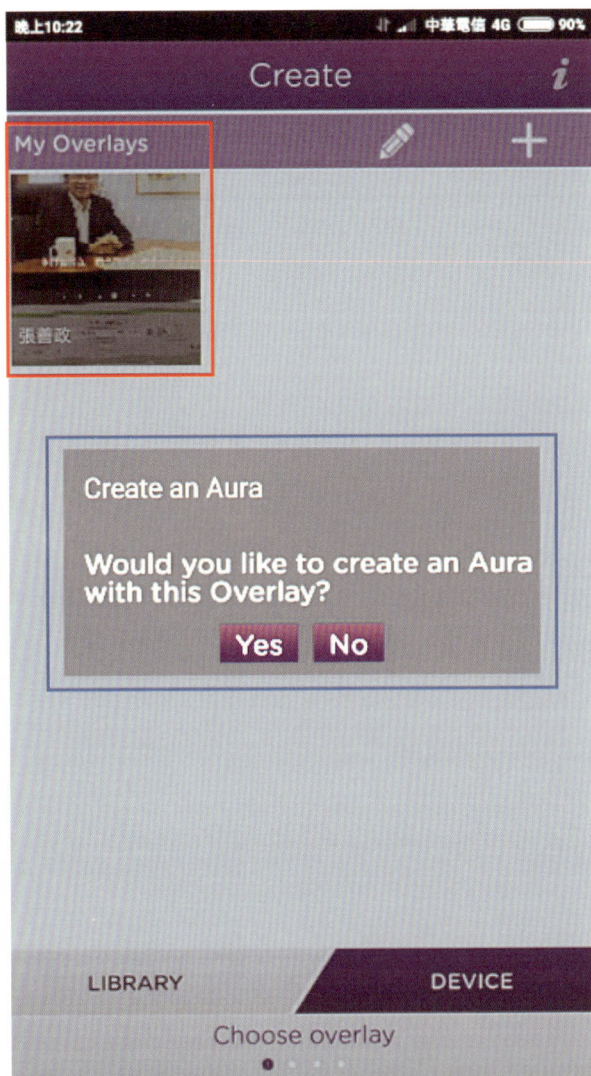

图 4-37　Aurasma 扩增实境（9）

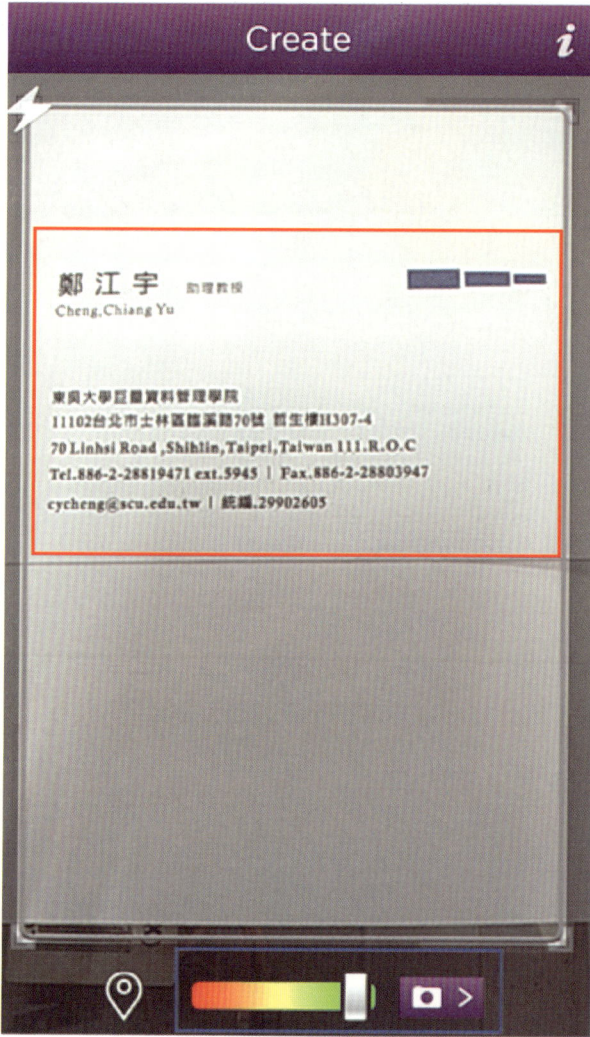

图 4-38　Aurasma 扩增实境（10）

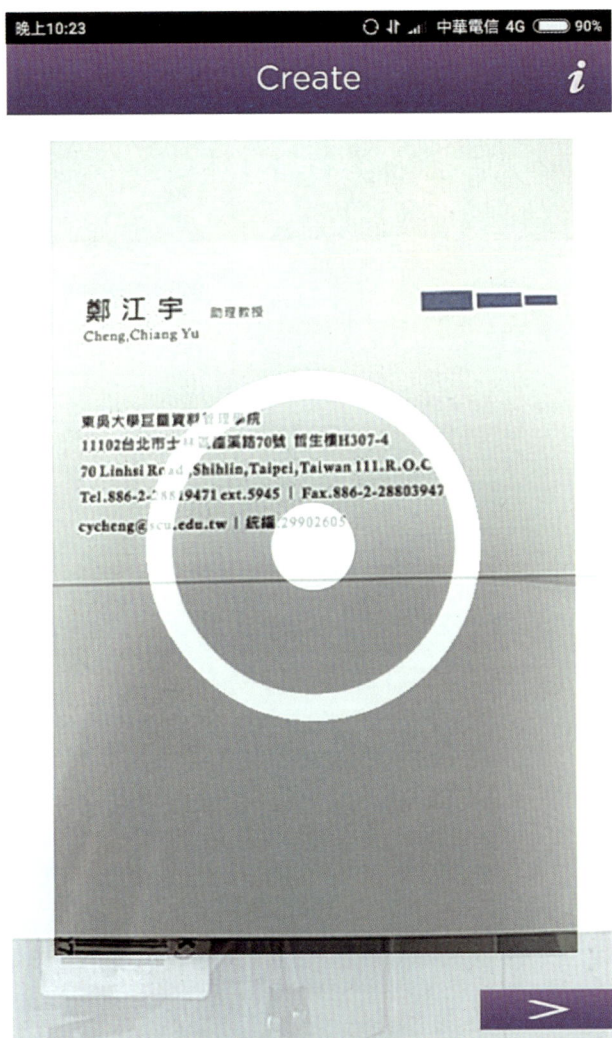

图 4-39　Aurasma 扩增实境（11）

图 4-40 Aurasma 扩增实境（12）

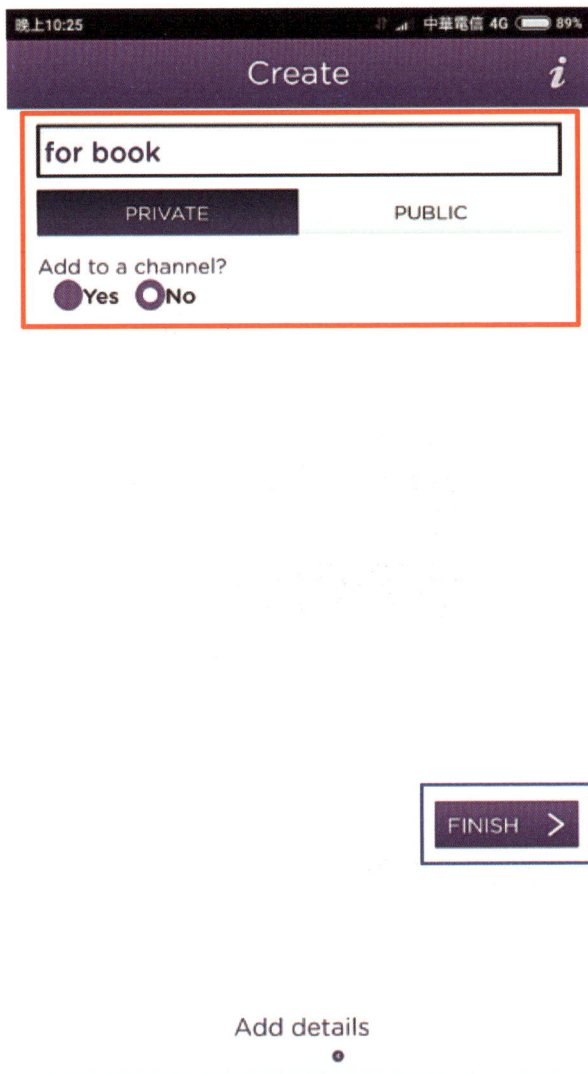

图 4-41　Aurasma 扩增实境（13）

　　这个状态主要是让大家在 Aurasma App 上开辟属于自己的专区，因此请确认红色方框处的"Add to a channel"选项停留在"Yes"上。至于红色方框处的空白字段则是让我们为新增的专区命名，本例输入"for book"。此外，在红色方框处我们还可以看见"PRIVATE"与"PUBLIC"按钮，它们的作用是决定将自己上传的内容设定为私有或公开，若设定为公开，则任何 Aurasma 使用者皆可看见自己制作的扩增实境内容，一切设定完成后，请点击蓝色方框处的"FINISH"按钮。

　　至此，整个扩增实境内容制作告一段落，接下来我们就可以试着扫描自己制作的扩增实境。以图 4-42 为例，当笔者手拿自己的名片进行扫描时，

图 4-42　Aurasma 扩增实境（14）

就会跳出由张善政院长主讲的大数据简介影片，表示该张名片系与先前所拍摄的影片有所对应。若读者找不到图 4-33 中的扫描界面，可由图 4-34 蓝色方框处的按钮进入。

除了自己可以体验扩增实境之外，其他人是否也可以使用自己所制作的扩增实境呢？答案是可以的！若其他使用者也安装了 Aurasma App，并且拥有笔者名片，只要将手机对着名片扫描，同样也可以看见张院长对于大数据介绍的影片。试想，以上这个情境还能用在什么场域呢？以本书的大数据电子商务主轴为例，或许我们可以将商品的推销广告、使用说明等影片制作成扩增实境，消费者只要对着计算机屏幕上的商品图案扫描，在他们的手机上就能够立即出现对应的影片，这样一来，就能够有效降低消费者在网络上无法接触到实体商品的不信任感，亦能够增加消费者对于商品的了解，进而促使他们订购商品。当然大数据电子商务经营者还可以在扩增实境影片中嵌入使用分析追踪码，只要消费者扫描扩增实境目标物，任何扫描、影片观赏等互动行为皆能够被有效地捕捉与掌握，如此经营者便能够通过数据探寻商机。

截至目前，我们介绍了两种扫描方式，分别是常见的 QR-Code 扫描以及较新颖的扩增实境扫描，而这两种扫描方式成功延揽消费者的关键在于使用者必须"主动"拿起移动装置来进行扫描，若他们对于扫描行为不感兴趣，任何依附在扫描目标物中的内容将形同虚设，也就等同于宣告消费者延揽失败。所幸随着信息科技的飞速进步，上述扫码动作已由过去主动式扫描演变至被动式扫描，也就是说大数据电子商务经营者不再需要汲汲营营地盼望着消费者扫描他们所准备的扫描目标物，只要消费者来到他们所预设的收讯范围，那么所欲传递的信息将能够自动呈现在消费者移动装置上。下一节笔者将为大家介绍更为新颖的非主动式扫描技术。

第三节
非主动式超声波互动

　　声波是一种普遍存在于大自然中的能量形式，声波又可以分为一般声波以及人耳无法听见的超声波。多数情况下，人类只能听见 20 Hz~20000 Hz 频率的声波，而这个现象又会随着生物本能的不同有所差异。以图 4-43 为例，人类忠实的伙伴"狗"可听见 50 Hz~50000 Hz 的声波，而蝙蝠可听见 10 Hz~100000 Hz 的声波。

物种	频率范围
人	20 Hz ~ 20000 Hz
狗	50 Hz ~ 50000 Hz
猫	100 Hz ~ 65000 Hz
海豚	2000 Hz ~ 100000 Hz
蝙蝠	10 Hz ~ 100000 Hz

图 4-43　各物种可听见的声波频率

　　虽然超过 20000 Hz 的声音人耳无法听见，但它却实际存在于大自然之中，因此若将超声波拿来应用，将能够达到以不打扰人类为前提，而实现声波传送的目的。举个常见的例子，在智能手机上，大多数人在使用 LINE 通信软件时，每当想要加对方为好友，可以通过输入对方账号的方式，也可以扫描对方的 QR-Code。然而 LINE 其实提供了超声波数据传输功能 [1]，如图 4-44 红色箭头处所示。只要将两台手机相互接近，加好友一

---

① 并非每一种手机皆支持超声波应用，请读者自行寻找支持此功能的手机。

方的手机就会传出一段含有个人账号的超声波，此时被加好友一方的手机即会接收到此段超声波，借此取代输入对方账号或是扫描对方 QR-Code 的两种加好友方式。

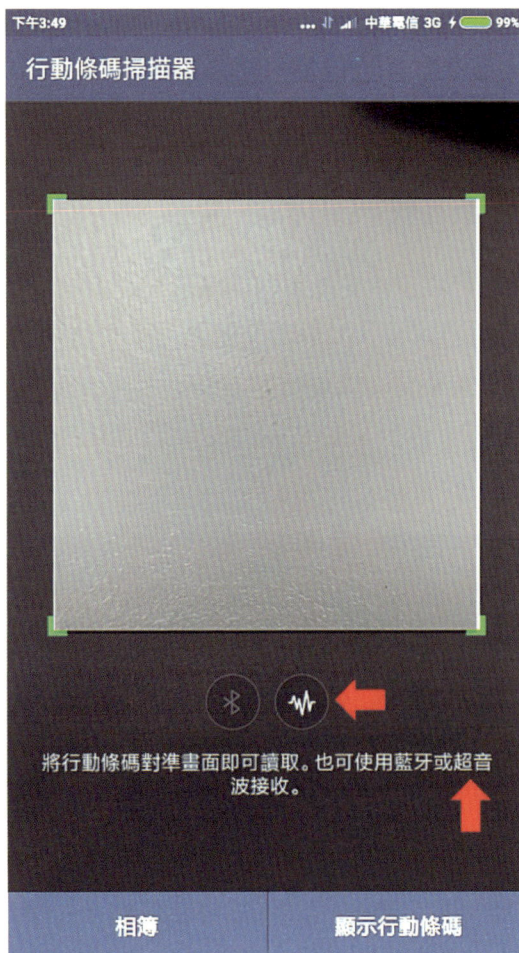

图 4-44　LINE 超声波应用

试着想一下，若大家按照以上方式来加 LINE 好友，在整个加好友的过程中，是否听见过声音信号？答案势必是否定的，主要原因在于人类无法听见超声波。因此，类似情景常被用在许多亲临现场情境中。例如，某参访者进到一间博物馆参观，在参观过程中，每次在一个展品前驻足，该位参访者的手机就会接收到该展品的介绍，这一切所依赖的同样是超声波。超声波被动式扫描让使用者不需主动拿起手机扫描目标物，信息传递者也不再需要殷切地盼望使用者主动扫描。这是博物馆导览的应用情境，那么在大数据电子商务的应用情境中又是如何呢？让我们先来看一个反例，再从这个反例来推敲可能的电商应用情境。

假设电视台正播放着一部连续剧，工作人员想在该剧播放的同时在屏幕一角跳出 QR-Code 广告图样，期盼观众在收看连续剧之余注意到广告，进而拿出手机扫描广告上的 QR-Code。但往往达不到目的，这就表示多数观众并不会注意到所跳出的广告图样，就算看到广告也可能会忽略它。那么观众忽略此种广告投放方式的可能原因是什么呢？或许是广告内容不契合观众需求，或许是观众的注意力正聚焦在连续剧内容上。

若这两种原因确实是影响观众扫描 QR-Code 广告意愿的原因，那么通过何种方式可以改善呢？以上述情境来说，如果观众所看到的广告内容与其正在观赏的连续剧内容相契合，是否就能够增加广告吸引力呢？没错！这就是著名的选择性注意现象。也就是说，观众并非没有看见广告，而是他们在那样的情境下，更偏好将注意力放在连续剧内容上，因此无论广告从业者再怎么绞尽脑汁试图吸引观众目光，皆可能无法奏效。

红阳科技股份有限公司日前推出了应用于电子商务上的新形态的超声波，通过影片中所夹带的超声波，能够在不打扰消费者的前提下达到销售方案推送的目的。也就是说，超声波应用就是能够拿来弥补上述情境中两项缺憾的超级利器。现在就让我们一起通过实作的方式来体会这最新形态的大数据电子商务之定位技术（positioning technology）。

首先，请大家到 Google Play 或 App Store 下载并安装声联网 App，如图 4-45 所示。开启 App 之后会看见如图 4-46 所示的超音波接收界面。此时请确定 App 停留在红色方框处的"接收"界面，接着请大家通过台式计算机的浏览器进入超声波影片展示界面（http://www.soundnet168.com/#portfoli），如图 4-47 所示。

图 4-45　声联网 App 下载与使用（1）

图 4-46　声联网 App 下载与使用（2）

图 4-47　超声波影片

现在，请点击红色方框中的影片播放按钮，并且大约在影片播放至 10 秒左右的时候，观察手机的变化。当影片《来自星星的你》播放至女主角拿起一双高跟鞋时，手机即会接收一段人耳听不见的超声波数据，进而在手机屏幕上出现对应影片内容的商品售卖信息，如图 4-48 所示，这就是新形态超声波电商强大的对应功能。试想，若自己是一位极爱这位女主角的忠实粉丝，在观看偶像的同时又能够在自己手机上购买与偶像一模一样的衣服和鞋子，是不是有很大的吸引力呢？读者不妨再试着点击其他影片，并观察手机屏幕上的变化。值得注意的是，超声波影片的发送与手机对应无法通过 YouTube 进行，因此若打算保留已嵌入超声波的影片，可在所提供的展示区将影片下载后保存。

由于超声波影片的嵌入涉及许多跨领域的知识以及程序设计技巧，在此笔者不打算传授嵌入方式，但读者可以思考在大数据电子商务情境下，还有哪些应用可以通过类似这种定位技术来达成。这项技术比起前两节所提到的主动式扫描更为被动。换句话说，应用此技术的从业者并不需要消费者主动扫描，每当消费者进入或接触到从业者所预设的场域时，内嵌数据的超声波就能够立刻派上用场，而这样的对应能力往往令消费者感到惊奇之余又倍感贴心，因为从业者知道消费者要的是什么，借此落实定位科技的个性化销售目标，毕竟定位科技是能够被应用在室内与室外环境，也就是 Indoor Positioning System（IPS）或 Outdoor Positioning System（OPS）。

图 4-48　超声波影片对应购买画面

根据 VansonBourne 机构 2016 年的调查报告指出，在已经采用 IPS 的各商家中，约有 82% 的商家将 IPS 用在近场营销（proximity marketing），其中有 55% 的商家认为将 IPS 用在近场营销能够让他们吸引更多消费者①，如图 4-49 所示。由此可知，大数据电子商务已由过去的传统网络销售转变至联网销售，而超声波就是一种另类的联网销售技术，并且能够在不干扰消费者的情况下无形中传递商业意图给消费者。

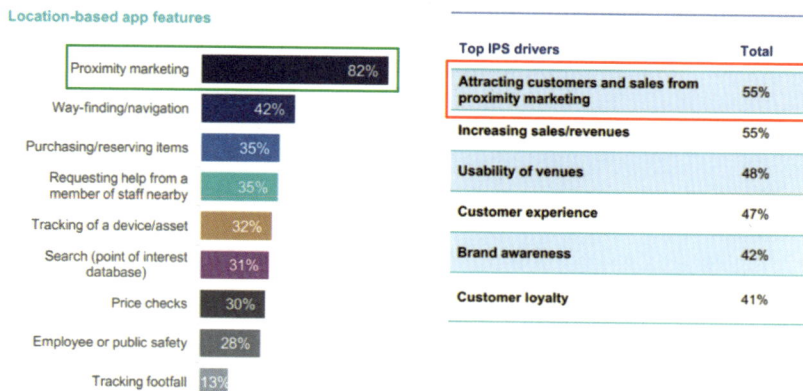

图 4-49　IPS 市场调查报告［资料来源：VansonBourne（2016）］

① http://www.indooratlas.com/wp-content/uploads/2016/09/A-2016-Global-Research-Report-On-The-Indoor-Positioning-Market.pdf

第五章

大数据电子商务之善用情报
数据可视化与人工智能

一直以来，跨境贸易在世界经济运作过程中扮演着重要的角色。人们把商品出口到另一国家或地区，或是从他国或地区将商品输入至国内，一来一往之间产生了许多商贸活动。然而自从电子商务兴起之后，许多贸易活动已由以往的实体交易转变成在线交易，其中扮演买卖双方撮合角色的交易平台更是功不可没。学者 Xue 等人在其 2016 年研究论文指出，传统跨境贸易与电商跨境贸易最大的差异在于它们彼此之间是否连接着跨境电商服务平台（Cross-border e-Commer service platform），以便协助买卖双方处理资金流、物流、保险、法规等促成交易所需经历的必要环节[①]，如图 5-1 所示。

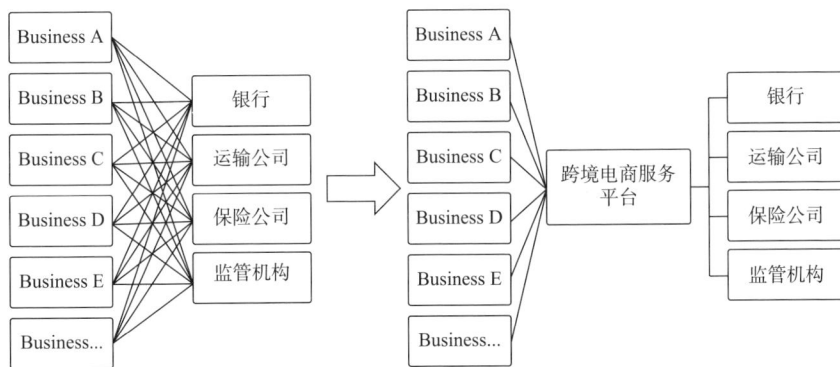

图 5-1　传统跨境贸易（左）与电商跨境贸易（右）（资料来源：Association for Information Systems）

---

① Xue, W., Li, D., &Pei, Y.（2016）. The Development and Current of Cross-border E-commerce Development.

扮演类似撮合角色的电商平台不胜枚举，在欧美较为知名的平台非亚马逊莫属，至于亚洲则以阿里巴巴的 Business-to-Business（B2B）或是淘宝的 Business-to-Customer（B2C）最享誉盛名。以 2017 年阿里巴巴集团所举办的天猫双十一购物狂欢节为例，仅 11 月 11 日当天，该平台的销售额就达到了惊人的 1682 亿元[①]，其中跨境电商更是扮演着功不可没的角色。根据中国商务部《中国对外贸易形式 2017 年秋季报告》[②]指出，跨境电商的出口交易额为 2.75 万亿人民币，占整体 3.6 万亿交易额的 76.3%，这份报告除了显示出口份额大于进口份额之外，也凸显了跨境出口交易在电子商务上占有重要的位置，当然这一切都必须仰赖上述所提到的电商买卖撮合平台。

本章以跨境电商这个新兴概念作为切入点，引领大家以大数据的思维来理解跨境电商的智能化运作方式。其中包含跨境电商情报数据探索、繁杂数据的视觉化呈现以及人工智能的电商客服趋势等，所介绍的内容能够让自己在大数据电子商务技能上更为扎实，即使现已涉足电商的从业者也能够有所收获。

---

① 参见 http://www.chinatimes.com/realtimenews/20171112000039–260409。
② 参见 http://zhs.mofcom.gov.cn/article/cbw/201711/20171102666142.shtml。

第一节
跨区域电商情报探察利器

要将商品或服务出售至不熟悉的区域势必要注意许多方面的差异，如文化、政治、经济等。其实这个概念非常直观，如日本婚宴惯用白色，而中国婚宴则喜欢用红色。我们如何能在自己的国家得知商品输出区域的各项差异呢？许多人遇到这个问题的第一时间都会想到上网查一下，然而欲查询的资料一般分散在数量巨大的网站之中，若所使用的查询关键词不够周全，那么很有可能所查询到的线索只是冰山一角。因此最好的办法就是能够有一个整合性的平台，通过有针对性的角度回应我们的查询需求。目前，阿里指数可供跨区域电商运作情报探察借鉴。

阿里指数是由阿里巴巴集团于 2012 年推出的电商脉动探察平台，如图 5-2 所示。其中，在红色方框处可以看见"区域指数"与"行业指数"，若欲使用这两个功能，则必须先注册阿里巴巴旗下任一款服务的账号，随后在绿色箭头处进行登录，方能使用。

或许有些人会怀疑阿里指数所提供的数据是否值得我们参考，阿里巴巴在企业销售渠道的占有率相当大，众多大大小小的企业都已在阿里巴巴或淘宝平台上注册了账号，因此阿里指数某种程度上如实地反映了电子商务市场风向。

以图 5-2 红色框线处的"区域指数"为例，点击后可看到如图 5-3 所示预设的"贸易往来"界面。绿色方框处所标示的色块代表过去一周各省的交易热度，颜色越深表示交易热度越高。红色箭头处的下拉式选单可切换分析目标的主要省份，以海南省为例，在红色框线处的色球即表示该省过去一周内的热门交易项目，其中最热门的是国内门票，其后依次是旅游婚纱摄影、酒店客栈、新鲜水果、接送车票、糖果零食、饼干、服饰箱制定、天然粉粉食品、蜜饯等。

图 5-2　阿里指数（资料来源：https://alizs.taobao.com）

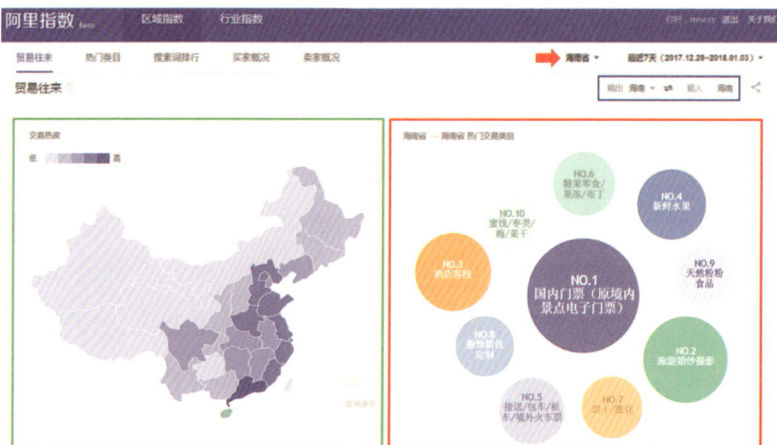

图 5-3　阿里区域指数（1）

以上这些线索足以充当跨区域电商的指引信号，试想为何所归纳出的热门项目大都与观光旅游有关呢？答案不外乎是海南省为旅游大省，因此门票、饭店、接送、婚纱摄影等都与海南省有关。再者，由于海南省位于中国最南端，热带水果更是颇具盛名，这也是为何所总结出的热卖项目有新鲜水果与蜜饯。综合这些线索，若打算从台湾输出商品至海南，聪明的商家一定不会再以蜜饯或是热带水果作为主要输出项目，否则岂不是跳进高度竞争的市场了吗？

其实我们大可不用通过猜测或推论的方式来模拟可能的情况，在图5-4红色方框处可以选定次要对比省份，甚至还可以通过双向箭头处任意切换商品输出地与输入地。本例将商品输出地设定为海南、输入地设定为台湾，就可以得知过去一周内，由海南卖给台湾的前十大热销商品。以蓝色方框处为例，第一名卖到台湾的热销商品即是"新鲜水果"，这个线索是否与上述我们所推论的不宜将水果从台湾卖至海南不谋而合呢？当然如果不相信到目前为止所探得的线索，亦可通过双向箭头将"输出"地设定为台湾、"输入"地设定为海南，借此来得知过去一周内具体从台湾卖到海南的前十大热销商品，如图5-5所示。

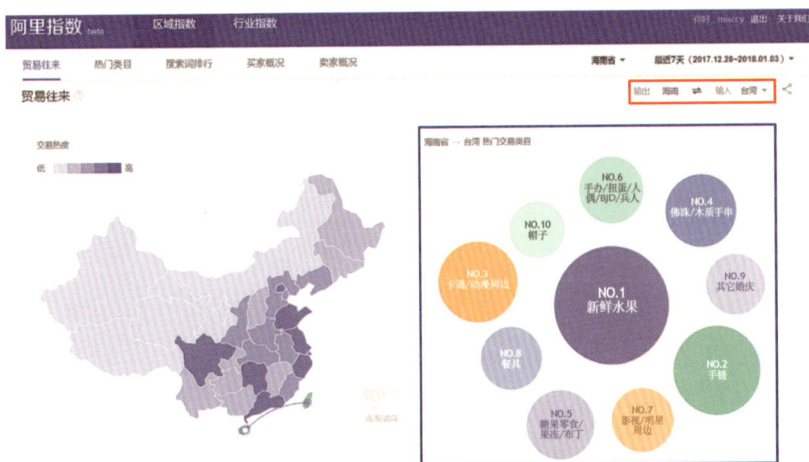

图 5-4　阿里区域指数（2）

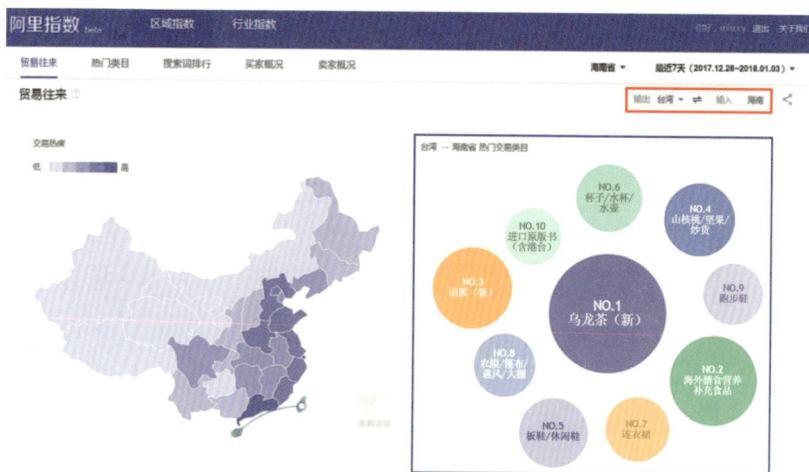

图 5-5　阿里区域指数（3）

从蓝色方框处可知，台湾销往海南的热销商品第一名是乌龙茶，其次依序为营养食品、面膜、核桃、板鞋/休闲鞋、杯子、连衣裙、农业资材、跑步鞋、进口原版书等。确实没有任何台湾水果销往海南，倒是有不少农业资材的销售地是台湾。这表示有意做跨区域电商的人士可以通过间接的业态对应商品来作为切入点，如此便可避免误入高度竞争的同质市场。通过以上多项数据的交叉验证，相信各位读者已经感受到跨区域电商情报数据探察的重要性，也相信因为此举会增进不少决策信心。

除了上述的"贸易往来"线索之外，"热门类目"也是一个极具丰富度的分析项目，如图 5-6 红色框线处所示。例如，从红色箭头处的"热买"中可以看出，过去一周内广东省排名前十的热门购买品项（在绿色框线处可调整省份）。其中，第一名为手机，其后依次为灯具灯饰、沙发类、毛呢外套、连衣裙、手机配件、床类、裤子、靴子、毛衣。

至于在热卖（卖的人多）品项方面，如图 5-7 所示，第一名热卖项目依旧为手机，其后依次为灯具灯饰、手机配件、沙发类、连衣裙、床类、裤子、靴子、睡衣/家居服套装、毛呢外套。

图 5-6　阿里区域指数（4）

图 5-7　阿里区域指数（5）

　　根据以上热卖分析结果，我们可以归纳出如图 5-8 所示的买卖双方市场价值矩阵。所谓买卖双方市场价值矩阵是指通过买方市场轴线与卖方市场轴线生成的价值矩阵，此矩阵包含四个象限，分别是杀破头市场（买方市场高，卖方市场高）、高价值市场（买方市场高，卖方市场低）、宜观望市场（买方市场低，卖方市场高）以及待开拓市场（买方市场低，卖方市场低）。

	买方市场（高）	买方市场（低）
卖方市场（高）	杀破头市场	宜观望市场
卖方市场（低）	高价值市场	待开拓市场

图 5-8　买卖双方市场价值矩阵

　　杀破头市场，顾名思义指的是在一个高度竞争市场中所惯用的降价销售手法。以图 5-6、图 5-7 为例，手机这个热门品项无论是在买方市场或是在卖方市场中，热度皆为第一名。在此情况下所销售的商品，通常利润非常微薄，而手机正是一项利润不高的商品。跨区域电商销售在这种杀破头市场下经营会非常辛苦，毕竟一旦提高售价，消费者便能够从其他售价较低的卖家处取得相同款式或规格的商品。在杀破头市场中唯一生存之道便是提高销售量，以薄利多销来维持营运。然而提升销售量并非件简单的事，无论通过何种营销手法都必须支出相当的成本，如广告费，因此杀破头市场可谓是荣景中夹杂着危险。

　　高价值市场，指的是虽然买方市场人数众多，但卖方市场店家数有限，也就是相对竞争较为平缓的市场。例如，某网络卖家售卖的商品几乎是独占品项，且该商品的需求量亦非常庞大，因此在供不应求的情况下，卖家便能获得较高利润。以图 5-6、图 5-7 为例，毛呢外套在热买分析中位居第四名，但在热卖分析中却居于第十名，这表示买该类型商品的人比卖该类型商品的人还要多，可想而知，售卖该商品的卖家自然能够得到较高的市场利润。换句话说，想办法探索出高购买率、低售卖率的商品，将能够确保自己获得较高的利润。

　　宜观望市场，指虽然售卖该品项的卖家非常多，但买的人却相对较少，这表示很有可能所售卖的商品处于乏人问津的状况。以图 5-6、图 5-7 为例，在热卖分析中"睡衣／家居服套装"位居第 9 名，但是在热买分析中却没有发现任何购买信息。此现象表明了也许在某些时候，卖家认为所上架商品势必能够获得消费者青睐，但实际情况却事与愿违。假设不小心售卖到类似情况的品项，等同于将地雷商品上架，最终也仅能摸摸鼻子自我吸收库存。有鉴于此，如果市场呈现出这样的氛围，未必表示该商品永远不会受到消费者认同，但经营者应当采取停、看、听的策略，待风向稍微明确后再行进入市场，否则若被这个情势困住，后果恐怕会比在杀破头市场竞争还要糟，甚至连削价竞争的机会都没有。

待开拓市场，如同一块有待开发的新天地，只要经营者给予适当的关注，那么它将有机会转身成为高价值市场。同样以图 5-6、图 5-7 为例，"靴子"这个品项无论是在买方或是卖方市场，其所占的数量皆相对较少，因此经营者要事先进入市场再设法提升消费者的购买需求，如此才有机会将待开拓市场移转至高价值市场。相反，若进入时机过迟，那么将有可能变成追随者，跟着其他卖家进入宜观察市场，届时所要面对的除了相对少的购买需求之外，还要面对来自许多竞争对手的挑战。

介绍完上述的买卖双方市场价值矩阵之后，接下来介绍阿里指数提供的"搜寻词排行"，如图 5-9 所示。从搜寻词排行中，我们可以发现消费者对于商品查询的使用词。也就等同于知悉消费者们对于哪些商品感兴趣。以红色箭头处为例，"搜寻榜"揭示了消费者搜寻词的查询热度排行，其中以"无"为最多消费者查找字词（以四川省资料为例），其后依次为手机、羽绒服、羽绒服女、毛衣女、羽绒服男、华为、外套、棉服、小米。

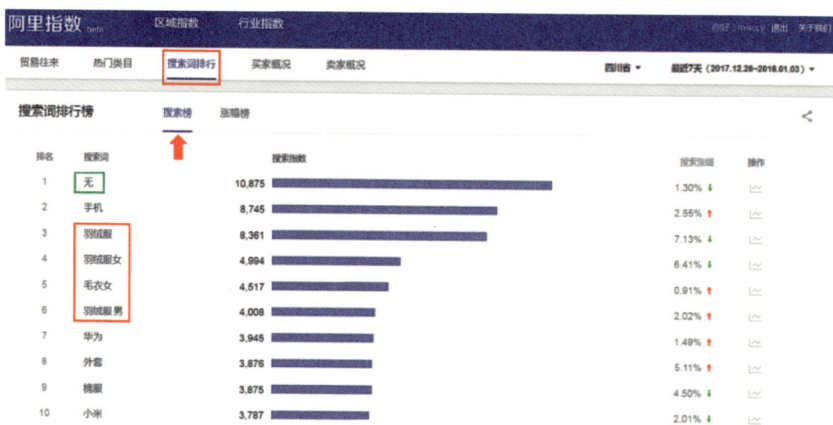

图 5-9 阿里区域指数（6）

　　或许读者会感到纳闷，"无"是什么意思呢？若点击绿色方框处的"无"字，阿里指数便会将界面切换至淘宝自动搜寻"无"字的查询结果。原来"无"代表许多含义，如无袖衣服、无线耳机、无毒蔬菜等。因此不妨多加利用这个搜寻热度最高的字，如在商品标题中加入"无"字。

　　除此之外，我们亦可从红色方框处发现排在第 3 至第 6 名的词皆与羽绒有关，其原因可能在于消费者查询该词的时候正值于寒冷的冬季，因此消费者纷纷购买能够保暖的羽绒材质的服饰。除了"搜寻榜"之外，阿里指数还提供了"涨幅榜"分析结果，如图 5-10 所示。例如，"打底裤女"是过去一周所发现的涨幅最大的搜寻词，这或许与女性在冬季顾及衣着美观之余又必须保暖有关。涨幅词所展现出的是在特定日期区间的词查询变化，因此，经营者有必要不时观察这些词的热度变化。热度或许会随着季节、节日、事件的变化而变化，因此若自己能够保有商品上架的弹性，就更能够契合消费者多变的需求。

图 5-10　阿里区域指数（7）

　　综合以上分析，虽然数据诠释的观点没有所谓的对与错，但至少通过大数据分析，我们可以落实知己知彼、百战百胜的经营策略，而诸如此类的数据平台着实为跨区域电商经营者提供了非常贴切的情报参考信息。值得一提的是，以上许多分析报表在解读上都令人感到清晰明了，这部分必须仰赖数据可视化的妥善呈现。试想，若阿里指数提供我们类似原始数据般的繁杂数据，再厉害的人也难以从未整理的数据中发现有价值的线索。因此，下一节我们将学习大数据领域中的数据可视化（data visualization），笔者将与各位读者分享数据可视化的做法与技巧，而这一切皆有助于我们掌握隐藏在数据中的重要线索。

第二节

大数据可视化呈现

北欧的芬兰是一个高纬度国家，每到冬天，全国上下最重要的任务就是保暖。以首都赫尔辛基为例，当地政府每到冬天就高度关注暖气供应状况，毕竟这关系到居民的日常生活。隶属政府部门的能源监管单位每到冬天就会通过各种数据分析来确保暖气的正常供应，包含气候数据、燃炉运作数据、燃烧物料成本等，所涉及的数据种类、来源以及数量非常庞杂，早已超越人类所能负荷的极限——信息超载（information overload）。

为了提升各单位能源监管效能，需要采取切实可行的手段。若能将上述庞杂的数据予以统整，用人类可以接受的方式来呈现，势必能够使能源监管力度有所提升。既然数据呈现对于决策而言非常重要，相同的论点在大数据电子商务领域是否也同样适用呢？答案是肯定的，也许大家会认为数据呈现充其量仅是一项简单的工作，通过 PowerPoint 或 Excel 很快就可以制作出许多图表，但在大数据环境中，数据呈现的任务尚须兼顾到所谓的可视化概念，也就是让数据说出故事，而非通过面对面的方式来补述数据内涵，这与幻灯片有着偌大的差异。

受惠于信息科技与计算机运算能力的飞速提升，取得大量数据之后的可视化任务已逐渐在大数据电子商务领域形成共识。相信没有一位消费者愿意在他们的手机 App 上看到庞杂的数据，也没有一位雇主希望聘用不具可视化数据呈现能力的员工，因此本节将以轻松且简单的方式引导大家学习大数据可视化工具的操作与图表设计。

大数据可视化工具的种类不胜枚举，依照操作方式的不同可分为程序代码嵌入式与用户图形接口式。前者指的是数据分析人员必须通过相关程序代码来将可视化图表呈现，虽然操作步骤较为繁杂，但却富有高度的自定义弹性。而后者是指数据分析人员只需要通过简易的用户图形接口（Graphical User Interface, GUI）就可以达到可视化图表制作的目的，此类型可视化工具虽然简单，但却不具有分析者的自定义弹性。以下是针对这两大类可视化工具进行的介绍。

一、程序代码嵌入式

程序代码嵌入式的数据可视化工具种类非常多，为了兼顾学习的难易度与样版的多样性，本例选择以百度提供的 ECHARTS 作为示范，如图 5-11 所示。百度是中国最大的互联网公司之一，旗下众多产品都推出了程序代码嵌入式的可视化分析工具，读者可从官方网站 http://echarts.baidu.com/index.html 上获取相应的说明资料。

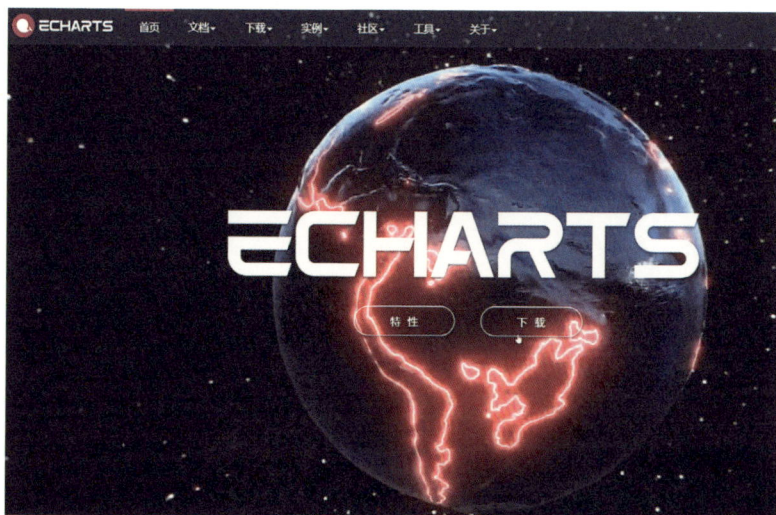

图 5-11　百度 ECHARTS 数据可视化工具

　　我们以最常用的直方图作为演示范例，在使用ECHARTS的过程中，基本网页制作与网页上传服务器时的做法大体都与第三章所提到的内容一致，这里不再予以赘述。首先请大家点击图5-12蓝色方框处的"文档"与"教程"，之后便能看见如图5-13所示的界面。

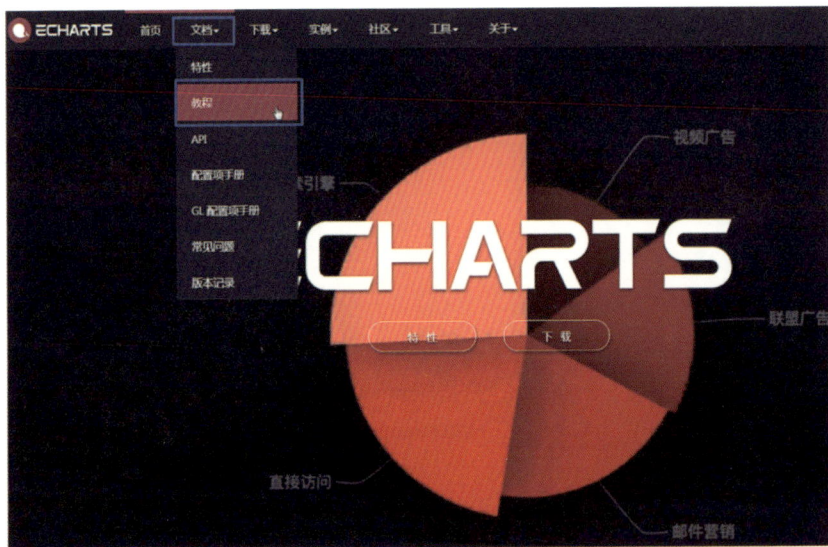

图 5-12　百度 ECHARTS 数据可视化工具操作（1）

　　接着请将红色方框处的程序代码复制，粘贴到程序代码编辑环境，如网页编辑环境，并且试着修改蓝色箭头处所指的绿色单引号字符串内容，把它们改成自己想要的名称，如将"ECharts入门示例"改成"Echarts直方图示范"、将"销量"修改成"销售量"，以此类推。若有更多的数据种类需求，可在紫色箭头处新增直方图的数据项。请注意！此处的数据项数必须与红色箭头处的数据项数相吻合，若打算修改直方图的显示高度，则可以修改红色箭头处的data值。

　　上述操作完成之后，即可将此网页存储后通过FTP软件上传至网页服务器（详见第三章第一节）。除了以上步骤之外，ECHARTS的运作并不会无中生有，我们还必须将Javascript的内置函数库装入网页，如此ECHARTS可视化特效才得以实现。因此请点击图5-14红色方框处的"下载"按钮，其后再点击蓝色方框处的"完整"按钮，以便获取 echarts.min.
js 文档，再上传至与网页文件相同的位置，如图 5-14 所示。

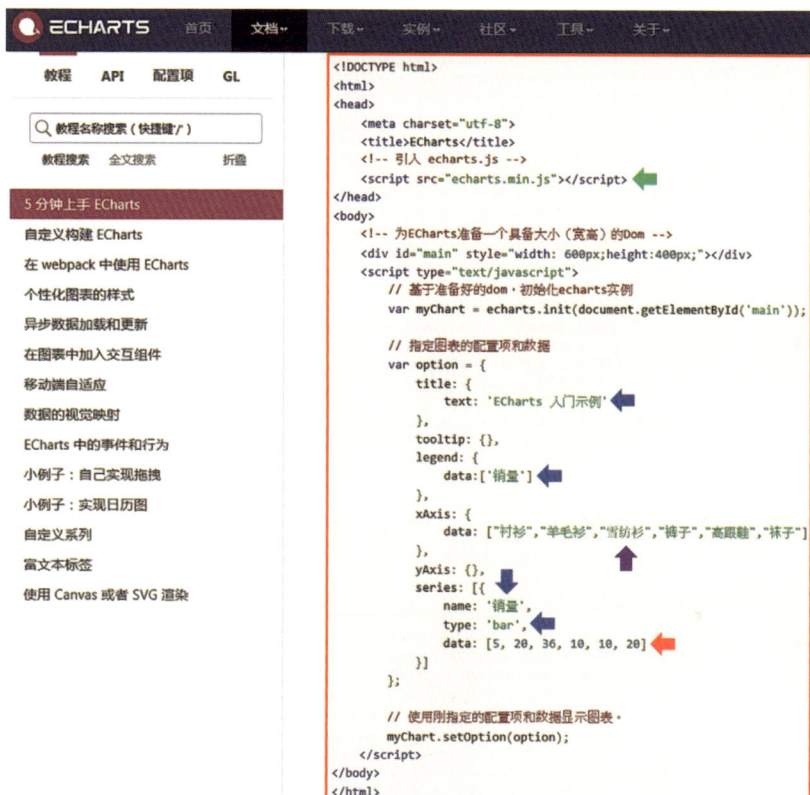

图 5-13　百度 ECHARTS 数据可视化工具操作（2）

完成以上步骤后，在浏览器地址栏中输入上传的网页网址，便可看到刚刚所制作的可视化成果，如图 5-15 所示。若将鼠标移动到任一长条柱上方，会发现该长条所对应的数值与品项自动浮现，这种呈现方式也是可视化的重点，即动态数据呈现。请注意！若在数据可视化网页中发现所有文字都变成了乱码，那么请回到网页程序代码处，将"<meta charset= "utf-8" >"修改为"<meta charset= "big-5">"，并且确认浏览器的编码模式是以自动选取或繁体中文（Big5）的方式来进行编码的，如图 5-16 所示。

图 5-14　百度 ECHARTS 数据可视化工具操作（3）

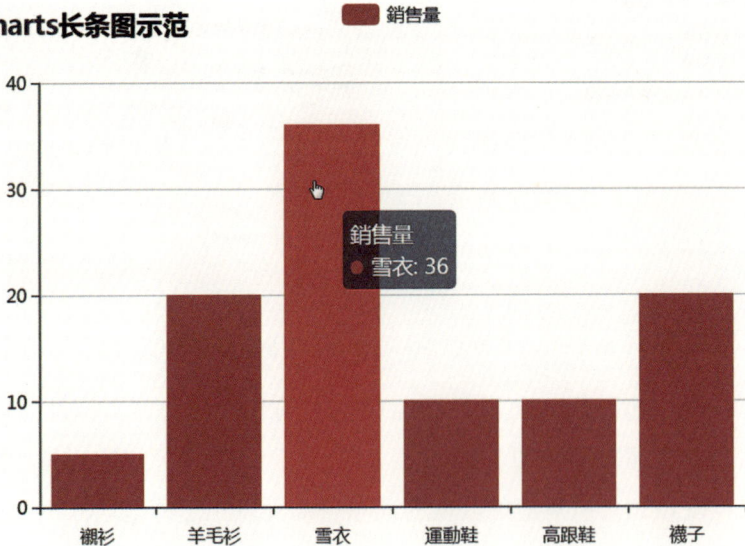

图 5-15　百度 ECHARTS 数据可视化工具操作（4）

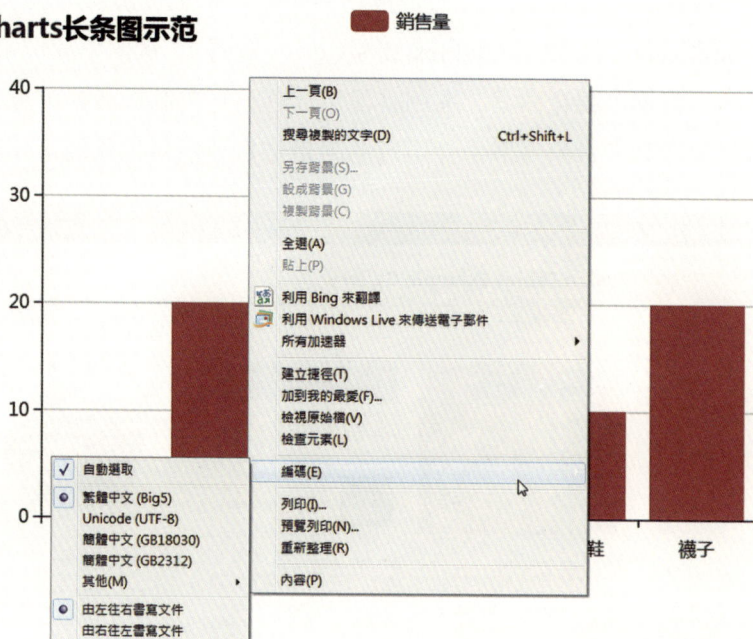

图 5-16　浏览器网页内容编码

　　以上是数据可视化程序代码嵌入的基础示范，ECHARTS 是一个功能强大的数据可视化工具，除了上述的直方图之外，还提供了许多丰富的图案，读者若有兴趣，可自行至官网参阅使用说明。

二、GUI 界面式

　　GUI 接口式数据可视化工具种类繁多，第二章第三节提到的 Power BI 亦可当成数据可视化工具。不过在此笔者打算介绍另一个 GUI 可视化工具——Google Fusion Tables。为什么介绍它呢？除了 GUI 具有简单好用的操作界面之外，在许多时候，我们绘制可视化图形的原始数据都是以电子表格的形态来输入的。Google Fusion Tables 中的 Tables 顾名思义非常适合用来处理电子表格数据，而且 Fusion Tables 是由谷歌所推出的产品，因此，能够与谷歌旗下的 Google Spread Sheet 电子表格进行数据的无缝传递。图

5-17 为 Google Fusion Tables 的可视化制作成果示意（读者可进入 https://sites. google.com/site/fusiontablestalks/stories 观看），从图中我们可以发现各式各样的数据可视化图案。本例将使用地理信息来制作数据可视化图案，读者可以回顾第五章第一节中介绍过的阿里指数地图可视化的运作原理。

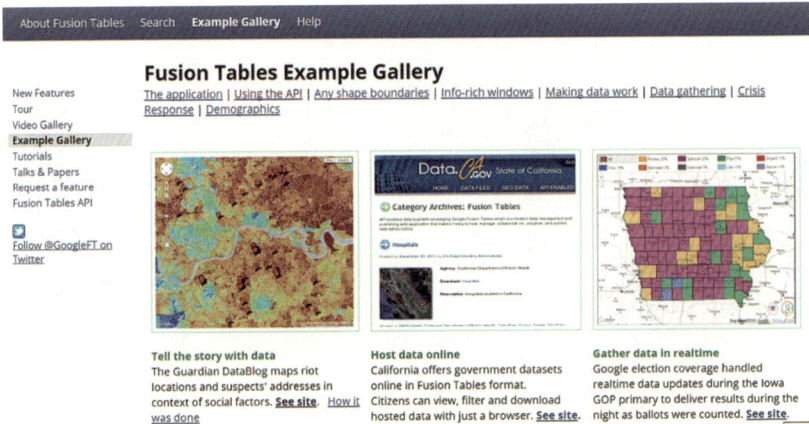

图 5-17　Google Fusion Tables

　　如同我们介绍过的，所有谷歌产品都必须以 Gmail 作为登录账号，因此请读者事先准备好自己的 Gmail 账号并登录。接着请大家在浏览器的地址栏中输入"https://support.google.com/fusiontables/answer/2571232"，完成后可看见如图 5-18 所示的界面。此时请点击红色方框处的"CREATE A FUSION TABLE"，就能转至如图 5-19 所示的"Import new table"界面。

　　在此我们必须先搁置这个步骤，先设法找到能够装入 Fusion Tables 的原始数据。受限于商业机密，本书无法提供真实的数据作为可视化示范，然而我们仍然可以从许多渠道获取可用数据。有鉴于此，接下来的示范将以台北市政府所提供的公开数据作为原始数据，待读者理解地理信息可视化运作过程后，可再将自己手头所拥有的数据装入。图 5-20 为台北市政府公开数据平台，在红色框处输入"台北市汽车窃盗点位资讯"，便能在图 5-21 所示的界面中查询结果。接着请点击红色箭头处的"下载"按钮，以获取"台北市 10401-10611 汽车窃盗点位资讯 .csv"。

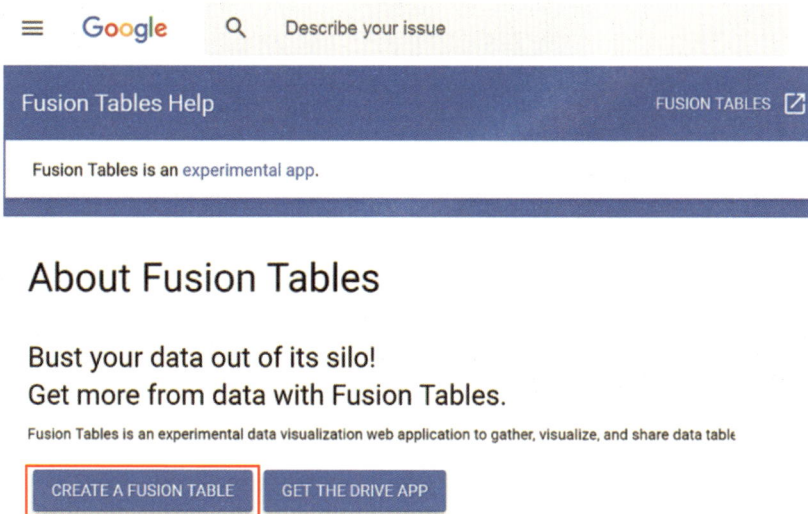

图 5-18　Google Fusion Tables 数据可视化工具操作（1）

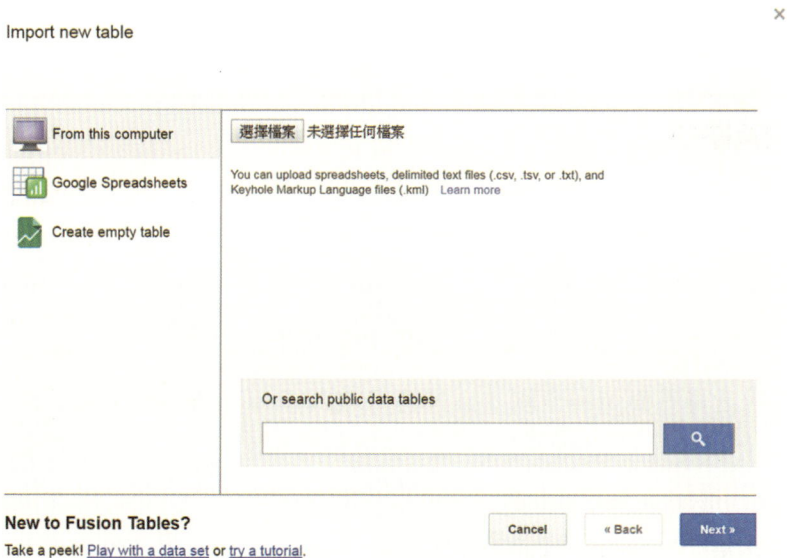

图 5-19　Google Fusion Tables 数据可视化工具操作（2）

图 5-20　政府公开资料（资料来源：台北市政府）

图 5-21　政府公开资料下载

随后请将界面切回至刚才搁置的 Google Fusion Tables 界面，并且将所下载的文档装入 Google Fusion Tables，如图 5-22 红色方框处所示。由于 csv（comma separated values）是由逗号隔开的数值，因此要将红色方框处的分隔字符 "Separator character" 选成 "Comma"，完成后便可点击绿色方框处的 "Next" 按钮。

此时各位读者可能觉得很纳闷，为何自己装入的数据都是乱码（如图 5-23）。其实主要原因在于目前下载并装入的 csv 文件内容编码不符合 Google Fusion Tables 所使用的编码规范，因此这里我们再次将 Google

Fusion Tables 搁置，进入由谷歌所提供的电子表格平台。

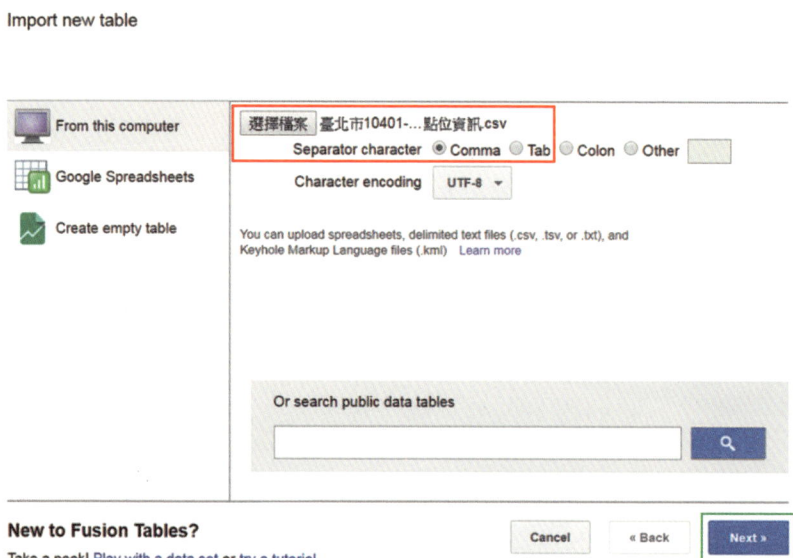

图 5-22　Google Fusion Tables 数据可视化工具操作（3）

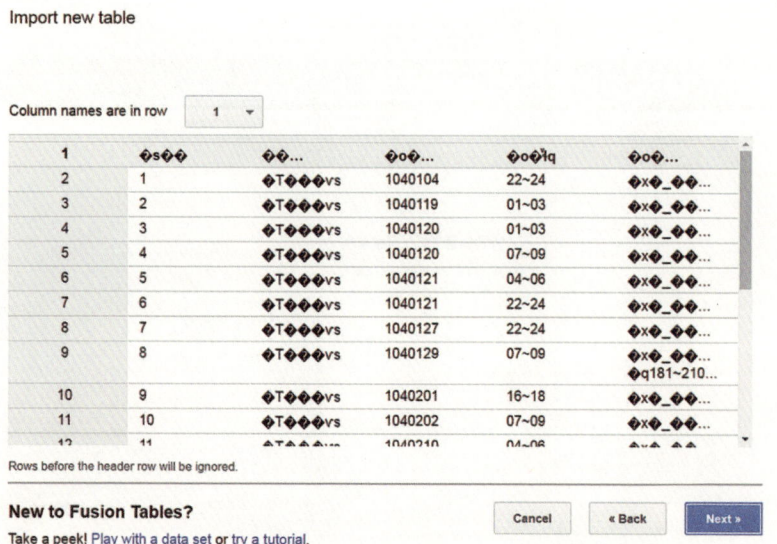

图 5-23　Google Fusion Tables 数据可视化工具操作（4）

在浏览器地址栏中输入"https://www.google.com/intl/zh-TW_tw/sheets/about"，完成后便可看见如图 5-24 所示的界面。接着点击红色方框处的"前往 Google 试算表"按钮。图 5-25 即为谷歌电子表格（试算表）界面，请点击蓝色箭头处的"＋"图标以新增一张新的电子表格。

图 5-24　谷歌电子表格

图 5-25　谷歌电子表格数据装入与转换（1）

以图 5-26 为例，新增电子表格后，我们无须手动输入电子表格的内容，只需要将刚才所下载的 csv 文档打开即可，操作方式为红色方框处的"档案→开启"。接着点击图 5-27 红色箭头处的"上载"按钮，并且将所下载的 csv 文档拖动至虚线框内，完成后再点击红色方框处的"开启"按钮。

图 5-26　谷歌电子表格数据装入与转换（2）

图 5-27　谷歌电子表格数据装入与转换（3）

此时在图 5-28 中所呈现的 csv 文档内容已经可以正常显示，接下来的任务就是把可以正常显示的 csv 文档通过谷歌电子表格再下载一次，请依次点击红色方框处的"档案→下载格式→逗号分隔值档案（.csv，目前工作表）"，如此便能够获取另一个可以正常显示的 csv 文档。

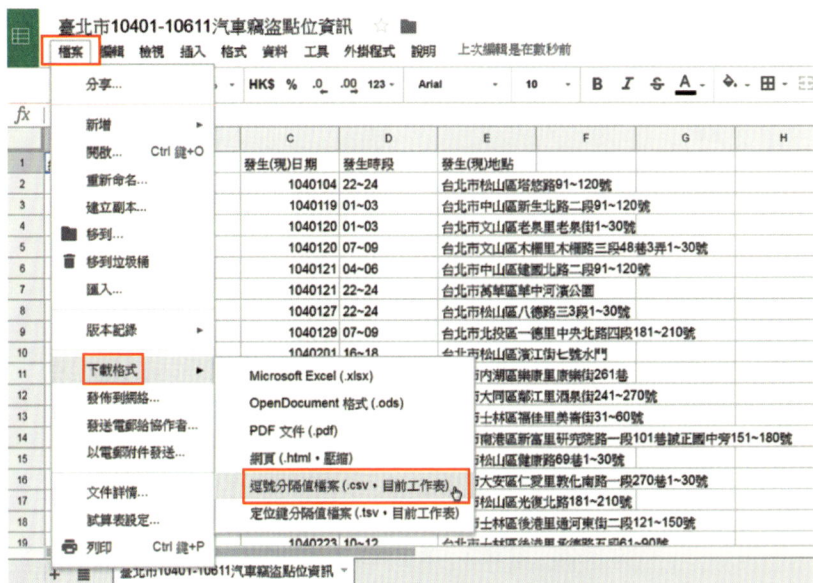

图 5-28　谷歌电子表格数据装入与转换（4）

现在再次回到刚才搁置的 Google Fusion Tables 界面，将这个可以正常显示的 csv 文档装入，方法与图 5-22 所示。当读者在图 5-29 中看到可以正常显示的 Google Fusion Tables 装入结果后，便可点击红色方框处的"Next"按钮，最后点击图 5-30 红色方框处的"Finish"按钮。

到目前为止，我们已经完成了 Google Fusion Tables 数据装入的操作，那么我们该如何通过它来绘制地理信息的可视化图表呢？首先，我们必须更改 csv 文档中"发生（现）地点"字段属性，如此 Google Fusion Tables 才有办法自动将地点转换为经纬度来制作地理信息的可视化图表。因此，请点击图 5-31 红色方框处的"Edit → Change columns"，并且将图 5-32 蓝色方框中的"发生（现）地点"字段属性变更为绿色方框处的

"Location"，完成后再点击红色方框处的"Save"按钮进行储存。

Import new table

Column names are in row　1　▼

1	編號	案類	發生(現)日期	發生時段	發生(現)地點
2	1	汽車竊盜	1040104	22~24	台北市松山區塔悠路91~120號
3	2	汽車竊盜	1040119	01~03	台北市中山區新生北路二段91~120號
4	3	汽車竊盜	1040120	01~03	台北市文山區老泉里老泉街1~30號
5	4	汽車竊盜	1040120	07~09	台北市文山區木柵里木柵路三段48巷3弄1~30號
6	5	汽車竊盜	1040121	04~06	台北市中山區

Rows before the header row will be ignored.

New to Fusion Tables?
Take a peek! Play with a data set or try a tutorial.

Cancel　« Back　Next »

图 5-29　Google Fusion Tables 数据可视化工具操作（5）

Import new table　✕

Table name	臺北市10401-10611汽車竊盜點位資訊 - 臺北市10401-10611汽車竊盜點位資訊.csv
Allow export	☑ ?
Attribute data to	?
Attribution page link	
Description	Imported at Fri Jan 05 04:07:19 PST 2018 from 臺北市10401-10611汽車竊盜點位資訊 - 臺北市10401-10611汽車竊盜點位資訊.csv.

For example, what would you like to remember about this table in a year?

New to Fusion Tables?
Take a peek! Play with a data set or try a tutorial.

Cancel　« Back　Finish

图 5-30　Google Fusion Tables 数据可视化工具操作（6）

图 5-31　Google Fusion Tables 数据可视化工具操作（7）

图 5-32　Google Fusion Tables 数据可视化工具操作（8）

　　当读者看见如图 5-33 所示的界面状态"发生（现）地点"字段的内容都被标记为黄色之后，表示这些域值已被 Google Fusion Tables 认定为 Location 位置的形态数据。此时我们便可以点击蓝色箭头处的新增页签图标，并且点击绿色方框处的"Add map"按钮来新增地图。

图 5-33　Google Fusion Table 数据可视化工具操作（9）

当 Google Fusion Tables 接收到要求它将地点位置转换成地图上的数据点的要求之后，便能够呈现初步制作好的可视化图案，如图 5-34 所示。由于默认的数据点都是红色，因此解读时不容易观察出数据趋势，此时我们便可调整红色方框处的"Heatmap"（热力图），借由不同的"Radius"（半径值）与"Opacity"（透明度）来调整至最满意的状态。从热力图中我们可以发现，汽车窃盗最常发生的地点在万华区（呈现深红色），其他区域的汽车窃盗率则相对较低。

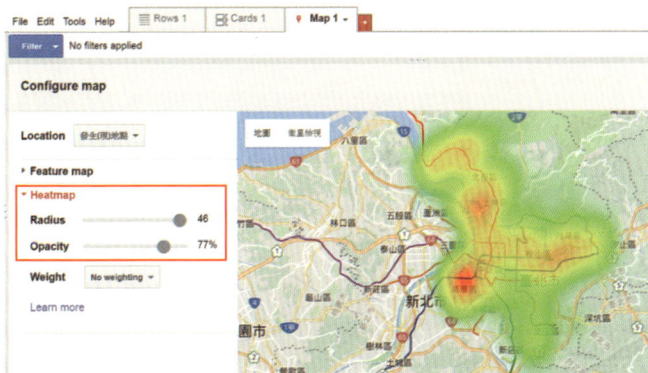

图 5-34　Google Fusion Table 数据可视化工具操作（10）

上述步骤完成之后，便可在图 5-35 中蓝色箭头处的 Map1 列表中点击红色箭头处的"Publish"按钮，如此才有办法保存精心制作的可视化图案。保存的方式非常多元，以图 5-36 为例，我们可以将可视化图案转换成红色方框处的超链接或是通过 iframe 的方式获取绿色方框处的嵌入链接，还可以获取蓝色方框处的 HTML/JavaSctipt 源代码。至此，数据可视化的步骤告一段落。

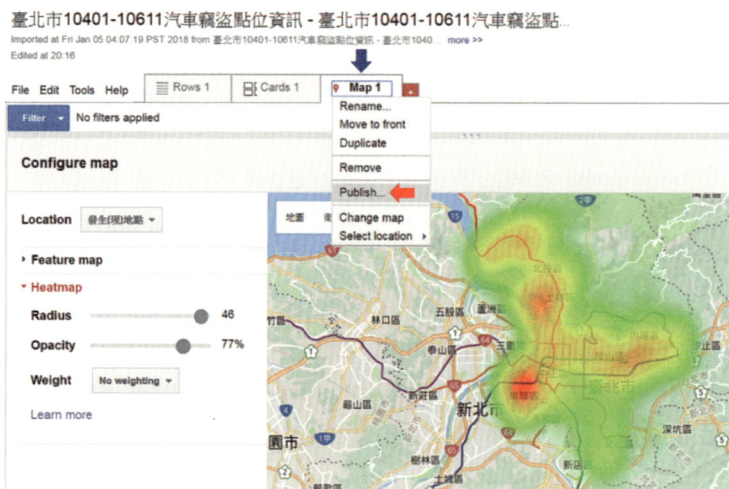

图 5-35　Google Fusion Table 数据可视化工具操作（11）

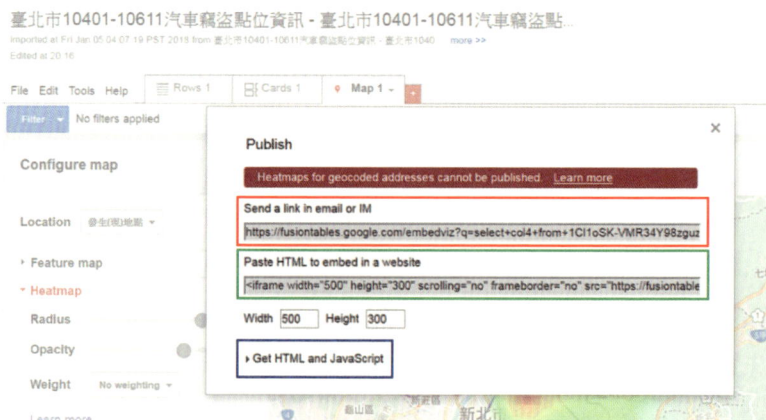

图 5-36　Google Fusion Table 数据可视化工具操作（12）

　　试想，这样的表达方式是否能让自己或他人在解读数据时一目了然呢？没错！这就是数据可视化的魅力所在，虽然我们是使用非正式商业信息来绘制图案，但在大数据电子商务中，一定有许多宝贵的线索与地理信息有关。因此读者日后可自行斟酌，将自己手中繁杂的原始数据转化成具有说服力的可视化数据，相信会对商业决策带来不小的帮助，而自己在操作过程中也不会被冗长的程序代码搞得晕头转向。

第三节

智慧语音客服订单不漏接

除了从复杂的浏览行为或交易记录中归纳出与电子商务相关的情报数据，近年来越来越多的企业致力于强化自己的电商运作能力，其中一部分企业采用了热门的人工智能（Artificial Intelligence, AI）技术。到底什么是人工智能？在大数据电子商务上的应用如何呢？过去，每当消费者对商品或购物存有疑虑时，都可以通过对话窗口直接与卖家沟通，由消费者提出问题，再由卖家一一答复。此过程最大的缺点在于消费者无法在第一时间获得想要的答案，许多消费者甚至懒得把问题填入对话框中。无形之中，卖家也就失去了接单的机会。

随着信息科技的不断进步，这种客服机制逐渐要被淘汰了。为了能够让消费者在最短的时间内获得想要的答案，走在前端的卖家开始将人工智能技术应用在电子商务的客户服务上。

以图 5-37 为例，这是一家颇为知名的电商平台，在界面右下角可以看到"数字客服"按钮，点击后便会在左侧展开一个对话框，消费者能够在对话框中输入问题，如输入"你好"，客服机器人就会回应"您好！我是 momoco 机器人！我将以饱满的热情回复您的提问！"，如果消费者输入"我肚子饿"，客服机器人亦会巧妙地回复"三餐很重要，记得要找时间吃饭唷~~~"。

图 5-37　电商平台人工智能应用

　　这些看似与购物毫不相关的无厘头对话中蕴含着大学问。这个客服机器人大量地应用了人工智能中的自动辨识功能，在与消费者互动的过程中，还将来自消费者发送的内容进行记录，静悄悄地、不断地在背后学习消费者所输入的文字，即运用了人工智能中的深度学习技术。若从较为正式的角度来看，上述机制使用了案例式推理智能[①]（Case-Based Reasoning，CBR）技术。所谓案例式推理是指系统能够截取并记录来自消费者的提问，如图 5-38 所示，通过每次的互动，不断地改变机器人所响应的内容，其后再将每次的变化结果保存至案例库（Case library）中。下一次客服机器人遇到消费者相似的提问时，便能够更准确地回复或满足他们的需求。相较于传统填单问答式的客服机制，以上做法既先进又能够节省人力成本，落实了 24 小时服务消费者之目标。

　　除了文字形态的智能客服之外，自动化客服机制亦包含了语音式客服。以图 5-39 为例，这是一台由谷歌推出的家庭助理机器，举凡衣、食、住、行、育、乐，它都能够有效地辨识来自使用者所发出的语音命令。例如，当用户说"我想要吃比萨"时，语音助理便会回复"请问想吃什么口味的比萨"，倘若用户回答"我想吃夏威夷比萨"，语音助理会非常聪明地回复

---

①　Leung, K.H., Choy, K.L., Tam, M.M., Hui, Y.Y., Lam, H.Y., &Tsang, Y.P.（2016）. A Knowledge-based Decision Support Framework for Wave Put-away Operations of E-commerce and O2O Shipments.

"目前有三家比萨外卖店提供符合您需求的比萨，请指定一家我帮您订购"。

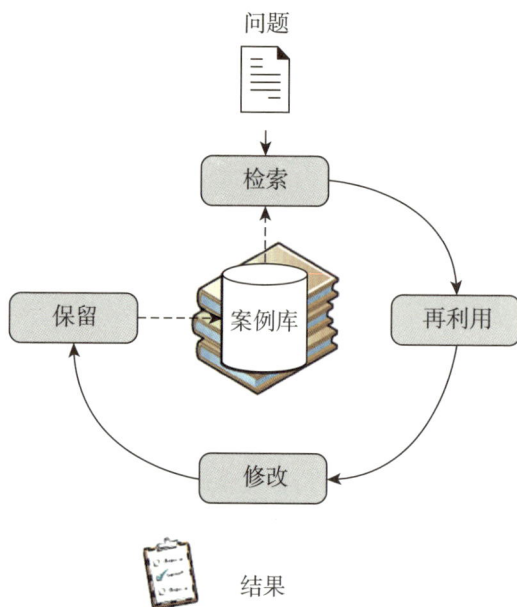

图 5-38　人工智能案例式推理（CBR）示意（资料来源：atlantis-press.com）

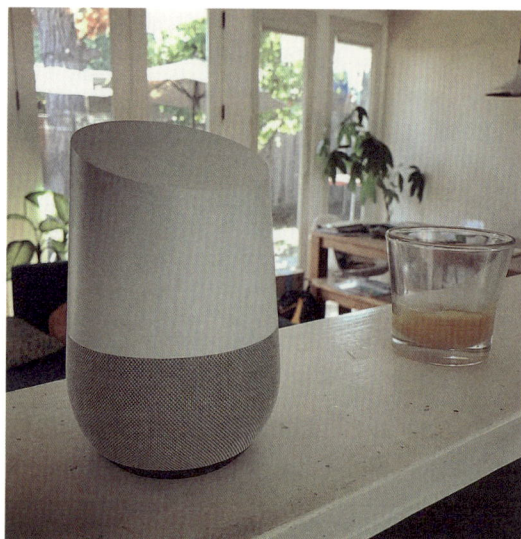

图 5-39　Google Home 家庭助理

以上这些例子并非天方夜谭，知名比萨品牌达美乐在其美国营业范围的 App 中嵌入了 DRU（Domino's Robotic Unit）语音助理。换句话说，消费者只要张嘴说出来，就能够订购符合自己口味的比萨，如此一来，连打字都可以免了。除此之外，在图 5-40 达美乐的 DRU 广告中我们还可以见到一项重要标语，那就是"帮助我了解您想要什么"（HELP ME LEARN WHAT YOU WANT），从这条标语便能够推敲出达美乐的 DRU 具备了人工智能中的深度学习功能。相较于刚才提到的电商文字形态的机器人客服，这种语音客服是否更加高级了呢？特别是对输入法的使用有障碍的年长者，这种服务确实满足了该类群体的需求。

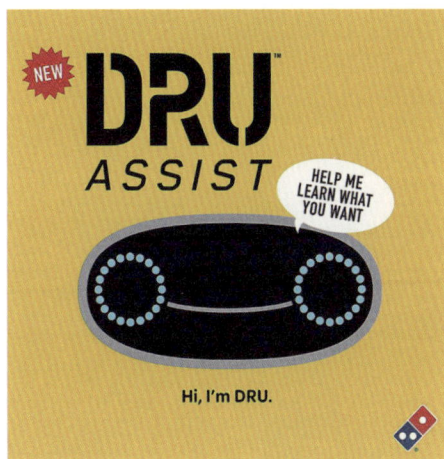

图 5-40　达美乐语音客服机器人

接下来要引导大家体会语音助理是如何运作的。要理解它的运作方式其实不难，较为困难的点是如何在理解之后开拓可以应用的方式与场域，这部分就需要读者发挥天马行空的想象力了！为了降低大家理解语音助理运作的学习门槛，笔者选择前面章节使用过的 Python 作为主要演示工具，当然能够落实语音助理的工具非常多，读者可自行延伸学习。

首先，我们必须在 Python 中安装两个重要的套件，分别是 gTTS 与 pygame。所谓 TTS 指的是 Text-to-Speech，也就是将文字形态的数据转换成语音形式呈现，而 g 则是指谷歌，因此 gTTS 就是由谷歌所推出的文字语音转换引擎。看到这里，读者或许会纳闷，语音助理不是没有使用文字吗？其实是有的！看似无文字的纯语音操作环境仍然需要通过语音或文字的相互转换，才有办法让机器运作。至于 pygame，是设计游戏时较常使用的套件，并且 pygame 套件中提供了语音播放函数，因此可以用它来播放语音。以图 5-41、图 5-42 为例，请读者仿照第二章第一节的方式将 cmd 模式开启，并且在 Python 工作目录下输入"python-m pip install gTTS"，待 gTTS 套件安装完毕之后，再次输入"python-m pip install pygame"。

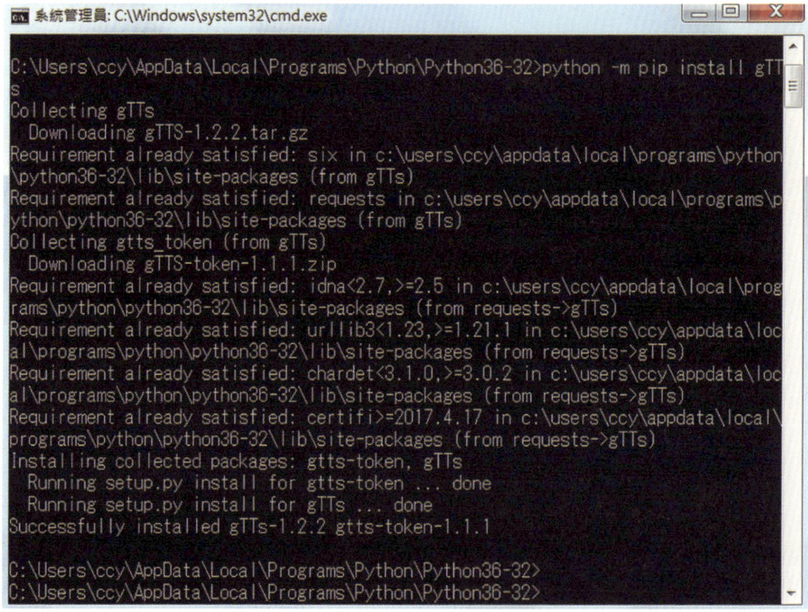

图 5-41　Python 套件安装（gTTS）

完成以上两个套件的安装之后，就可以在 Python 中使用它们了。首先必须在 Python 中装入这两个套件，如图 5-43 所示，用到的指令分别是"from gtts import gTTS"与"from pygame import mixer"。接着我们需要再装入一个 Python 内置的文档来暂存专用的函数库，其指令为"import tempfile"。除此之外，为使程序撰写完毕之后能够让计算机顺利地播放语音，我们必须将播放器初始化，因此要输入"mixer. init ( )"指令。

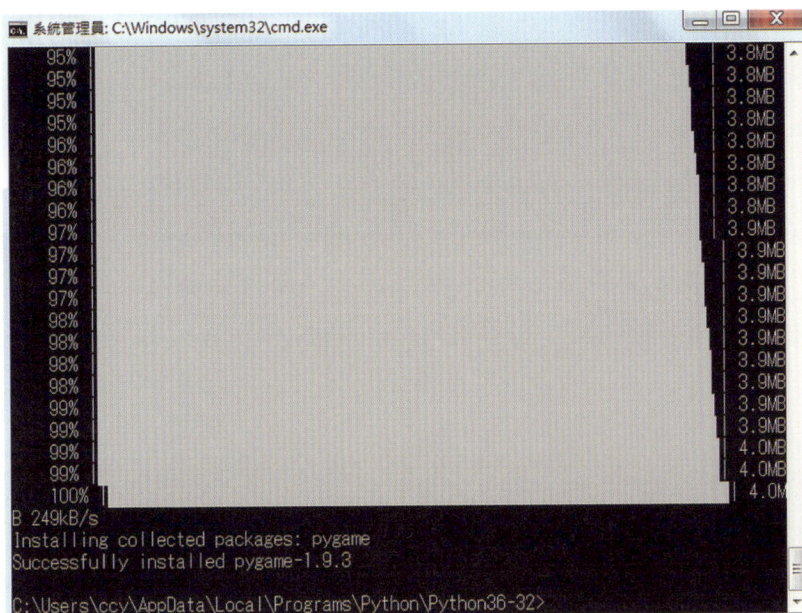

图 5-42　Python 套件安装（pygame）

```
>>> from gtts import gTTS
>>>
>>> from pygame import mixer
>>>
>>> import tempfile
>>>
>>> mixer.init()
>>>
>>> def speak(sentence):

        with tempfile.NamedTemporaryFile(delete=True) as tp:
            tts = gTTS(text=sentence, lang='zh')
            tts.save("{}.mp3".format(tp.name))
            mixer.music.load("{}.mp3".format(tp.name))
            mixer.music.play()


>>> speak("很高興為您服務")
```

图 5-43　Python 文字转语音主程序

最后，我们开始撰写文字转语音的自定义工具，如红色方框处所示，其中"tempfile.NamedTemporaryFile（delete=True）"的作用是每次播放完毕之后都将 mp3 临时文件删除，如此才不会在使用过程中产生过多的 mp3 缓存文件，进而占据大量的磁盘空间，而这一切被 with… as 语法打包成一个 "tp"，日后调用 tp 时，系统即知道所代表的是 "tempfile.NamedTemporaryFile（delete=True）"。

至于 "gTTS（text=sentence，lang= 'zh'）" 作用是让 "gTTS（）" 工具同时接收两个参数，分别是 sentence（所欲翻译成语音的文字）与 lang= 'zh'（打算使用的发音语言，zh 表示中文）。以上事项完备之后，所有内容会被赋予等号左边的 "tts"。接着我们可以通过 "tts.save（）" 指令来将上述完成的内容正式暂存，暂存的文件格式为 .mp3，这是因为当前操作系统中的内置播放程序都能够辨识 .mp3 的格式。

接着，我们通过 "mixer.music.load（）" 指令来加载所欲播放 mp3 语音临时文件，并且借由 "mixer.music.play（）" 指令来正式播放。请注意！图 5-43 红色方框处的内容属于一个自定义工具，它并不是一个真正执行的程序代码，我们仍需输入蓝色方框处的 "speak（" "）" 指令，并且在双引号内输入任意中文文字后，才能聆听到系统所播放的 mp3 内容。以上是文字转语音的示范，读者亦可以使用 Python 的 SpeechRecognition（https://pypi.python.org/pypi/SpeechRecognition/）套件来实现语音转文字的反向用途。

自 2017 年起，许多报刊和杂志皆不约而同地报道人工智能即将取代人类的新闻，虽然此预测有些危言耸听，但事实上人工智能确实可以在某种程度上取代人类的工作。试想，在电子商务领域中，是否许多商家皆是 24 小时不间断地营运着？若是，机器人客服将有其必要性，当这个必要性充足以后，机器人客服取代人工客服便会指日可待。再者，机器人客服要完全取代人类，还必须不断地进化，如同上述达美乐的 DRU 例子一般，依赖使用者与客服机器人互动过程中所产出的文字或语音大数据，就能够让机器人不断地学习，进而达到越使用它就越聪明的终极目标。

本文的初衷即是传达大数据电子商务已经不像传统电子商务仅是把交易移动至网络上，在网络上，交易只是电子商务永续经营的必要条件。在不久的将来，电子商务经营若想成功，势必要仰赖许多大数据与人工智能技术，才能够让电子商务真正满足消费者需求，成为名副其实的大数据电子商务。

结　语

大数据究竟是什么？截至目前，相信读者已经听过千百种说法。其实要解释大数据为何物，必须依照其应用情境来讨论。本书从电子商务的角度说明一旦把众多大数据技术应用于其中，传统电子商务便能够摇身一变成为大数据电子商务。从第一章"大数据与电子商务"中可知，如何有效地应用大数据是传统电子商务从业者面对的重要课题，也将是未来电子商务趋势所在。因此从第二章起，本书探讨了舆情探索、数字足迹掌握、信息浓缩与获取以及数据可视化与人工智能等，这些都是对电子商务再进化最有利且最主流的大数据相关应用，因此无论是打算投入电子商务经营或是正从事电子商务领域的工作，甚至未来有意进入电子商务产业的莘莘学子，都有必要学习本书提及的相关应用，并且从中找出自己日后欲深化学习的项目，如此才能够在未来的大数据电子商务时代占有一席之地。值得一提的是，本书内容的撰写虽尽可能地与所提及相关应用工具现况保持一致，然而碍于许多应用的迅速改版更新，未来若出现书中内容与实际情况不一致的现象，盼请广大读者海涵，也恳请大家不吝来信批评指教（taican.ccy@gmail.com）。最后预祝各位读者学有所成、学有所长、学有所思、学有所获！